Königs Fitness

Vera Menzel

Rechtschreibung, Grammatik und Zeichensetzung

Klasse 7–10

Bange Verlag

Über die Autorin

Vera Menzel, geboren und aufgewachsen in Moskau, hat dort Sprachpädagogik und in Berlin Interkulturelle Kommunikation studiert. Sie unterrichtet seit 1998 Deutsch als Fremd- und Muttersprache. Seit 2010 verfasst sie Lehrwerke in diesen Bereichen. Sie ist darüber hinaus als Übersetzerin und Dolmetscherin tätig.

Hinweis:

Drei ergänzende Fitness-Einheiten zu den Themen „Wortarten", „Substantivierung/Nominalisierung" und „Zeichensetzung und Rechtschreibung – Wiederholungsübungen" können unter dem Titel auf den Webseiten des Verlages unter www.bange-verlag.de kostenpflichtig heruntergeladen werden.

5. Auflage 2019
ISBN 978-3-8044-1576-8
PDF: 978-3-8044-5576-4

Lektorat: Michael Banse, Leipzig
Reihengestaltung: PER Medien + Marketing GmbH, Braunschweig
Satz: Karin Schmid, Baldham
Umschlaggestaltung: Steffen Schmitt

Inhalt

Vorwort

Liebe Schülerin, lieber Schüler,

mit diesem Buch machst du dich **schnell und gezielt** fit für die **Rechtschreibung, Grammatik und Zeichensetzung** der siebten bis zehnten Jahrgangsstufen.
Die vorliegende Lernhilfe **erleichtert dir den Zugang zur Grammatik und Zeichensetzung**, sodass du möglichst schnell Lernerfolge bei dir feststellen kannst.

Aufbau des Buches
Das Buch besteht aus sechs Fitness-Einheiten, jede Fitness-Einheit aus vier Teilen:
Wissen, Kurs, Training, Check.
Wenn du jede Einheit systematisch durcharbeitest, bekommst du eine **sichere Grundlage und ausreichende Kenntnisse**. Dazu brauchst du aber mehr Zeit als nur einen Nachmittag. Das Buch ist so aufgebaut, dass du dir den Stoff in wohldosierten Portionen selbst aneignen kannst. Die Seiten sind in zwei Spalten angelegt: links die Aufgaben, rechts das Material, mit dem gearbeitet wird. Das erleichtert dir die Übersicht.

1. Wissen: Hier erhältst du einen **Überblick über die wichtigsten Regeln** mit Beispielen zu dem jeweiligen Themenblock. In welchen Bereichen bis du unsicher? Sieh dir dazu die Wissensseiten der Fitness-Einheiten an. So erhältst du einen raschen Überblick, was in der Einheit vermittelt und geübt wird. Je öfter du wiederholst, umso gelassener wirst du in Prüfungssituationen.

2. Kurs: In diesem Teil wird dir alles Schritt für Schritt vermittelt. Bearbeite am besten alle Aufgaben systematisch. Die Anordnung in zwei Spalten ermöglicht es dir aber auch, je nach deinem Kenntnisstand spezielle Aufgaben auszuwählen, mit denen du in der Schule immer wieder Schwierigkeiten hast. Andere, die keine Probleme bereiten, kannst du überspringen. Die Einheit muss also nicht immer nach der Reihenfolge der Aufgaben erarbeitet werden. Damit du dein Wissen festigst, empfehlen wir jedoch alle Übungen durchzuarbeiten.

3. Training: Hier kannst du dich noch intensiver mit dem jeweiligen Lernstoff auseinandersetzen und üben.
Es ist sinnvoll, die Aufgaben portionsweise durchzuarbeiten, entsprechend deinem Interesse und deinen eigenen Zielvorstellungen und jeweils anstehenden Klassenarbeiten.

4. Check: Bei diesem abschließenden Überprüfungsteil merkst du schnell, ob du alles beherrschst und fit für die Klassenarbeit bist: Du kannst dein Wissen und Können hier testen.

Zusatztmaterial
Zwei zusätzliche Fitness-Einheiten zu den Themen „Wortarten" und „Substantivierung/Nominalisierung" können auf unserer Webseite www.bange-shop.de (siehe Hinweis im Impressum) heruntergeladen werden.

Zu allen Aufgaben findest du beispielhafte Lösungen.

So, und nun viel Erfolg beim Durcharbeiten!

Vorwort an die Eltern

Liebe Eltern,

Ihr Kind hat Schwächen in **Rechtschreibung, Grammatik und Zeichensetzung**. Mit diesem Buch können Sie Ihr Kind optimal bei der Vorbereitung auf den Unterricht und die Klassenarbeiten unterstützen. Es enthält alle lehrplanrelevanten Bereiche **der Klassen 7 bis 10**.
Die Konzeption des Buches verfolgt das Ziel, die in den **Bildungsstandards** unterschiedlich beschriebenen **Fähigkeitsniveaus** zu berücksichtigen und zu üben. Dabei werden die festgelegten **Kompetenzen** im Teil Check abgeprüft. Aus dieser Zusammenstellung der Übungsaufgaben erfahren Sie, was Ihre Tochter oder Ihr Sohn können muss.

Praktisch können Sie in mehrfacher Weise mit dem Buch arbeiten:

Gemeinsames Arbeiten mit dem Kind
Sie können mit dem Kind die gesamten Fitness-Einheiten gemeinsam durcharbeiten. Oder aber, Sie lassen, nach gemeinsamer Arbeit am Kursteil, Sohn oder Tochter den Trainingsteil selbstständig ausfüllen. Den Check machen Sie dann wieder gemeinsam.

Das Buch ist so angelegt, dass Sie den Lernstoff je nach Lernstand und Fähigkeit Ihres Kindes dosieren können. Dabei hilft Ihnen die Gliederung in Einheiten und jeweils in die vier Teile **Wissen, Kurs, Training** und **Check**.

Außerdem ist das Buch Seite für Seite in zwei Spalten angelegt: links die Aufgaben, rechts das Material, mit dem gearbeitet wird. Diese Anordnung ermöglicht es Ihnen vorab, die speziellen Aufgaben auszuwählen, bei denen Ihr Sohn oder Ihre Tochter in der Schule immer wieder Schwächen zeigt. Andere, die keine Probleme bereiten, können übersprungen werden. Die Einheit muss also nicht immer nach der Reihenfolge der Aufgaben erarbeitet werden. Der Zeitaufwand ist abhängig vom bereits vorhandenen Kenntnisstand und vom Grad der Auffassungsgabe Ihres Kindes. Bei großen Lücken sollte schon bis zu einer Stunde wiederholt und geübt werden. Aber zwei Nachmittage pro Woche reichen aus.

Selbstständiges Arbeiten des Kindes
Jede Einheit ist gleich aufgebaut. Somit ist es Ihrem Sohn oder Ihrer Tochter möglich, sich auch vollkommen selbstständig eine Einheit vorzunehmen und diese zu erarbeiten, ohne dass Sie dabeisitzen.

Gezieltes Wiederholen
Wenn Sie die Schwächen Ihres Kindes kennen, wählen Sie gezielt aus: spezielle Einheiten, bestimmte Aufgaben. So werden vorhandene Wissenslücken geschlossen oder Verständnisprobleme behoben.

Der unterrichtsbegleitende Kurs
Unterrichtsbegleitend können Sie die sechs Einheiten der Reihe nach erarbeiten lassen. Wenn Ihr Kind an zwei Nachmittagen pro Woche eine Einheit bearbeitet, durchläuft es einen Kurs ohne viel Aufwand. Idealerweise beginnen Sie dann zu Beginn eines Halbjahres mit den Fitness-Einheiten.

Zusätzliches Übungsmaterial
Benötigen Sie auch Übungs- und Testmaterial zu den Themen „Wortarten" und „Substantivierung/Nominalisierung"? Auf unserer Internetseite www.bange-shop.de (unter dem Titel) können Sie diese zusätzlichen Fitness-Einheiten herunterladen.

Ihrem Kind und Ihnen wünschen wir also viel Spaß bei den Übungen, ein entspanntes Lernen und natürlich den angestrebten Erfolg.

Wissen

Fitness-Einheit 1: Getrennt- und Zusammenschreibung I

Tipp: Erlerne die Regelungen zur Getrennt- und Zusammenschreibung nach und nach, „portionsweise", dann behältst du sie besser.

Getrennt- und Zusammenschreibung ist ein sehr umfangreiches Gebiet der Rechtschreibung. In diesem Bereich gibt es mehrere Regeln, die eindeutig funktionieren und die einfach in der Anwendung sind. Dennoch sind viele Fälle nicht eindeutig geregelt und in einigen Fällen sind zwei Varianten zugelassen. Im Folgenden werden Regeln gezeigt, die dir bei der Entscheidung helfen. Und wir gehen ebenfalls auf die Fälle ein, in denen die Entscheidung über die Rechtschreibung dir überlassen wird.

Verben

1. Getrenntschreibung

a) deutlich erkennbares Substantiv (das normalerweise als Objekt fungiert) + Verb

Auto fahren, Schlange stehen, Klavier spielen

b) Verb + Verb
Generell wird getrennt geschrieben.

einkaufen gehen, schreiben lernen, spazieren gehen, tragen helfen, sich blicken lassen

c) Ebenso wird in Verbindungen mit dem Verb „sein" getrennt geschrieben.

los sein, auf sein, dabei sein, zurück sein, beisammen sein

d) Partizip I + Verb oder
Partizip II + Verb

sitzend arbeiten, kniend beten
gefangen nehmen, getrennt schreiben, gebraucht kaufen, verloren gehen

2. Getrennt- und Zusammenschreibung

a) Verb + Verb
In einigen Fällen sind zwei Varianten zugelassen.

kennenlernen/kennen lernen

Dabei hängt die Getrennt- oder Zusammenschreibung von der Bedeutung ab. Entsteht eine übertragene (neue) Bedeutung wird zusammengeschrieben.

sitzen bleiben – nicht aufstehen (direkt gemeint)
sitzenbleiben – nicht in die nächste Klasse versetzt werden

rein waschen – Wäsche sauber waschen
reinwaschen – von Schuld befreien

krachen lassen – Lärm verursachen
krachenlassen – einen drauf machen

kalt stellen – ein Getränk z. B. in die Kühlbox stellen
kaltstellen – jemanden in einer Gruppe ausgrenzen

gut schreiben – die Handschrift ist leserlich
gutschreiben – einen Betrag auf das Konto buchen

blaumachen – schwänzen, einen Tag freimachen
kleinreden – die Bedeutung eines Problems verharmlosen

Tipp: Oft hilft auch, die Betonung zu prüfen.

Die Kopfschmerzen können dávon kómmen.
Der Verbrecher wird nicht davónkommen.

b) Adjektiv + Verb, wenn das Adjektiv eine zielgerichtete Tätigkeit bezeichnet.

Hier sind generell zwei Varianten zugelassen: kleinschneiden/klein schneiden, warmmachen/warm machen, fertigstellen/fertig stellen, nass machen/nassmachen

Das Adjektiv trägt hier die Hauptbetonung.

Bei Steigerungen und Erweiterungen gilt nur die Getrenntschreibung.

sehr warm machen, kleiner schneiden

c) Adverb + Verb, wenn beide gleich betont werden.

schnell fahren
bloß singen (und nicht z. B. tanzen)

Wenn „zusammen" nicht die Bedeutung von „gemeinsam" hat, wird zusammengeschrieben. Auch hier kann man das durch die Betonung überprüfen: Fällt sie nur auf „zusammen", so muss zusammengeschrieben werden.

zusammen fahren (in der Bedeutung „gemeinsam")
Vgl.: zusammenfahren (z. B. vor Schreck)

d) Partikel „zu" + Verb
Diese Kombination kommt in den Infinitivgruppen mit „zu" vor.

Beispiel: Wir freuen uns, Sie hier zu begrüßen.
Statt zu lernen, wollte er lieber fernsehen.
Um einen Streit zu vermeiden, sprechen manche keine kritischen Themen an.
Viele Kunden kaufen unnütze Kleinigkeiten, ohne zu überlegen.

3. Zusammenschreibung

a) Präposition + Verb

Beispiele: anrufen, durchlaufen, überqueren, zusehen

Die Präpositionen erfüllen bei der Wortbildung die Funktion des Präfixes.

Ausnahmen: Fälle wie aus und ein gehen, mit berücksichtigen/mitberücksichtigen, auf und ab gehen, hin und her gerissen

überweisen, anwenden, vorbereiten

b) verblasstes Substantiv + Verb
„Verblasst" nennt man das Substantiv dann, wenn das Wort mal ein Substantiv war, aber im Lauf der Zeit der Schreibende darin kein Substantiv mehr sieht.

teilnehmen ← *Teil nehmen,
heimgehen ← *Heim gehen,
wundernehmen ← *Wunder nehmen,
kundtun ← *Kunde tun,
kopfstehen ← *Kopf stehen,
eislaufen ← *Eis laufen

* = falsch/nicht mehr im Gebrauch

b) Adverb + Verb, wenn die Betonung auf dem Adverb liegt und das Verb keine Betonung trägt.

hineingehen, hochspringen, hingehen, zurückkommen, schwarzarbeiten, bloßstellen, satthaben, lahmlegen, dazwischenreden, dazuverdienen, davonkommen, durcheinandergeraten, tiefkühlen

Die Adverbien verhalten sich in diesem Fall wie Präfixe.
Beispiele: anrufen – rief an – angerufen; bloßstellen – stellte bloß – hat bloßgestellt

c) Verben, deren erster Teil ein Wort ist, das allein nicht vorkommt.

abhandenkommen, zuteilwerden, zunichtemachen
feilbieten, fehlgehen, wettmachen

Substantiv/Nomen

1. Zusammenschreibung

zusammengesetzte Substantive = Komposita

Die am häufigsten vorkommenden Arten von Komposita:

a) Substantiv + Substantiv (zwei Teile und mehr)

Buchhandlung, Eisenbahngleis

b) Verb + Substantiv

Schreibheft aus schreiben + Heft
Wohnzimmer aus wohnen + Zimmer

c) Adjektiv + Substantiv

Jungtier aus junges + Tier
Kurzfassung aus kurze + Fassung
Geheimsprache aus geheime + Sprache

d) Adverb + Substantiv

Frühsport aus früh + Sport
Zurückhaltung aus zurückgenommene + persönliche Haltung
Linkshänder aus links + Hand

2. Getrenntschreibung

a) Substantiv + Verb (s. oben)

b) Substantiv + Adjektiv, das sich auf das Substantiv bezieht.

frischer Tee

c) Substantiv + Partizip I – hier sind generell zwei Varianten zugelassen.

Gewinn bringend/gewinnbringend,
Erholung suchend/erholungsuchend

In den Wortfügungen, in denen das Substantiv im übertragenen Sinn steht, „verschmilzt“ das Substantiv mit dem Partizip → Zusammenschreibung.

herzzerreißend, ohrenbetäubend

d) In einigen Wortfügungen aus Präposition + Substantiv sind ebenfalls zwei Varianten zugelassen.

imstande = im Stande, zustande = zu Stande, zuschulden = zu Schulden, zutage = zu Tage, zugunsten = zu Gunsten, zunutze = zu Nutze, zurate = zu Rate

Adjektive/Adverbien

1. Zusammenschreibung

a) Adjektiv/Adverb + Adjektiv/Adverb, wenn der erste Bestandteil keine eigene Bedeutung hat, sondern nur bedeutungsverstärkend oder -abschwächend für den zweiten wirkt.

dunkelrot, hellblau
bitterkalt, halbvoll
eiskalt, klitschnass

Tipp: In solchen Verbindungen gibt es nur eine volle Betonung, die auf dem zweiten Teil liegt.

b) Wenn das Adjektiv mit einer ganzen Wortgruppe „verschmilzt" – **„Schmelzregel"**.

startbereit – bereit zum Start
redegewandt – gewandt in der Rede

c) zusammengesetzte Adverbien

heutzutage, schnelllebig, leichtsinnig

2. Getrenntschreibung

Wenn das erste Wort selbstständig fungiert.

erstaunlich schnell
bewundernswert leicht
unglaublich reich

Tipp: In diesen Verbindungen werden beide Wörter gleich betont.

3. Schreibung mit Bindestrich

Zusammensetzungen aus gleichrangigen Adjektiven

das deutsch-englische Wörterbuch
öffentlich-rechtliche Fernsehsender

Tipp: In solchen Zusammensetzungen hat das erste Adjektiv keine Endung.

4. Hier sind zwei Varianten möglich.

hochtechnisch/hoch technisch,
wohl bekannt/wohlbekannt

Wissen

Fitness-Einheit

1 Getrennt- und Zusammenschreibung I

Partizipien

1. Zusammenschreibung

Wenn das Partizip mit einer ganzen Wortgruppe „verschmilzt" – **„Schmelzregel"**.

Die meisten Fälle wurden oben bereits beschrieben.

kampferprobt – erprobt im Kampf
angsterfüllt – erfüllt von der Angst

2. Getrennt- oder Zusammenschreibung

Kombinationen Adverb + Partizip

schwach betont/schwachbetont, stark begabt/starkbegabt – Adverb + Partizip II
allein erziehend/alleinerziehend – Adverb + Partizip I

Ausnahme: Wenn das Adverb mit übertragener Bedeutung verwendet wird.

Beispiel: hartgesotten

Tipp zum Anlegen einer Übungskartei

a) Schreibe dir verschiedene Kombinationen aus diesem Teil auf die Karten. Erstelle dir ein Farbsystem mithilfe verschiedener Fineliner-Farben.

b) Versuche, immer wieder neue Beispiele aus dem Wörterbuch, aus dem Internet oder aus deiner eigenen Lesepraxis zu finden. Trage diese Beispiele auch in die Kartei ein.

c) Geh diese Kartei regelmäßig durch und nach einem Monat (wenn du zweimal wöchentlich die gesamte Kartei durchgehst) kannst du die Regeln und die Beispiele auswendig.

1. Farbe 1 – Präfix + Verb
2. Farbe 2 – verblasstes Substantiv + Verb
3. Farbe 3 – Adverb + Verb, wenn die Betonung auf dem Adverb liegt und das Hauptverb keine Betonung trägt
4. Farbe 4 – Verbindungen mit dem Verb „sein"
5. Farbe 5 – Verben, deren erster Teil ein Wort ist, das allein nicht vorkommt
6. Farbe 6 – deutlich erkennbares Substantiv + Verb
7. Farbe 7 – Partizip I + Verb
8. Farbe 8 – Partizip II + Verb
9. Farbe 9 – Adverb + Verb, wenn beide gleich betont werden
10. Farbe 10 – Adverb + Verb, wenn das Adverb die Hauptbetonung trägt
11. Farbe 11 – Verbindungen mit „zusammen", die zusammengeschrieben werden
12. Farbe 12 – Verbindungen mit „zusammen", die getrennt geschrieben werden
13. Farbe 13 – Partikel „zu" + Verb – Hier ist es sinnvoller, ganze Sätze zu schreiben.
14. Farbe 14 – Komposita
15. Farbe 15 – Nomen + Partizip I (immer in beiden Varianten – zusammen und getrennt)
16. Farbe 16 – Beispiele zu der **„Schmelzregel"** mit Adjektiven und Partizipien
17. Farbe 17 – Präposition + Nomen (wo zwei Varianten zugelassen sind)
18. Farbe 18 – zusammengeschriebene Adjektive
19. Farbe 19 – Adjektive mit einem Bindestrich
20. Farbe 20 – Adverb + Partizip (Getrenntschreibung)
21. Farbe 21 – zusammengesetzte Adverbien

Kurs

Fitness-Einheit

1 Getrennt- und Zusammenschreibung I

1 a) Schreibe die fettgedruckten Verben auf jeweils eine Zeile und markiere die Präfixe.

b) In welcher Form stehen diese Verben?

c) Setze sie anschließend ins Präteritum.

Strategie: Trennbare Präpositionen wie an-, auf-, zu-, mit- und andere werden im Präteritum vom Verb getrennt und demzufolge getrennt geschrieben.

Beispiel: aufnehmen – nahm auf, eingehen – ging ein

In dieser Einheit werden wir nicht nur die Getrennt- und Zusammenschreibung **einüben**, sondern wir werden Ihnen die berühmtesten deutschen Schriftsteller **vorstellen**, die uns ihre wundervollen Werke als kulturelles und sprachliches Erbe **hinterlassen** haben. Literatur lässt uns manchmal in das Leben der uns **vorangegangenen** Generationen und in deren Welt **eintauchen**, wir können historische Zusammenhänge besser und genauer **überblicken** und **verstehen**, wie die Menschen vor uns gelebt haben und wodurch sich ihr Leben von unserem **unterscheidet**.
Wir können auf diese Weise eine geistige Verbindung mit unserer Geschichte **aufbauen** und dabei aufschlussreiche Vergleiche zu heute **anstellen**.

2 Markiere Partizipien II und die Präfixe im Text.

Strategie: Im Partizip II werden die Präfixe mit dem Verb zusammengeschrieben, aber bei den trennbaren Verben steht das Präfix ge- zwischen der Präposition und der Wurzel.

Die Literatur des Mittelalters

Im 11. und 12. Jahrhundert haben Mönche und Ritter mit Gedichten, Balladen und Liedern ihre literarischen Fähigkeiten entfaltet und dabei ihre Aufmerksamkeit nicht nur den religiösen, sondern auch den weltlichen Themen zugewandt. Literatur ist mit ihren Inhalten stets in der Geschichte und in den gesellschaftlichen Interessen verwurzelt. Im Mittelalter wurde das Rittertum, das sich zu der Zeit deutlicher herausgebildet hatte, zum Träger der ritterlichen Ideale. Die wichtigste Figur war der Ritter, dessen Leben und Kraft im Dienst der Gerechtigkeit eingesetzt wurde und dem Göttlichen untergeordnet ist.

Fitness-Einheit

1 Getrennt- und Zusammenschreibung I

3 Getrennt oder zusammen? Schreibe richtig darüber.

Strategie 1: Es wird zusammengeschrieben, wenn die Betonung auf dem ersten oder auf dem zweiten Teil des Verbs liegt.

Beispiele: übersétzen – úbersetzen

Wenn zwei starke Betonungen vorhanden sind, wird getrennt geschrieben.

Beispiel:
zúsehen = beobachten
zú séhen (in Sätzen wie „Es ist schön, euch zu sehen")

Strategie 2: Es wird zusammengeschrieben, wenn das Verb ohne das Präfix seine Bedeutung komplett oder stark ändern würde.

Beispiele: einstehen – stehen

Der Ritterstand hat mit der Zeit eine weitaus höhere Stellung (ein/genommen) als die, welche dem Berufsstand der Bauern (zu/kommen) konnte. Das Rittertum ist zu einer neuen, modernen Gesellschaftsschicht (auf/gestiegen). Als wesentlich wurden für ritterliches Leben hohe Bildung und feine Erziehung (voraus/gesetzt). Die Liebeslyrik hat sich als selbstständige Gattung (aus/geprägt) und hat die Dame als Herrin des ritterlichen Herzens (hoch/gepriesen). Die ritterliche Dichtung lässt uns ebenfalls (davon/ausgehen), dass die Frau als Trägerin des gesellschaftlichen Lebens und Vermittlerin der Ideale an die nächste Generation (an/gesehen) wurde. Das Ideal des Frauendienstes, den jeder Ritter leistet, und hohe moralische Anforderungen an ritterliche Liebe sind (daraus/erwachsen). Das Rittertum kann man als ein gesamteuropäisches Phänomen (ein/stufen), und so kann es nicht (wunder/nehmen), dass beim Vergleich zwischen verschiedenen europäischen Ländern viele Ähnlichkeiten (zutage/treten). In Frankreich haben die Grundideen des Rittertums ihre Gestalt (an/genommen): Der Ritter dient Gott, seinem König und seiner erhabenen Liebe – diese Prinzipien wurden (fest/gelegt) und durch die Literatur (weiter/getragen).

4 Vergleiche die Sätze: Wo liegt die Betonung bei den fettgedruckten Verben?

Strategie: Anhand dieser Beispiele sehen wir, wie die Betonung nicht nur die Rechtschreibung bestimmt, sondern auch den Sinn verändern kann.

1) Diesmal ist er mit einem blauen Auge **davongekommen**. / Die Schmerzen sind **davon gekommen**, dass du zu lange ohne Pause gearbeitet hast.
2) Gieße die Blumen nicht zu stark, **daran gehen** sie kaputt. / Das ist eine schwere Aufgabe und keiner weiß, wie er **darangehen** soll.
3) Man darf nicht einfach **dabeistehen**, man muss handeln. / Der Chor wird singen und **dabei stehen**, auf keinen Fall sitzen.

5 **Bilde Verben und getrennt geschriebene Wortfügungen (so viele wie möglich) und schreibe sie auf.**

Tipp: Benutze ein Wörterbuch. So kann man am besten Schreibweisen und Bedeutungen vergleichen.

laufen legen leben gehen sein machen kommen hoffen halten

davon darauf daran

6 **Schreibe die Sätze ab und bilde eigene Beispiele mit den fettgedruckten Wortfügungen.**

1) Die Möwen über der See lassen sich von dem Wind **auf und ab** tragen.

2) Die Kunden sind zwischen den Angeboten oft **hin und her** gerissen.

3) Sie werden hier **aus und ein** gehen und die Gastfreundschaft genießen.

7 Vervollständige die Verben mit der passenden zweiten Hälfte.

die Hoffnungen zunichte verfen • an einem Konzert teilzeit • in einem Park lustlos • jeden Samstag statt, dessen • die kostbarsten Waren feile • in seiner Annahme fehler • im Gedränge abhanden kommen • ein Vergehen wetten

8 Kombinationen mit dem Verb „tun". Schreibe Sätze mit dem Infinitiv und in einer finiten (konjugierten Form) wie im Beispiel.

leidtun • nottun • kundtun • weh tun/wehtun • viel tun

Beispiel: Das wird dir noch leidtun. – Das tut mir leid.

Ah ich tuke mir gleich noch ven
Ich werd mir vehtun

9 Markiere in den Sätzen die Kombinationen Nomen + Verb. Beachte die Getrenntschreibung.

1) Für alle, die Harfe spielen wollen, findet eine einführende Veranstaltung statt.
2) Mit dieser Vermutung könnten die Wissenschaftler Recht haben.
3) Da der Redner noch einen Termin hatte, musste er früher Schluss machen.
4) Bei wem können die Waisen Rat suchen?
5) Wissen Sie, wie Sie Erste Hilfe leisten können?
6) Man darf im Leben vor nichts und niemandem Angst haben.
7) Wenn sich jemand streitet, muss man Frieden stiften, wenn es möglich ist.
8) Es ist ärgerlich, wenn die Kunden lange Schlange stehen müssen.
9) Würden Sie im Winter gern Schlittschuh laufen oder lieber Ski fahren?

1 Getrennt- und Zusammenschreibung I

10 **Welche Verben passen zusammen? Schreibe die Wortfügungen auf.**

Tipp: Es passen auch mehrere Kombinationen.
Beachte, dass solche Kombinationen getrennt geschrieben werden.

spazieren einkaufen schwimmen schreiben tragen singen laufen

+

helfen fahren lernen hören gehen

11 **Bilde Sätze mit den Wortfügungen aus Übung 10 und schreibe diese auf.**

Beispiele: singen hören – Ich habe die Vögel singen hören.
singen lernen – Ich habe singen gelernt.

12 **Markiere die Kombinationen aus Partizip I + Verb und die aus Partizip II + Verb mit unterschiedlichen Farben. (Achtung: Sie sind nicht in allen Sätzen enthalten!)**

Tipp: Beachte, dass solche Kombinationen getrennt geschrieben werden.

1) Wenn jemand ein Referat hält, sollte er stehend vortragen.
2) Attribute kann man im Unterschied zu anderen Satzgliedern geschwungen unterstreichen.
3) Auf dem Fest wird die Musik etwas gedämpft klingen und im Hintergrund bleiben.
4) Der junge Schauspieler blickte suchend in den Saal.
5) Die Kollegen haben die Überraschung ganz geschickt versteckt.
6) Es war schön zu hören, dass alle die alten Lieder so gekonnt mitsangen.
7) Den ganzen Abend konnte das Geburtstagskind lachend scherzen und tanzen.
8) Es schien, als ob die Tänzer ihre Schritte leicht und spielend vollführten.
9) Morgen wird die Regierung weitere Details des Plans bekannt geben.
10) Deine Äußerungen müssen passend kommen, nicht aus der Situation gerissen.

13 Getrennt oder zusammen? Schreibe die Sätze auf.

Achtung: In einigen Fällen wird je nach Bedeutung unterschiedlich geschrieben.

Beispiel:
gut schreiben = Qualität
gutschreiben = auf das Konto

1) Im Theater muss der Zuschauer hörend/sehen.

2) Die Worte dürfen auf der Bühne vom Schauspieler nicht gekünstelt/gesprochen werden.

3) Die Vögel haben ihren herbstlichen Gesang klagend/erhoben.

4) Der berühmte Talkmaster wurde im Studio von Zuschauern jubelnd/empfangen.

5) Die Verkäufer haben uns glaubhaft/machen/wollen, dass wir das Gerät nicht der Anleitung entsprechend/betrieben haben.

6) Die Klasse hat die Arbeit wirklich gut/geschrieben.

7) Wann wird der Betrag meinem Konto gut/geschrieben? – Wir können doch nicht hell/sehen. Wir wissen nicht, wann das Geld über/wiesen wurde.

14 Wo ist „zu" eine Partikel und wo ein Präfix? Schreibe in die Lücken „Part." oder „Pr.".

Regel: Das Präfix „zu" wird mit dem Infinitiv des Verbs und dem Partizip II des Verbs zusammengeschrieben.

1) Vor der Abreise gab es viel zu ___ regeln.
2) Aus den Gesprächen mit den Großeltern versuchen die Enkel so viel wie möglich für ihr späteres Leben mitzunehmen. ___
3) Bitte lassen Sie uns die Informationen zeitnah zukommen. ___
4) Die Anzahl der Touristen nimmt weltweit zu. ___

15 **Zusammen oder getrennt? Schreibe die Verbindung richtig auf die Zeilen.**

Strategie 1: Die Partikel verändert nicht die Bedeutung des Wortes, sie bindet das Wort nur in eine Infinitivkonstruktion mit „zu" ein.

Beispiel:
1. Es ist notwendig, andere zu nehmen, wie sie sind. (Hier handelt es sich um eine Infinitivgruppe mit „zu".)
2. Die Anzahl der Studenten an deutschen Hochschulen wird wahrscheinlich weiter zunehmen. (Nehmen – zunehmen, durch die Partikel entsteht eine neue Bedeutung.)

Strategie 2: Hier hilft wieder die Betonung: Liegt sie auf „zu" – wird zusammengeschrieben, liegt sie auf dem Verb – wird getrennt geschrieben.

1) Es ist nicht möglich, allen Freunden immer zu/gefallen.

____

2) Es war windig und die Tür ist zu/gefallen.

____

3) Es ist gesund, regelmäßig zu/laufen.

____

4) Die Öffnung muss hier zu/laufen.

____

5) Der Dieb wird nichts zu/geben.

____

6) Zu/geben ist schöner als zu/nehmen.

____

7) Der Wohlstand wird weiter zu/nehmen.

____

8) Die Gastgeberin versteht es, die schönsten Gerichte zu/zu/bereiten.

____

9) Der Vorsitzende erklärte seine Absicht, die Versammlung auf/zu/lösen.

____

10) Auf einem Ball hoffen alle, zum Tanz aufgefordert zu/werden.

____

16 **Zusammen oder getrennt? Entscheide und schreibe richtig auf die Zeilen.**

Der Parzival

Ein heraus/ragendes ____________ Werk der mittelalterlichen Literatur ist „Parzival", das Wolfram von Eschenbach (1170–1220) verfasst hat und dessen literarische Bedeutung Jahrhunderte über/dauert ________ ____________ hat. Es ist ein gedichtetes Werk über einen jungen Helden, der nach dem legenden/umwobenen ____________________ Gral sucht, der auf seinem ruhm/reichen ________________ Wege vielen Versuchungen wider/steht ________________ und am Ende Gralkönig wird. Was der Gral genau dar/stellt ________________, erfahren wir aus dem Epos nicht. Diese Frage wurde wohl absichtlich offen/gelassen ________________, um an/zu/deuten, ________________, dass jeder auf Erden/lebende ________________ Mensch nach seinem Gral suchen muss und ebenso wie Parzival Prüfungen durch/zu/stehen ________________ hat. Der Leser kann die Entwicklung des Helden nach/ver/folgen, von einem ein/fältigen ________________ und unerfahrenen jungen Mann zu einem weisen und kampf/erprobten ________________ König, der seine lang/andauernde ________________ Suche nach der Wahrheit glücklich voll/endet ________________ hat.

17 Markiere die Komposita im Text.

Von der Volkssage zum Parzival

Literaturwerke schöpften ihren Hauptinhalt meistens aus den Volkssagen, die mündlich überliefert wurden, und im Zuge der Weitergabe veränderte sich nicht selten auch der Inhalt.

Aus der Sage, die dem Versepos „Parzival“ als Grundlage diente, entwickelte sich eine weitere – die Sage über den Schwanenritter Lohengrin, den Sohn Parzivals und seiner königlichen Gattin Kondwiramur. In der Gralssage wurde festgelegt, dass ein Gralsritter nur solange in einem Gastland verweilen durfte, bis man ihn nach seinem Herkunftsland fragt. Geschieht dies, muss er sofort wieder auf Reisen gehen. Lohengrin rettet eine edle Dame, heiratet sie, und viele Jahre später stellt sie doch die verbotene Herkunftsfrage. Er sieht sich gezwungen zu antworten, und danach muss er seine Ehefrau und die Söhne verlassen. Diesen Schicksalsschlag kann die Fürstin nicht ertragen und stirbt.

18 Schreibe die Wörter weiter. Welche Fortsetzung passt? Schreibe in die Lücken.

Mut • Stil • Sagen • Werke • Ideale • Lust • Male • Dienst • Schlösser • Stoff • Ebenen

Volks________________ und Literatur________________, die ihren Erzähl________________ aus den Sagen schöpfen, haben viele gemeinsame Merk________________. Vor allem Sprach________________ bestimmen den Dichtungs________________. In jeder Heldensage finden sich vor allem Ritter________________, Minne________________ (erhabene Liebe), Märchen________________, Abenteuer________________ und Edel________________.

19 Kombiniere die Substantive/Nomen mit den Partizipien und schreibe die Kombinationen auf. Welche Wortfügungen dürfen sowohl getrennt als auch zusammengeschrieben werden?

Strategie: Es empfiehlt sich, in solchen Fällen generell getrennt zu schreiben, um immer auf der sicheren Seite zu sein.

Informationen Hilfe Reue Gewinn Ausschau Ausschlag in den Himmel Bezug Licht

\+

haltend nehmend ragend suchend sehend empfindend gebend

____

____

____

____

20 Entscheide bei den Wortfügungen, ob getrennt oder zusammengeschrieben wird.

herz/zerreißendes Miauen

____

ohren/betäubender Lärm

____

ein maschinen/generiertes Schreiben

____

eine praxis/orientierte Übung

____

1 Getrennt- und Zusammenschreibung I

ein figur/betontes Kleid

______

ein figur/umspielendes Kostüm

______

ein metall/verarbeitender Betrieb

______

21 **Wie kann man diese Wörter noch anders schreiben?**

Strategie: Hier sind zwei Varianten zugelassen. In der Schreibpraxis muss sich jeder Schreibende generell für eine einheitliche Schreibweise entscheiden. Dies gilt für alle Fälle, in denen zwei Varianten gelten.

imstande ______

zustande ______

zugunsten ______

zunutze ______

zunichte ______

zurande ______

zurate ______

22 **Zusammen oder mit einem Bindestrich? Schreibe richtig auf die Zeilen.**

hell/grau ______

rot/weiß ______

eis/kalt ______

staub/trocken ______

blau/grau ______

klitsch/nass ______

süß/sauer ______

23 **Zusammen oder getrennt? Schreibe richtig auf die Zeilen.**

1) Der Wein ist lieblich/mild ______.

2) Bitterlich/weinend ______ stürzt die Heldin der Sage zu Boden, ihren Verlust/beklagend ______.

3) Die Volkssagen des Mittelalters sind höchst/aufschluss-reich ______.

4) Wir erwarten hoch/rangige ______________________ Gäste.

5) Obst ist vitamin/reich ______________________.

6) Im Mai ist das Laub noch hell/grün ______________.

7) Mir war ungewöhnlich/leicht ____________________ ______________ zumute.

8) Die Musik war unbeschreiblich/schön ______________ ____________________.

9) Der Winter war bitter/kalt ______________________.

10) Die Geschäfte waren proppen/voll ________________ ______________.

24 **Lies den Text und entscheide bei den fettgedruckten Wörtern: zusammen oder getrennt? Schreibe richtig auf die Zeilen.**

Strategie: Im Zweifelsfall konsultiere immer das Rechtschreibwörterbuch.

Das Nibelungenlied

Wenn wir über mittel/alterliche ________________ Literatur sprechen, können wir nicht am Nibelungenlied vorbei/gehen ________________. Dieses Werk umfasst etwa 2300 vier/zeilige ________________ Strophen und es existieren über dreißig Hand/schriften ________ ________________, die inhaltlich von/einander ________________ ab/weichen ________________. Das Nibelungenlied wurde in viele Sprachen über/setzt ________________. Es ist nicht nur vom literarischen, sondern auch vom historischen Stand/punkt ________________ aus interessant.

Man muss davon/ausgehen ________________, dass dieses Epos* von einem Ritter oder Spiel/mann ________ ____________ aus alt/überlieferten ________________ Einzel/liedern ________________ zusammen/gefügt ______________________________ wurde. Der Handlungs/ablauf ________________ ist in Kürze der

* erzählerische Dichtung

folgende. Die Haupt/figur ________________ ist Kriemhild, eine Königs/tochter ________________. Eines/Tages ________________ wird sie von einem seltsamen Traum heim/gesucht ________________, der andeutungs/weise ________________ den Tod ihres zukünftigen Mannes voraus/sagt und sich nach einigen Jahren als hell/seherisch ________________ erweist. Kriemhild heiratet Siegfried, einen kampf/gewandten ________________ und helden-haft/mutigen ________________ Krieger königlicher Herkunft. Der Traum, der so erschreckend/düster ________________ war, geht bedauerlicher/weise ________________ in Erfüllung. Kriemhild verliert ihren Mann durch einen heim/tückischen ________________ Anschlag. Das macht sie rach/süchtig ________________. Sie hält sich nicht an christliche Ideale und schmiedet herzlos/berechnend ________________ ihre Rache/pläne ________________, die sie am Ende ohne mit der Wimper zu/zucken ________________ umsetzt. Aus der Tragik dieser alten Sage vermögen wir zwei wichtige Schlüsse zu/ziehen ________________: Wie unmensch-lich/zerstörerisch ________________ die Rachsucht ist und dass die Eitelkeit, die die tragischen Kernereignisse hat ihren Lauf nehmen/lassen ________________, eine äußerst/Gefahr/bringende ________________ Leidenschaft ist.

Fitness-Einheit

1 Getrennt- und Zusammenschreibung I

1 Schreibe die Sätze auf die folgende Weise ab:

- Lies den Satz zwei- bis dreimal und achte dabei besonders auf fettgedruckte Wörter und Wortfügungen.
- Merke dir den Satz.
- Decke ihn zu.
- Schreibe ihn anschließend aus dem Gedächtnis auf.

Der Minnesang

1) Der Minnesang ist eine **der Liebe gewidmete** Dichtungsform, die **meist erhabene** Liebe zu einer edlen Dame besang.

2) Während der Blütezeit des Minnesangs war es sogar üblich und **allgemein verbreitet**, dass am Hof ein, wie man es **heutzutage** sagen würde, **hauptberuflich dichtender** Ritter (Troubadour) lebte.

3) Dieser Troubadour, dessen wichtigste Aufgabe **darin bestand**, die Schönheit und die Tugend der Dame **zu lobpreisen**, dichtete für sie **sehnsuchtsvolle** Gesänge.

4) In diesen Gesängen handelte es sich oft um **geheim gehaltene** Liebe und um Träume, die **unerfüllt bleiben** sollten, weil die so **leidenschaftlich besungene** Dame verheiratet war.

5) Dies verlieh dem Minnesang einen **hoch erhabenen** Charakter.

6) Aus diesen Werken entsteht ein Kult, dessen Ansinnen war, die edle Dame **zu verehren**.

7) Diese Verehrung hat ihren Ursprung in der Madonnenverehrung, demnach scheint es eine **grundlegende** Neuerung zu sein, die das frühe Christentum **mit sich brachte**.

8) Frauenverehrung in einer **dermaßen deutlich ausgeprägten** Form war den Kulturen davor offensichtlich **vollkommen fremd**.

9) Wenn wir die Entwicklung des Minnesangs **zurückverfolgen**, werden wir **feststellen**, dass er seinen Ursprung in Frankreich nimmt.

2 Erkläre dir mithilfe der Regeln die Rechtschreibung in den fettgedruckten Fällen. Schreibe in Stichworten auf.

Burg Eltz

1) Um unser Gespräch über das Mittelalter **abzuschließen**, kommen wir auf die Burgen **zu sprechen**.

2) Wir wollen eine der **allerältesten** noch **gut erhaltenen** Burgen **kennenlernen** – Burg Eltz.

3) Eine **überaus interessante** Tatsache: Die Burg befindet sich seit 800 Jahren immer noch im Besitz der **gleichnamigen** Familie.

4) Die Burg wirkt wie ein **wahr gewordenes** Märchen, ein Schloss**, wundervoll romantisch gelegen**.

5) Sie ist einladend und majestätisch **zugleich**.

6) Hier fühlt man sich ins Mittelalter **zurückversetzt**.

7) Die Burg entstand im 12. Jahrhundert in einer **strategisch günstigen** Lage – an der Mosel, einer **viel befahrenen** Handelsstraße des Deutschen Reiches.

8) Sie ist im Unterschied zu vielen anderen Burgen **unzerstört geblieben**.

9) Während der Romantik im 19. Jahrhundert ist das Interesse zum Mittelalter **wiedererwacht**, weshalb man sich den Restaurierungsarbeiten **zuwandte**, die **enorm hohe** Summen verschlangen.

10) Der heutige Besitzer der Burg hat die Aufgabe **übernommen**, sie auch künftig für die Öffentlichkeit **zugänglich zu halten** und den Besitz an weitere Generationen in einem gut erhaltenen Zustand **weiterzugeben**.

11) Die Führung durch die Burg ist eine **erlebnisreiche** Unternehmung: 800 Jahre Kulturgeschichte, **lebendig geworden** durch die im Original **zu besichtigenden** Räume, Möbel, Rüstungen und andere **Alltagsgegenstände** und in den **dazugehörenden** Geschichten aus dem Leben der früheren Bewohner.

Quelle: http://www.burg-eltz.de/d_index.html

3 Zusammen oder getrennt? Schreibe die Lösung auf die Schreiblinie.

Vom Minnesang im Mittelalter bis zum heutigen Film

1) Der Minnesang – was wird darunter/verstanden?

2) Man muss davon/ausgehen, dass der Verfall der Ritterideale dazu/geführt hat, dass der Verfall des Minnesangs einsetzte.

3) Wodurch lässt sich das immer/wieder/kehrende Interesse zum Mittelalter erklären?

4) Ist dies möglicher/weise eine Flucht vor der langweilig/ gewordenen Realität?

5) Und heut/zutage kann man dieses Interesse für die mittelalterliche Kultur erneut/bemerken.

6) Beispiels/weise wurden Opern im 19. Jahrhundert über sagen/umwobene Schätze und herz/zerreißende Liebestragödien komponiert. Diese Opern sind welt/berühmt geworden, denn sie waren künstlerisch wundervoll/umgesetzt.

____

____

7) Heute werden darüber Romane geschrieben und Filme gedreht, die vom Publikum jubelnd/aufgenommen werden. Heute sind die Filmemacher technisch im/stande, die Ereignisse auf der Leinwand tatsächlich lebendig zu/machen.

____

____

8) Man kann natürlich darüber/diskutieren, ob der Film der Fantasie nicht die Chance nimmt, selbst etwas zu/wege zu/bringen und ob die Sicht der Regisseure den wahren Kern der Werke und Ereignisse zu/tage fördert.

____

____

9) Aber eines bleibt Tatsache: Der Film ist eine moderne Art, sich mit der Geschichte auseinander/zu/setzen und sie wahr/zu/nehmen.

____

4 a) Bestimme die Art der Wortfügung und schreibe diese in Klammern.

b) Schreibe drei eigene Beispiele, die ähnlich aufgebaut sind wie die Wortfügungen, die hier angeführt sind.

Beispiel: gefangen nehmen (Partizip II + Verb)
→ ähnliche Wortfügungen sind: ungelesen zurückgeben

1) blau färben (______________________)

→ ______________________

____

2) frisch gestrichen (______________________)

→ ______________________

____

3) schnell fahrend (__________)

→ __________

4) abhandenkommen (__________)

→ __________

5) angsterfüllt (__________)

→ __________

6) tanzen gehen (__________)

→ __________

7) heim suchen (__________)

→ __________

5 Finde im Internet zwei Beispielsätze mit den folgenden Wörtern und Wortfügungen.

1) jemandem zuteilwerden

2) etwas zunichtemachen

3) ohrenbetäubend

4) nervtötend

5) hartgesotten

6) Heil bringend/heilbringend – hier sind zwei Varianten zugelassen

7) feilbieten

8) wiedergutmachen

9) gutschreiben

10) sich auseinandersetzen

6 **Erstelle ein Plakat zur „Getrennt- und Zusammenschreibung". Nutze dafür die Informationen aus dem Teil „Wissen".**

Tipp: Platziere das Plakat an einer Stelle, wo du es gut und oft sehen kannst (z. B. über dem Schreibtisch). Du kannst bei jeder im Teil „Wissen" aufgeführten Wortart so vorgehen. Je nach Größe der Schrift kann man auch mehrere Plakate (einzeln für jede Wortart) anfertigen.

NOMEN

Zusammenschreibung

Getrenntschreibung

7 Integrierte Übung.
Entscheide:
- zusammen oder getrennt
- groß oder klein?
Schreibe korrekt darüber.

Die Erfindung des Buchdrucks

1440 hat sich etwas bis dahin U/unvorstellbares zu/getragen. Johannes Gutenberg ist es gelungen, Schriften mit zusammen/gesetzten, aus b/Blei gegossenen Lettern zu/vervielfältigen. Es ist noch ein weiteres Ereignis dazugekommen, das die Bedeutung des E/ersten voll/endete. Aus China ist die höchst/wertvolle Kenntnis der Papierherstellung über arabische Länder und über Spanien letzt/endlich nach Deutschland gelangt. Die beiden Erfindungen in ihrer Kombination waren bahn/brechend für die Entwicklung der Literatur. Literaturwerke werden nicht mehr vereinzelt/abgeschrieben, sondern in hoher Auflage verbreitet. Damit kann eine immer größer/werdende Zahl von wissens/durstigen Lesern erreicht werden. Ein solcher Informationsfluss ist bis zu dem Zeitpunkt noch nie da/gewesen. Literatur ist in den Alltag aller Bevölkerungsgruppen über/gegangen und das L/lesen wurde nach und nach zu etwas S/selbstverständlichem. Die Erfindung des Buchdrucks hat das K/kulturelle Leben grund/legend verändert. Hier kann man von einer Revolution sprechen, ohne zu/übertreiben. Martin Luther kann dadurch seine Bibelübersetzung verbreiten und somit den Grundstein für die Entwicklung einer einheitlichen und allgemein/verständlichen deutschen Sprache legen. Das hat wiederum dazu/beigetragen, dass das Volk etwas mehr zusammen/gewachsen ist. Der Buchdruck hat den Weg für die spätere Aufklärung frei/gemacht, wurde zum Träger neuer Ideen. Heute ist er aus unserem Leben nicht mehr weg/zu/denken. Durch die Erfindung des Computers wurde der Buchdruck im/Grunde neu/erfunden. Statt Bleisatz wie vor 50 Jahren hat er elektronische Formen an/genommen. Durch diese Erfindungen ist jedem von uns die Chance zuteil/geworden, seine eigenen Ideen auf Papier und in den Computer zu/bringen und weiter/zu/geben.

Check

1 Getrennt- und Zusammenschreibung I

Wissensfragen

1. Welche Arten von Komposita kennst du?
2. Was entscheidet in Fällen wie „davonkommen/davon kommen", ob getrennt oder zusammengeschrieben wird?
3. Wie lautet die Regel für Fälle wie zusammenfahren/ zusammen fahren?
4. Was sieht die Regelung für Fälle vor wie
   a) Schwindel erregend/schwindelerregend
   b) zu Rate/zurate ziehen
   c) schwach bewegt/ schwachbewegt?
5. Was verstehen wir unter der „Schmelzregel"?
6. Was ist der Unterschied zwischen „hellrot" und „schwarz-weiß"?
7. Was ist der Unterschied zwischen „herzzerreißend" und „Hilfe suchend"?
8. Warum schreibt man „schwarzer Tee" getrennt und „Schwarztee" zusammen?
9. Warum schreibt man „hartgesotten" nur zusammen?
10. Warum schreibt man „tief atmen" getrennt und „tiefliegen" zusammen?

1 Was wurde hier kombiniert? Schreibe auf die Zeile wie im Beispiel.

Beispiele:
seiltanzen/auf dem Seil tanzen → eine Wortgruppe, „Schmelzregel"
bruchlanden → verblasstes Substantiv + Verb

bewusst werden/bewusstwerden

____

bewusst sein

____

bunt gestreift/buntgestreift

____

hell leuchtend/hellleuchtend

____

hergeben

____

ideenarm

____

Check

1 Getrennt- und Zusammenschreibung I

jugendlich frisch

Tiefseefischerei

Wohnkultur

zurückstellen

zusammenwachsen

schwimmen gehen

Geige spielen

lustwandeln

erstgeborener (Sohn)

handverlesen

2 Erkläre die Getrennt- und die Zusammenschreibung. Schreibe Stichworte auf.

1) Wir haben den Betrag Ihrem Konto **gutgeschrieben**.

2) Wer kann für den kranken Kollegen **einspringen**?

3) Die neuen Türen gelten als **einbruchssicher**.

4) Die Herbstkollektion kann man als **facettenreich** bezeichnen.

5) Kennt jemand Personen, die beim Skat **falschspielen**?

6) Der Verantwortliche wurde falsch informiert oder **möglicherweise** fehlgeleitet.

7) Diese Chance sollte man nicht **leichtfertig** vergeben.

8) Was soll ich jetzt **bloß machen**?

9) Bitte **einzeln eintreten**!

10) Die Piraten suchen einen **sagenumwobenen** Schatz.

11) Gestern konnte ich leider nicht anrufen, es ist etwas **dazwischengekommen**.

12) Die Bücher bitte nicht in die Regale **zurückstellen**, sondern an der Theke dem Personal **übergeben**.

13) Was sind das für **bitterböse** Gedanken?

14) Auch **hartgesottene** Fußballfans haben eine solche Niederlage selten erlebt.

15) Wirst du das allein **geregelt bekommen**?

16) Eine fantastische, so noch nie **da gewesene** Show mit zahlreichen Sensationen!

17) Die Schauspielerin ist vor Übermüdung **zusammengebrochen**.

18) Könntet ihr den ganzen Tag lang nur **Computer spielen**?

19) Bei uns können Sie heute an lustigen Spielen **teilnehmen** oder **Ruhe suchend/ruhesuchend** durch die Gärten lustwandeln.

20) Sie werden am Wochenende nicht **einkaufen gehen?**

21) Er wäre in der neunten Klasse fast **sitzengeblieben**.

Praktische Anwendung

3 Wo muss mit einem Bindestrich geschrieben werden? Setze die Bindestriche (wo nötig) in die Kästen.

1) ein zauberhaft☐schönes Kleid
2) eine luftig☐leichte Creme
3) ungleich☐verteilte Last
4) schwarz☐rote Streifen
5) das Deutsch☐Französische Volksfest

4 In welchen Fällen ist noch eine zweite Rechtschreibvariante zugelassen? Schreibe diese auf die Zeile.

1) der **klein gedruckte** Text ____________
2) sich etwas **redlich verdienen** ____________
3) die **Aufsehen erregende** Rede ____________
4) **beieinander sein** ____________
5) etwas **in Frage** stellen ____________
6) sich mit Mode **auseinandersetzen** ____________
7) **miteinander reden** ____________
8) **zugunsten** des Klägers ____________

9) **allein stehende** Mütter ____________________

10) hilflos **dastehen** ____________________

5 **Zusammen, getrennt oder mit einem Bindestrich? Schreibe auf die Schreibzeilen.**

Der Humanismus und die Renaissance

Dem Humanismus lag der Gedanke zu/grunde ____________________, dass der Mensch sich nicht nur den religiösen, sondern auch weltlichen Dingen zu/wenden ____________________ sollte, was haupt/sächlich ____________________ die Bereiche der Bildung und der Kunst betraf. Das kulturelle Erbe der Antike wurde wieder/entdeckt ____________________: Das Interesse für Künste und Wissenschaften sollte den mittel/alterlichen ____________________ Menschen aus der stock/finsteren ____________________ Höhle der Unwissenheit befreien, in der der damalige Mensch buch/stäblich ____________________ unter/zu/gehen ____________________ drohte. Die Humanisten begannen, antike Literatur/werke ____________________ zu/sammeln ____________________ und das verloren/gegangene ____________________ Gedankengut zusammen/zu/tragen ____________________. Diese Bewegung hatte zu/nächst ____________________ einen eher literarisch/philosophischen ____________________ Charakter, griff aber dann auf Kunst und Wissenschaften über. Ausschlag/gebend ____________________ war die Idee, den Menschen in den Mittelpunkt des gesellschaftlichen Interesses zu/stellen ____________________. Diese Idee, die sich ab dem 14. Jahrhundert in ganz Europa langsam/verbreitet ____________________, hat das europäische Denken grund/legend ____________________ verändert. Der Mensch, der sich zu/nehmend ____________________ als Krone der Schöpfung begreift, hat sich im Vergleich zu/früher

_______________ selbstständig/gemacht _______________ _______________ und wiss/begierig _______________ auf den Weg der Selbst/erkenntnis _______________ begeben.

Diese Suche hat in der Epoche der Renaissance Nieder-schlag/gefunden _______________. In der Malerei wollte man den Menschen und die Natur real/sehen, _______________ weshalb die Kenntnis der menschlichen Anatomie in der Malerei für nötig/befunden _______________ wurde. Bahn/brechend war hier das Schaffen von Leonardo da Vinci, der Künstler und Mathematiker zu/gleich _______________ war. Michelangelo hat die Individualität seiner wunder/vollen _______________ Skulpturen mit mächtig/majestätischen _______________ _______________ Gesten heraus/gestellt _______________.

6 **Fülle die Tabelle aus. Verwende die unten stehenden Wörter.**

Getrennt-schreibung	Zusammen-schreibung	Bindestrich	zusammen und getrennt möglich

hell/grün • da/sein • Funk/verbindung • dahinter/kommen • Trost/spendend • schwer/fällig • zu/Rate ziehen • klein/schneiden • unter/liegen • bunt/gemischt • zusammen/gewürfelt • angst/erfüllt • geistig/kulturell • viel/befahren • blau/weiß

Bindestrich

Wir werden hier die Regeln zum Bindestrich in drei Teile untergliedern, um sie übersichtlich darzustellen:

1. **Kann-Regeln** – Fälle, in denen man einen Bindestrich setzen kann, aber nicht muss,
2. **Muss-Regeln** – Fälle, in denen man unbedingt einen Bindestrich braucht,
3. **Darf-nicht-Regeln** – Fälle, in denen auf keinen Fall ein Bindestrich gesetzt wird.

1. Kann-Regeln

a) Der Bindestrich **kann** gesetzt werden, um einzelne Bestandteile einer Zusammensetzung hervorzuheben oder/und um diese Zusammensetzung übersichtlicher zu machen.

- ➜ Beispiele mit Substantiven: Orthopädie-Praxis, Soll-Bruchstelle, Bett-Truhe
- ➜ Beispiele mit Eigennamen: Schiller-Theater, Beethoven-Saal, Ludwig-van-Beethoven-Musikschule
- ➜ Beispiele mit Adjektiven, die von Eigennamen abgeleitet wurden: Bad-Segeberger Kliniken, Sankt-Petersburger Museen
- ➜ Beispiele mit Adjektiven/Adverbien: süß-sauer
- ➜ Beispiele mit Zahlwörtern: 10-fach

b) Ein Bindestrich **kann** auch zur Vermeidung von Missverständnissen gesetzt werden.

Beispiele:
Musik-Erleben – Musikerleben
Druck-Erzeugnisse – Druckerzeugnisse
Hawaii-Inseln – Hawaiiinseln

2. Muss-Regeln

a) Der Bindestrich **muss** in Zusammensetzungen mit Einzelbuchstaben, Abkürzungen und Ziffern gesetzt werden.

Beispiele: i-Punkt, T-Shirt, MSA-Prüfung, 3-Tonner, 100-prozentig, 15-Tonner, Kfz-Schlosser, 15-jährig/der 15-Jährige, die 90er-Jahre, die y-Achse

b) Der Bindestrich **muss** in Substantivierungen von Wortfügungen und Wortgruppen gesetzt werden, insbesondere wenn diese einen Infinitiv enthalten.

Beispiele: das In-den-Tag-hinein-Leben, ein Entweder-oder

Achtung: Es gilt nicht für übersichtliche Zusammensetzungen wie das Autofahren, das Inkrafttreten.

c) Der Bindestrich **muss** in Zusammensetzungen gesetzt werden, die schon eine Wortgruppe mit einem Bindestrich enthalten.

Beispiele: das Make-up → Make-up-freie Haut, das Abend-Make-up

d) Der Bindestrich **muss** in Zusammensetzungen aus gleichrangigen, nebengeordneten Adjektiven/Adverbien gesetzt werden.

Beispiele: das deutsch-französische Wörterbuch, eine literarisch-musikalische Veranstaltung

e) Der Bindestrich **muss** in Zusammensetzungen aus zwei Eigennamen oder mit einem Eigennamen als Bestandteil gesetzt werden.

→ Beispiele mit Personennamen: Maria-Luise Lehmann-Bratzke

→ Beispiele mit geografischen Namen: Nordrhein-Westfalen, Flughafen Köln-Bonn

Bei Straßennamen setzt man den Bindestrich nur in Verbindung mit dem Vornamen.

– Beispiele von **Straßennamen** (besonderer Fall von geografischen Namen): Heinrich-Heine-Allee, Rainer-Maria-Rilke-Promenade, aber: Goethestraße

Achtung: Bei geografischen Namen gilt immer die amtliche Schreibung des Namens, die manchmal von den bestehenden allgemeinen Regeln abweichen kann.

– Beispiele: Südkorea, Königs Wusterhausen

→ Beispiele für andere Zusammensetzungen mit Eigennamen: Goethe-ähnlich, Mount-Everest-erprobt

f) Der Bindestrich (Ergänzungsstrich) **muss** gesetzt werden, dass ein gleicher Bestandteil eingespart werden soll.

Beispiele: Zimmer- und Balkonpflanzen, Eisenbahnunter- und -überführungen

g) Der Bindestrich **muss** in Ableitungen von geografischen Namen gesetzt werden, wenn diese Namen aus mehreren Teilen bestehen.

Beispiele: Schleswig-Holstein → der Schleswig-Holsteiner, schleswig-holsteinisch

3. Darf-nicht-Regeln

a) Der Bindestrich **darf nicht** zwischen dem Adjektiv auf -er und dem folgenden Substantiv gesetzt werden.

Beispiele: Anhalter Bahnhof, die 90er(-Jahre)

b) Der Bindestrich **darf nicht** in den Zusammensetzungen aus einer Ziffer und einem Suffix gesetzt werden.

Beispiele: 90er(-Jahre), 100%ig, 40stel

c) Der Bindestrich **darf nicht** gesetzt werden, wenn der erste Bestandteil nicht als ein selbstständiges Wort vorkommt.

Beispiele: afroamerikanisch, finnougrisch

Zusammenschreibung – Einzelfälle

1. Zusammensetzungen mit in Buchstaben geschriebenen Zahlen

Beispiele: Zweitklässler, Achtpfünder, Sechserpack

2. Der erste oder der zweite Teil kommt nicht als selbstständiges Wort vor.

Beispiele: zweifach, letztmalig, redselig, vieldeutig

3. Kardinalzahlen („normale" Zahlen) unter einer Million

Beispiele: dreizehn, zweihundertvierundsechzig

4. Ordinalzahlen (Ordnungszahlwörter)

Beispiele: der fünfmillionste Besucher, der achtundzwanzigste Februar

5.
   - Adverbien,
   - Konjunktionen,
   - Präpositionen und
   - Pronomen,

   wenn die Bedeutung der einzelnen Bestandteile nicht mehr deutlich erkennbar ist.

→ Beispiele mit **Adverbien**:
bergab, bergauf; kopfüber; landaus, landein;
stromabwärts, stromaufwärts;
tagsüber; zweifelsohne

-dessen	indessen, infolgedessen, unterdessen
-dings	allerdings, neuerdings, schlechterdings
-falls	allenfalls, ander(e)nfalls, keinesfalls, schlimmstenfalls
-halber	ehrenhalber, umständehalber
-mal	diesmal, einmal, zweimal, keinmal, manchmal
-maßen	dermaßen, einigermaßen, gleichermaßen, solchermaßen, zugegebenermaßen
-orten	allerorten, mancherorten
-orts	allerorts, ander(e)norts, mancherorts
-seits	allseits, allerseits, and(e)rerseits, einerseits, meinerseits
-so	ebenso, genauso, geradeso, sowieso, umso, wieso
-teils	großenteils, meistenteils
-wärts	himmelwärts, meerwärts, seitwärts
-wegen	deinetwegen, deswegen, meinetwegen
-wegs	geradewegs, keineswegs, unterwegs
-weil	derweil
-weilen	bisweilen, derweilen, zuweilen
-weise	probeweise, klugerweise, schlauerweise
-zeit	all(e)zeit, derzeit, jederzeit, seinerzeit, zurzeit
-zeiten	beizeiten, vorzeiten, zuzeiten
-zu	allzu, geradezu, hierzu, immerzu
bei-	beileibe, beinahe, beisammen, beizeiten
der-	derart, dereinst, dergestalt, dermaßen, derweil(en), derzeit
irgend-	irgendeinmal, irgendwann, irgendwie, irgendwo, irgendwohin
nichts-	nichtsdestominder, nichtsdestoweniger
zu-	zuallererst, zuallerletzt, zuallermeist, zuerst, zuhauf, zuletzt, zumal, zumeist, zumindest, zunächst, zutiefst, zuweilen, zuzeiten

- Beispiele mit **Konjunktionen**:
  anstatt (dass/zu), indem, inwiefern, sobald, sofern, solange, sooft, soviel, soweit, sowie
- Beispiele mit **Präpositionen**:
  anhand, anstatt (des/der), infolge, inmitten, zufolge, zuliebe
- Beispiele mit **Pronomen**:
  irgend-: irgendein, irgendetwas, irgendjemand, irgendwas, irgendwelcher, irgendwer

Getrenntschreibung – Einzelfälle

(Außer den bereits beschriebenen Fällen der Zusammenschreibung)

6. Fälle, bei denen die Wortform oder die Bedeutung einzelner Teile deutlich erkennbar ist:

a) adverbiale Wortfügungen

Beispiele: darüber hinaus, nach wie vor, außer dass, zu Ende, zu Fuß, zu Wasser und zu Lande, zu Schaden (kommen)

b) mehrteilige Konjunktionen

Beispiele: ohne dass, statt dass, als wenn, als ob

Achtung: obgleich, obschon, zumal, wenngleich, wennschon – zusammenschreiben!

c) präpositionale Fügungen

Beispiele: zur Zeit (Karls des Großen), zu Zeiten (Karls des Großen)

Achtung: zurzeit = jetzt, schreibt man zusammen

d) Verbindungen mit so, wie, zu, gar

Beispiele: so viel, so (wie, zu) hohe Preise, so (wie, zu) selten gesehen, gar nicht/kein

Wissen

2 Getrennt- und Zusammenschreibung II

Tipps zum Anlegen einer Übungskartei

a) Schreibe dir verschiedene Kombinationen aus diesem Teil auf die Karten. Erstelle dir ein Farbsystem mithilfe verschiedener Fineliner-Farben.

b) Versuche, immer wieder neue Beispiele aus dem Wörterbuch, aus dem Internet oder aus deiner eigenen Lesepraxis zu finden. Trage diese Beispiele auch in die Kartei ein.

c) Geh diese Kartei regelmäßig durch und nach einem Monat (wenn du zweimal wöchentlich die gesamte Kartei durchgehst) kannst du die Regeln und die Beispiele auswendig.

Kartei 1: Beispiele zur Bindestrich-Regelung

1) Farbe 1 – Beispiele zur Hervorhebung einzelner Bestandteile einer Zusammensetzung in unübersichtlichen Zusammensetzungen
2) Farbe 2 – Zusammensetzungen mit Einzelbuchstaben, Abkürzungen und Ziffern
3) Farbe 3 – Substantivierungen von Wortfügungen und Wortgruppen
4) Farbe 4 – Zusammensetzungen, die schon eine Wortgruppe mit einem Bindestrich enthalten
5) Farbe 5 – Zusammensetzungen aus gleichrangigen, nebengeordneten Adjektiven/Adverbien
6) Farbe 6 – Zusammensetzungen aus zwei Eigennamen oder mit einem Eigennamen als Bestandteil
7) Farbe 7 – Bindestrich zur Einsparung eines sich wiederholenden Bestandteils
8) Farbe 8 – Ableitungen von geografischen Namen, die aus mehreren Teilen bestehen
9) Farbe 9 – Wortfügung aus dem Adjektiv auf -er und dem folgenden Substantiv
10) Farbe 10 – Zusammensetzungen aus einer Ziffer und einem Suffix

Kartei 2: Zusammenschreibung – Einzelfälle

1) Farbe 1 – Zusammensetzungen mit in Buchstaben geschriebenen Zahlen
2) Farbe 2 – Der erste oder der zweite Teil kommt nicht als selbstständiges Wort vor.
3) Farbe 3 – Kardinalzahlen
4) Farbe 4 – Ordinalzahlen
5) Farbe 5 – Adverbien, Konjunktionen, Präpositionen und Pronomen, wenn die Bedeutung der einzelnen Bestandteile nicht mehr deutlich erkennbar ist.

Kartei 3: Getrenntschreibung – Einzelfälle

1) Farbe 1 – adverbiale Wortfügungen
2) Farbe 2 – mehrteilige Konjunktionen
3) Farbe 3 – präpositionale Fügungen
4) Farbe 4 – Verbindungen mit so, wie, zu, gar

Übungen zu den Bindestrich-Regeln

1 Schreibe stichwortartig eine Erklärung zur Rechtschreibung der fettgedruckten Wörter und Wortfügungen.

Strategie: Hier muss man immer wieder im Teil „Wissen" nachschlagen und seine Antwort auf diese Weise überprüfen.

1) Die Vorstellung im Zirkus war zum **Auf-und-davon-Laufen**.

2) In **Mittel-** und Südamerika leben Frösche, die sich durch ihre **bunt leuchtende** Hautfarbe von anderen Arten stark unterscheiden.

3) Verwandte Farben sind zum Beispiel **Marineblau** und **Mittelblau**.

4) Das Kleid „Seeprinzessin" ist **blau-weiß** gestreift und aus **100%er** Baumwolle.

5) Viele Firmen teilen ihre Kunden in **A-, B- und C-Kunden** ein.

6) Der **Hoffmann-von-Fallersleben-Platz** in Berlin ist nach dem Dichter benannt, der die deutsche **National-hymne** geschrieben hat.

7) Nach diesem Muster können Sie ein **Bett-Tuch häkeln**.

8) **Afroamerikanische** Musik ist sehr populär.

9) **Nordrhein-Westfalen** ist das bevölkerungsreichste Bundesland der Bundesrepublik Deutschland.

10) In der **Mozart-Musikschule** findet ein **Barock-Konzert** statt.

2 Trage die Wortfügungen in die Tabelle ein. Entscheide dabei in welche Spalte sie passen: in Kann-Regelung, Muss-Regelung oder Darf-nicht-Regelung.

römisch-katholisch • 80er-Jahre • ein Goethe-Zitat • Pariser Museen • Konrad-Adenauer-Platz • Leicht- und Schwermetalle • die Langhaardackelzüchter-Adressenliste • tollkühn • das ewige Sich-nicht-einmischen-Wollen • ein 12-Jähriger • der s-Laut • die Kfz-Versicherung • Sachsen-Anhalt

Kann-Regelung	Muss-Regelung	Darf-nicht-Regelung

3 Finde vier ähnlich konstruierte Beispiele.

Strategie: Zwischen die Adjektive, die mit einem Bindestrich getrennt werden sollen, kann man „und" setzen. Wenn das möglich ist, dann sind die Adjektive tatsächlich gleichrangig und ein Bindestrich muss dort gesetzt werden.

1) Von-der-Hand-in-den-Mund-Leben

2) schwarz-weiß

3) Schiller-Theater

4) 10-fach

5) das T-Shirt

6) Zusammen- und Getrenntschreibung

4 Mit oder ohne Bindestrich? Setze den Bindestrich, wo er nötig ist. Im Falle der Zusammenschreibung verbinde die Wörter mit zwei Bögen.

blau☐graue Augen • die deutsch☐polnische Zusammenarbeit • die jährlich☐stattfindende Computermesse • der leckere Lachs☐Kaviar • dass☐Sätze üben • Röntgen ☐Strahlen erzeugen • der alte PVC☐Bodenbelag • in den 50☐er☐Jahren • die aromatische Curry☐Sahne☐Soße • einen Erste☐Hilfe☐Kurs besuchen • ein chemisch☐biologischer Prozess • die Straße☐Unter☐den☐Linden • Bertha☐von☐Suttner ☐Platz • die Oder☐Neiße ☐Grenze • ein Vier☐Augen☐Gespräch • zwei☐fach

5 a) Mit oder ohne Bindestrich? Getrennt oder zusammen? Schreibe die Lösungen auf die Schreiblinien.

b) Überprüfe die Lösung im Wörterbuch.

Volksbücher im 15. Jahrhundert

Nach der historisch/bedeutenden ________________ ________________ Erfindung des Buchdrucks, der tief/greifende ________________ und zukunfts/weisende ________________ Veränderungen mit sich brachte, entwickelte sich vermehrt die Volksliteratur, und zwar auf der Grundlage des Quell/Stoffs ________________, der davor mündlich/schriftlos ________________ weitergegeben wurde. Die Anzahl der Volksbücher stieg ständig, was von einem rasant/wachsenden ________________ Lese/Bedürfnis ________________ zeugte. Der Charakter der Volksbücher war belehrend/unterhaltsam ________________. Es waren größten/teils ________________ Narrengeschichten, die moralisch/unterweisend ________________ wirken sollten. Ein berühmtes Beispiel ist das „Lalebuch" (1597, Straßburg). In dieser Schwank/sammlung ________________ wurden einer/seits ________________ dumm/dreiste ________________ Streiche, anderer/seits ________________ einfache Torheiten fest/gehalten ________________, die verschiedenen Orten zugeschrieben wurden. Es ist jedoch klar/erkennbar ________________, dass es sich um allgemein/verbreitete ________________ Dummheiten handelt. Die Geschichten kann man als ländlich/städtisch ________________ bezeichnen, denn sie spielen sich zwar in einer eigentümlich/ländlichen ________________ Umgebung, aber in Fantasie/Städten ________________ wie Laleburg und Schilda ab. Die Schildbürger/Schwänke ________________ ________________ stellen eine Bearbeitung der Lalebuch/Schwänke ________________ dar.

Narren/Geschichten ______________________ sind jedoch keine ur/deutsche ________________ Erfindung: Ähnliches ist bereits aus der Antike bekannt.

Zusammenschreibung – Einzelfälle

6 Schreibe stichwortartig eine Erklärung zur Rechtschreibung der fettgedruckten Wörter und Wortfügungen auf die Zeilen darunter.

Tipp:
1. Bitte nutze die Wissensseiten der Online-Einheit „Wortarten".
2. Bei Unklarheiten nutze das Wörterbuch.

Wie die weisen Schildbürger Rat hielten und eine närrische Weise anzunehmen beschlossen

Die Schildbürger waren aber nicht immer **närrisch-dumm**, sondern wurden durch Umstände dazu gezwungen. Darüber erzählt die folgende Geschichte.
Der erste Schildbürger war ein **hochweiser** Mann und **infolgedessen** ließ er seinen Kindern eine **ebenso solcherart** vernünftige Erziehung **zukommen**, dass sie die Weisheit ihres **Vaters-Lehrmeisters** nur noch vermehrten. **Sobald** der Ruhm von diesen **Lehr- und Erziehungsgaben** über die Grenzen von Schilda **hinausragten**, wurden die Schildbürger von fremden Fürsten und Herrschern berufen, denn ihre Weisheit benötigte man dringend **anderenorts**. **Infolge** dieser Fügung ist es **irgendwann so weit** gekommen, dass alle Schildburger Männer ihre Stadt verlassen haben und die Familien ohne Väter **zurückbleiben** mussten, was den Wohlstand der Stadt **zutiefst** beeinträchtigte. Die **gleichermaßen** weisen Ehefrauen verfassten einen Brief, mit dem sie ihre Männer **so schnell** wie möglich **heimzufordern** dachten. Sie wollten, dass ihre Männer **zu Hause** das Land bestellten, **anstatt** fremde Länder glücklich **zu machen**, denn **daheim** wurden ihre Kräfte **solchermaßen** dringend gebraucht. Nachdem die Männer wieder **heimkehrten**, wurden **zunächst Freudenfeste** gehalten und alsdann haben sie sich zu einem Rat **zusammengefunden**. Man war hin- und hergerissen, wie nun in Zukunft **solcherart** Schwierigkeiten **zu begegnen** sei, damit die Stadt nicht erneut **irgendwann halbleer** steht. Die Entscheidung fiel **folgendermaßen** aus: Die Schildbürger haben sich **dazu durchgerungen**, eine närrische Lebensweise anzunehmen, um die Stadt so **zu beschirmen**. **Zweifelsohne** bedauerte man **vielfach** diese Entscheidung, wollte aber **zugunsten** des allgemeinen Wohls **daran festhalten**.

____

____

____

____

7 Trage die Wörter unterhalb der Tabelle in die entsprechenden Spalten ein.

Komposita mit ausgeschriebenen Zahlen	Der erste oder der zweite Teil kommt nicht als selbstständiges Wort vor.	Ausgeschriebene Kardinalzahlen

vertrauensselig • Dreizimmerwohnung • vierhundertsiebzehn • mehrfach • einmalig • linienförmig • ehrfürchtig • Vierfarbendruck • dreiunddreißig • Achteck

8 Trage die Wörter unten in die entsprechenden Spalten ein.

Tipp: Vergleiche zwischen den Konjunktionen wie „sooft" und „sobald" und den Verbindungen „so oft" und „so bald".

Beispiele:
Sooft ich hier vorbeikomme, sehe ich diese Pfütze. – So oft komme ich hier gar nicht vorbei, nur einmal die Woche.

Ordinalzahlen (Ordnungszahlwörter)	Adverbien und Konjunktionen, wenn die Bedeutung der einzelnen Bestandteile nicht mehr deutlich erkennbar ist	Präpositionen und Pronomen, wenn die Bedeutung der einzelnen Bestandteile nicht mehr deutlich erkennbar ist

am einunddreißigsten Dezember • sogenannter • nichtsdestotrotz • inmitten • infolgedessen • bergauf • kopfüber • sobald • irgendjemand • anstatt • anhand • tagsüber • mancherorts • sooft • netterweise • flussaufwärts • zumute • inwiefern • indem • beizeiten • der hundertzwanzigste Läufer • irgendeiner • das allererste Mal

9 **Bilde Beispielsätze mit den Wörtern und Wortfügungen. Schreibe diese Sätze auf.**

jederzeit bereit sein • schlauerweise verschweigen • am fünfundzwanzigsten November • die Achtklässler zusammenrufen • einigermaßen verstehen • bergab gehen • sowieso vorbeikommen • deinetwegen die Schuld auf sich nehmen • immerzu unterbrechen • gar nicht wollen • gar keinen Nutzen bringen

____

____

____

____

____

____

____

____

____

____

____

10 **Schreibe die Nebensätze zu Ende.**

1) Ich gehe heute nicht in die Bibliothek, zumal ______________

____

2) Wir sehen uns, sooft ______________

____

3) Gib mir bitte Bescheid, sobald ______________

____

4) Die Arbeit wurde auf die nächste Woche verschoben, soweit ______________

____

5) Die Eltern werden nicht schlafen gehen, solange ______________

____

6) Ich helfe dir, soviel ______________

____

7) Es würde uns interessieren, inwiefern ______________

____

11 Indem oder in dem? Schreibe die Wendungen richtig auf die Linien..

Tipp: So unterscheidest du zwischen „indem" und „in dem":

- in dem (getrennt)
  - Präposition + Artikel: in dem (diesem) Buch
  - Präposition + Relativpronomen: Das Buch, in dem (welchem) es viele Bilder gibt, ...
- indem (zusammen) leitet immer den Nebensatz der Art und Weise (Modalsätze) ein: Man kann Vokabeln am besten lernen, indem man sie mehrmals vorliest.

1) Wir befinden uns in/dem _______ mit einer Notbeleuchtung ausgestatteten Fluchttunnel des U-Bahnhofs Alexanderplatz.
2) Wer hat den Behälter weggeräumt, in/dem _______ ich das Düngemittel aufgelöst habe?
3) Du kannst deiner Familie helfen, in/dem _______ du deinen Eltern einen Teil der Hausarbeit abnimmst.
4) Man kann keinen Konflikt lösen, in/dem _______ man dem anderen aus dem Weg geht.
5) Das gesetzte Ziel kann man nur erreichen, in/dem _______ man sein Bestes gibt.
6) Hier sehen Sie den Raum, in/dem _______ der König seine Gäste empfing.
7) In/dem _______ von Dr. Schlötz verfassten Buch handelt es sich um die Entwicklung unterschiedlicher Methoden zur Vorbeugung gegen Rückenschmerzen.
8) Hast du jemals ein Buch gelesen, in/dem _______ es um Wale geht?
9) In/dem _______ man direkt auf die Bedürfnisse seiner Kunden eingeht und nicht erst wartet, bis sie sich beschweren, kann man im Geschäftsleben viel erreichen.
10) Obwohl dieser junge Schauspieler kaum Talent mitbringt, kann man doch etwas aus ihm machen, in/dem _______ man ihm all das beibringt, was dafür nötig ist.
11) In/dem _______ Haus, das du auf dem Bild siehst, haben wir jeden Sommer Urlaub gemacht.

Getrenntschreibung – Einzelfälle

12 **Zusammensetzungen und Verbindungen mit „so". Entscheide, ob zusammen oder getrennt?**

Tipp: Bei der Getrenntschreibung kann man statt „so" das Wort „sehr" einsetzen.

1) Das Telefon klingelte, so/bald _______ wir zu Hause waren.
2) Die Prüfungsergebnisse wird man nicht so/bald _______ bekanntgeben.
3) So/lange _______ kann man nicht warten.
4) So/lange _______ ich denken kann, gab es hier keine Bushaltestelle.
5) Alle haben diesen Film schon so/oft _______ gesehen.
6) So/oft _______ ich diesen Film sehe, entdecke ich immer wieder neue Details.
7) Warum bist du bloß so/weit _______ weg!
8) Sein Auto ist noch nicht da, so/weit _______ ich das von hier erkennen kann.

13 **Zusammen oder getrennt? Mit oder ohne Bindestrich? Entscheide und schreibe auf die Linien.**

Die Geschichte des Doktor Faust

Die „Historia von Doktor Fausten" (Frankfurt, 1587) gehört eben/falls _____________ zu den Volksbüchern, über die wir im Vorangegangenen mehr/fach _____________ gesprochen haben. Die Frage nach dem Autor bleibt nicht hin/reichend _____________ geklärt, möglicher/weise _______________ stammt das Werk von einem Schneider aus Bamberg. Zu/nächst _____________ ein/paar _____________ Worte über die Haupt/figur _____________. Faust war eine real/historische _____________ Person. Er lebte höchst/wahrscheinlich _______________ um 1500 und war eine bemerkens/wert _____________ gebildete Persönlichkeit, studierte Medizin und Theologie, praktizierte bekannter/maßen _____________ „Magie", durch/

wanderte ______________ das ganze Land und galt als Lebens/genießer ______________. Irgend/wann ______________ wurde dieser Wissenschaftler zu einer sagen/umwobenen ___________________ Figur, der zu/sätzlich ______________ die Episode zu/geschrieben ______________________ wurde, in der der Mann seine Seele dem Teufel preis/gibt ______________. Diese Vorstellung ist darauf zurück/zu/führen _________________ ________________, dass jede Wissenschaft das Volk damals zu/tiefst ______________ erschreckte. Die Sage, die auch dem Buch zu/grunde ______________ liegt, war für viele Dichter eine außer/ordentlich ______________ starke Quelle der Anregung zu eigenen Werken. Sehr bekannt ist Johann Wolfgang Goethes unvergessene und eben/so ______________ geniale Tragödie „Faust".

Fitness-Einheit

Training

2 Getrennt- und Zusammenschreibung II

1 Erkenne Wortfügungen und schreibe sie auf die Zeilen. Entscheide dabei, was Substantiv ist, was getrennt- oder zusammengeschrieben oder wo ein Bindestrich gesetzt werden muss.

1) t a g s ü b e r z u h a u s e s e i n s e i n e n W o r t e n z u f o l g e a n h a n d e i n e r s t a t i s t i k

2) d a s d e u t s c h e n g l i s c h e w ö r t e r b u c h f l u s s u n d s e e f i s c h e 8 0 e r j a h r e

3) 8 0 e r j a h r e M u s i k B o n n e r B o g e n d a s h u n d e r t t a u s e n d s t e M i t g l i e d

4) e i n e j a h r h u n d e r t e a l t e T r a d i t i o n d i e e r s t b e s t e G e l e g e n h e i t d i e a l l e r l e t z t e M a h n u n g

5) e i n i g e r m a ß e n b e r u h i g t s e i n s t r o m a b w ä r t s s c h w i m m e n e i n m e h r d e u t i g e s W o r t

6) u m s o b e s s e r g e n a u s o g u t i r g e n d e t w a s u n t e r n e h m e n h e l l b l a u s t r e i c h e n

7) g a r n i c h t g e r n z u S c h a d e n k o m m e n z u r z e i t i m U r l a u b s e i n

2 Zusammen, getrennt oder mit einem Bindestrich? Schreibe richtig darunter.

zu☐mindest zu☐gunsten ein Entweder☐oder

das Make☐up die E☐Mail zwei☐fach klein☐kariert

genau☐genommen zu☐Hilfe kommen luftig☐leicht

3☐fach gleich☐berechtigt Baden☐Württemberg

zu☐Fuß der i☐Punkt keines☐wegs der☐art

die Humboldt☐Universität o☐beinig infolge☐dessen

ein☐malig schwarz☐weiß kuschelig☐weich

3 Erkläre in Stichworten die Rechtschreibung der fettgedruckten Wörter und Wortgruppen. Welche Regel aus den Einheiten 1 und 2 muss angewendet werden?

1) **Solange** keine Nachricht eingetroffen ist, kann man **gar nichts** mit Gewissheit sagen.

2) Das ist bereits der dritte Brief **in Folge**.

3) **Infolge** einer Verletzung konnte der Sportler den Wettkampf nicht **weiterbestreiten**.

4) Dieser Frischkäse ist **grobkörnig**.

5) **Sobald** der Schauspieler seinen Monolog beendete, ertönte tosender Beifall.

6) Das nächste Klassentreffen wird nicht so bald **stattfinden**.

7) Es wird **zweifelsohne** bald kälter werden, **zumal immerzu** starker Wind weht.

8) **Soweit** wir genug Anmeldungen haben, können wir unsere Versammlung **zusammenrufen**.

9) Mit jedem **neugegründeten** Geschäft geht es mal **bergauf** und mal **bergab**.

10) Gibt es **möglicherweise** tatsächlich eine **Karl-Heinz-Schuld-am-Baum-Straße**?

11) Auf unserer Website informieren wir **umfassend** darüber, wie die Kurse Sie beruflich **weiterbringen** können. **Darüber hinaus** finden Sie noch zusätzliche Bildungsangebote, **sofern** Sie noch mehr Aktivitäten besuchen möchten.

12) Die Soldaten haben ihren Mut **zu Wasser** und **zu Lande** bewiesen.

13) Durch Sport verbessert sich der gesundheitliche Zustand **zusehends**.

4 Zusammen oder getrennt?

a) Entscheide die Schreibung.

1) Man sollte seine Erkältung behandeln, so/bald die ersten Symptome auftreten.
2) Findet der Vortrag schon in einer halben Stunde statt? So/bald schon?
3) So/viel ich weiß, wurde damals nichts gegen die Schädlinge unternommen.
4) Oh, du weißt so/viel!
5) So/lange wird doch keiner warten wollen!
6) So/lange die Arbeiten fair beurteilt werden, können die Schüler auch negative Ergebnisse nachvollziehen.

b) Trage die Satznummer in die entsprechende Spalte der Tabelle.

c) Schreibe das Wort richtig dahinter.

7) Sie können vom Büffet Speisen und Getränke nehmen, so/oft Sie möchten.
8) So/oft darf man die Prozedur der Laserbestrahlung nicht durchführen.
9) Der Leser sammelt Lebenserfahrung, in/dem er anspruchsvolle Bücher liest.
10) Der letzte Teil des Films, in/dem der feindliche Agent endlich entlarvt werden kann, ist am spannendsten.

Zusammengeschriebene Konjunktionen	Getrenntgeschriebene adverbiale Verbindungen

5 Getrennt geschriebene mehrteilige Konjunktionen

a) Ergänze die Sätze.

b) Unterstreiche die Konjunktionen.

1) Hier sieht es aus, als ob ______________________________
____

2) Die Gäste benehmen sich am Tisch, als wenn __________
____

3) Kannst du einen Vortrag halten, ohne dass __________
______________________________?

4) Viele spielen abends nur Computer, anstatt dass _______
____

5) Katarina macht täglich Sport, außer wenn __________
____

6) Das ist eigentlich ein recht stiller und ruhiger Ort, außer dass ______________________________

6 **Getrennt, zusammen oder mit einem Bindestrich? Schreibe richtig auf die Linien.**

Tipp: Informationen zur Barockdichtung findest du im Internet unter http://www.literaturwelt.com/epochen/barock.html.

1. vieder gegeben

Literatur des Barocks

Du weißt bereits einiges über die Kunst des Barocks und das Lebensgefühl zur/z/Zeit ___zurzeit___ des Barocks. Das Vorbild der Antike hatte dem Menschen den Mut zur Lebensfreude wieder/gegeben. Dies war eine Wende im Denken, die das Leben und das Wirken der Menschen zu/tiefst verändern sollte. Die Kunst wird bild/und/farbenfroh ______________, prächtige Bauten enthalten innen eben/so ___eben so___ eindrucks/volle ___eindrucksvolle___ Wand/und/Deckengemälde ______________, natürliche Skulpturen – alles wirkt plötzlich beweglich/lebendig ______________, die Farbgestaltung wird luftig/leicht ______________. Das tief/düstere ______________ Mittelalter hat seinen Einfluss längst verloren. Zweifels/ohne ______________ hat der Barock auch in der Literatur eine unauslöschliche Spur hinter/lassen ______________. Hier gab die Antike eben/falls ______________ die überaus/fruchtbare ______________ ______________ Grundlage, auf der fantasie/volle ______________ Werke entstehen konnten: die mystisch/dramatische ______________ Götterwelt voller Symbole und atem/beraubender ______________ Intrigen, helden/hafte ______________ Abenteuer und sagen/umwobene ______________ Helden, Geschichten, an/hand ______________ derer man den ewig/andauernden ______________ Kampf zwischen Gut und Böse anschaulich und hin/reißend ______________ darstellen kann. Die Theaterkunst gewinnt zu/nehmend ______________ an Bedeutung und richtet sich logischer/weise ______________ in Vielem nach antiken Vorbildern, in/dem ______________ sie die Regeln von damals strikt berücksichtigt. Auf diese Weise erfährt die antike Theaterkunst eine Wiedergeburt und etwas später wird sie durch zeit/genössische ________________ Inhalte noch/ein/mal ______________ „neu/erfunden“ ______________ werden. Lessing (1729–1781) war der aller/erste _________ Dramatiker in Deutschland, der den toll/kühnen ______________ Versuch wagte, zeitgenössische Probleme und Figuren auf die Bühne zu holen, was durch/aus _______ nicht selbst/verständlich ________________ war und dem/entsprechend ______________ nicht auf/einmal __________ Verständnis fand. In der Poesie herrschten höchst/strenge ______________ Regeln und der Dichter konnte über die Form und Art seiner literarisch-poetischen Gestaltung nicht frei/entscheiden ______________. Die bekanntesten Namen aus der Barock/Lyrik ______________ sind: Martin Opitz (1597–1639) und Andreas Gryphius (1616–1664).

Wissensfragen

1. Wann kann der Bindestrich gesetzt werden?
2. Wann muss der Bindestrich gesetzt werden?
3. In welchen Fällen darf er nicht gesetzt werden?
4. Wie werden mehrteilige Kardinal- und Ordinalzahlen geschrieben?
5. Wie wird geschrieben, wenn die Wortform oder die Bedeutung einzelner Teile deutlich erkennbar ist?
6. Wie werden Adverbien, Konjunktionen, Präpositionen und Pronomen geschrieben, wenn die Bedeutung der einzelnen Bestandteile nicht mehr deutlich erkennbar ist?
7. Wie schreibt man Zusammensetzungen mit in Buchstaben geschriebenen Zahlen?
8. Wie schreibt man Wörter, deren erster oder zweiter Teil nicht als selbstständiges Wort vorkommt?

1 Erkläre die Rechtschreibung in den folgenden Wortpaaren. Wo liegt der Unterschied?

zumal	von Mal zu Mal
deutsch-finnisch	finnougrisch
dunkelblau	blau-weiß
10-fach	zehnfach
zurzeit	zur Zeit (Goethes)
derzeit (abwesend sein)	(eine Frage) der Zeit
infolge (der Krise)	(der zweite Versuch) in Folge
genauso	so genau
Mecklenburg-Vorpommern	Mecklenburger Seen
Fleisch- und Milchprodukte	Fleisch und Milchprodukte
zu dem (Theaterstück)	zudem (gibt es noch mehr Fragen)

Fitness-Einheit

Check

2 Getrennt- und Zusammenschreibung II

Praktische Anwendung

2 Einzelne Wörter: Zusammen, getrennt oder mit einem Bindestrich? Wird der zweite Teil groß- oder kleingeschrieben? Schreibe auf die Linien.

Ost • West • Gespräche ______	schein • heilig ______	allen • falls ______
zu • E/ende ______	20 • er • Jahre ______	irgend • jemand ______
zu • oberst ______	Achtziger • J/jahre ______	kopf • über ______
unter • dessen ______	DVD • H/hülle ______	fluss • abwärts ______
genau • so ______	aller • höchste ______	Fast • Food • Kette ______
hieb • und • stichfest ______	fünf • und • neunzigster Geburtstag ______ ______	drei • hundert • zwei ______

3 Wortfügungen: Zusammen, getrennt oder mit einem Bindestrich? Schreibe auf die Linien.

in • folge der Klimaveränderungen ______	seiner • zeit gewarnt haben ______
dem Bericht zu • folge ______	eine 95 • prozentige Wahlbeteiligung ______
so • schnell wie möglich ______	Schiller • ähnlich dichten ______
so • bald es geht ______	ein Himalaya • taugliches Zelt ______
das aller • letzte Mal ______	Kosmetik • und Nagelstudios ______
der erst • beste Imbiss ______	Make • up • Trends verfolgen ______

4 Sätze: Zusammen, getrennt oder mit einem Bindestrich? Schreibe den Satz richtig auf die Zeilen.

1) Wer kann einen Computer auseinander/ und wieder zusammen/nehmen, ohne/dass dabei Teile übrig/sind?

______

______

2) Die Musik wird eingeschaltet, so/bald die ersten Gäste da sind.

______

______

Tipp: Beachte die Wissensseiten der Einheiten 1 und 2.

3) Der Versuch, den Berggipfel zu/erreichen, ist fehl/geschlagen, ob/gleich Reinhold M. nur knapp scheiterte.

4) Fährt man in den Urlaub, ist einem oft so zu/mute, als/ob man etwas vergessen hätte.

5) Einige Träume fühlen sich so an, als/wenn man gar/nicht schliefe.

6) Viele können wenig darüber/erzählen, wo sie beispiels/weise in fünf Jahren im Leben stehen wollen, zu/mal sie keine klar/formulierten Pläne für die Zukunft haben. Trotz/dem ist es ausgesprochen/wichtig, sein Schicksal selbst in die Hand zu/nehmen.

7) So/oft ich auch am Fitness/Studio vorbei/gehe, versäume ich, mich dort anzumelden.

8) So/gern ich dir auch helfen möchte, aber das übersteigt meine Möglichkeiten.

9) Wohlstand kann nur entstehen und aufrecht/erhalten werden, in/dem die Industrie und der Handel gefördert werden.

5 Getrennt, zusammen oder mit einem Bindestrich?

a) Schreibe die Wörter richtig auf die Zeilen.

b) Überprüfe sie.

Tipp: Beachte die Wissensseiten der Einheiten 1 und 2 sowie der Online-Einheiten „Wortarten" und „Substantivierung/Nominalisierung".

Die Epoche der Aufklärung (18. Jahrhundert)

Die Bedeutung dieser Epoche wird nicht von allen gleich beurteilt. Zweifels/ohne ______________ haben die Philosophen der Aufklärung vieles voran/gebracht ______________ und ein U/umdenken ______________ in der west/europäischen ______________ Gesellschaft bewirkt. Sie wollten die Welt erklären, in/dem ________ sie diese ausschließlich mit dem Verstand erfassen wollten. Die Aufklärung verfolgte also das Ziel, die Vernunft und so/mit ________ auch die Wissenschaft beziehungs/weise ______________ das wissenschaftliche Denken zum Kern des gesellschaftlichen und des geistigen Lebens zu/machen ______________. Dem/zu/folge ______________ forderte man den Menschen auf, die Welt immer/zu ________ mit forschendem Blick zu/betrachten ______________ und die Dinge immer/wieder ______________ zu/hinter/fragen ______________. Ob/wohl ________ nicht alle Ideen gleicher/maßen ______________ fruchtbar in/B/bezug ________ auf die weitere historische Entwicklung waren, hat die Aufklärung ein überaus/wichtiges ______________ und gerade/zu ________ revolutionäres Erbe hinter/lassen ______________. Es ist darüber/nachgedacht ______________ worden, wie ein Staat handeln sollte, um den Erwartungen seiner Bürger gerecht/zu/werden ______________. Die Wahrung der Menschenrechte und das S/streben ________ nach dem Wohl für jeden E/einzelnen ______________ wurden als Grundlagen für das staatliche H/handeln ______________ angesehen.

Check

2 Getrennt- und Zusammenschreibung II

6 Kreuze das Richtige an.

Tipp: Beachte die Wissensseiten der Einheiten 1 und 2.

1) in sich ☒ zusammen fallen ☐ zusammenfallen
2) ☐ zu dem ☒ zudem einige neue Regeln haben
3) von Mal ☐ zumal ☒ zu Mal
4) ☐ Schlangestehen ☒ Schlange stehen nicht leiden können
5) 10 Kilo ☒ zunehmen ☐ zu nehmen
6) dem Konto einen Betrag ☒ zuschreiben (gutschreiben) ☐ zu schreiben (gut schreiben)
7) ☒ zur Zeit ☐ zurzeit Schillers
8) jemanden wegen seiner Fehler ☐ bloß stellen ☐ bloßstellen
9) der dritte Versuch ☐ in Folge ☐ infolge
10) ☐ so viel ☐ soviel man jetzt schon sagen kann
11) ☐ so bald ☐ sobald kommt er nicht wieder
12) ☐ so fern ☐ sofern es möglich ist
13) Tiere ☐ so wie ☐ sowie Pflanzen
14) ☐ so wie ☐ sowie alle anderen auch
15) die Zeichen ☐ der Zeit ☐ derzeit
16) mein eigenes ☐ zu Hause ☐ Zuhause
17) sein ewiges ☐ Immer-vorn-sein-Wollen ☐ immer vorn sein wollen

7 Schreibe die Zahlen als Wort.

1) der 135. ______________________ Kunde
2) im Jahre 1978 ______________________
3) 10-fach ______________________
4) alle 9.-Klässler ______________________
5) 10 500 ______________________ Demonstranten

8 Markiere die Präfixe bei den Verben. Achtung: Einige von ihnen haben zwei Präfixe.

hinterlassen • einladen • unterziehen • bevorzugen • vergessen • begutachten • überbewerten • anbraten • aufbereiten • eingestehen • ausmessen • hervorheben

Fitness-Einheit

3 Gebrauch und Schreibung von Fremdwörtern

Einführungsfragen | **Antworten**

1. Definition: Was ist ein Fremdwort?

Ein Fremdwort ist ein aus einer anderen Sprache entlehntes Wort.

2. Warum werden Wörter entlehnt?

- Die Wörter aus anderen Sprachen werden entlehnt, wenn es zu Kontakten zwischen den Völkern kommt. Es geschieht auf verschiedenen Gebieten: Wissenschaft und Technik, Wirtschaft, Kunst, Politik und anderen.
- Wenn neue Gegenstände entstehen, wird ihre Bezeichnung in ihrer „Muttersprache" oft von anderen Sprachen übernommen. Dies betrifft heute zumeist technische und wirtschaftliche Begriffe sowie Wörter/Begriffe aus der digitalen Welt.

3. Aus welchen Sprachen wurden Wörter in die deutsche Sprache übernommen?

- **Aus dem Lateinischen**
  Kontakte der Germanen mit dem Römischen Reich und der römischen Kultur führten zu Entlehnungen aus dem Lateinischen in solchen Bereichen wie Architektur und Landwirtschaft.
  Beispiele: Frucht ← fructus, Mauer ← murus.
  Im wissenschaftlichen Bereich sind aus dem Lateinischen entlehnte Wörter sehr wichtig – sie bilden die Mehrheit aller Fachbegriffe in vielen Wissenschaften.
  Beispiele: die Zensur, das Abitur, die Universität, die Lektion

- **Aus dem Griechischen**
  Viele Wörter aus der griechischen Sprache wurden in den Bereichen Religion und Wissenschaft übernommen.
  Beispiele: der Altar, der Chor, das Thema

- **Aus dem Französischen**
  Der kulturelle französische Einfluss dauerte mehrere Jahrhunderte an und machte sich in vielen Lebensbereichen bemerkbar.
  Beispiele: die Manieren, das Parfüm, sich amüsieren, die Dame, die Promenade, die Bürokratie, das Defizit, die Tour, der Chauffeur, der Ingenieur, das Milieu, das Niveau, die Creme

- **Aus dem Englischen**
  Heute nimmt die Anzahl der aus dem Englischen entlehnten Wörter von Jahr zu Jahr zu. Diese Tendenz betrifft vor allem Technik und Wirtschaft, aber auch Kunst und Kultur sowie das alltägliche Leben.
  Beispiele: das Management, der Computer, das Internet, das Business, die App, die Band, das Poster, downloaden, updaten, das Home-Office

→ **Aus dem Italienischen**
Hier handelt es sich häufig um Begriffe aus der Musikwelt.
Beispiele: die Oper, das Konzert, die Violine, die Arie

→ **Aus anderen Sprachen (slawische Sprachen, Türkisch u.a.)**
Es sind heutzutage häufig Bezeichnungen für kulinarische Spezialitäten und Gegenstände aus dem Alltag.
Beispiele: der Döner, der Ayran, die Piroggen

4. Wie erkennt man Fremdwörter?

Fremdwörter bestehen meistens aus für die deutsche Sprache ungewohnten Laut- bzw. Buchstabenkombinationen. Viele Fremdwörter haben im Zuge der Sprachentwicklung ihre Form der deutschen Sprache so sehr angepasst, dass sie von den meisten Sprachnutzern nicht mehr als Fremdwörter erkannt werden. Diese Wörter haben sich in ihrem Klang und ihren grammatischen Besonderheiten der deutschen Sprache angepasst.
Beispiele: die Schule ← (lat.) schola, die Tafel ← (lat.) tabula, der Engel ← (griech.) angelos, die Dusche ← (frz.) la douche, die Kulisse ← (frz.) la coulisse

Solche Wörter werden in dieser Einheit nicht behandelt. Wir sprechen im Rahmen dieses Themas über deutlich zu erkennende Fremdwörter, die sowohl in ihrer Bedeutung als auch in ihrer Rechtschreibung Schwierigkeiten bereiten könnten und systematisch erlernt werden sollten.

5. Warum soll man mit Fremdwörtern gut umgehen können?

Fremdwörter sind nicht nur in bestimmten, speziellen Wissensbereichen wichtig, sondern auch in der allgemeinen Sprache nimmt ihr Gebrauch stets zu.

Fremdwörter im gemeinsprachlichen Gebrauch

In diesem Abschnitt werden Wörter aufgeführt, die im allgemeinen Gebrauch sehr häufig vorkommen.

Fremdwörter im gemeinsprachlichen Gebrauch

das Abonnement	die Balance
die Affinität	der Ballon
die Aggression	das Banner
der Akkord	die Barriere
akquirieren, die Akquise	der Blazer
aktuell	die Bowle
die Allee	die Bronze
der Appell	das Büffet/Buffet
das Aquarium	das Bulletin
äquivalent	das Chamäleon
die Ästhetik	die Chance

Wissen

Fitness-Einheit

3 Gebrauch und Schreibung von Fremdwörtern

Tipps zum Umgang mit Fremdwörtern

a) Lege ein Vokabelheft oder eine Kartei für Fremdwörter an. Dieses/e solltest du während der gesamten Schulzeit führen.

b) Triffst du auf ein Fremdwort, das du noch nicht kennst, schlage im Wörterbuch oder im Internet die Bedeutung nach.

c) Ergänze das Wort mit seiner Bedeutung in deinem Vokabelheft bzw. deiner Kartei. Wenn die Pluralformen ebenfalls schwer oder ungewöhnlich erscheinen, schreibe diese mit.

c) Geh das Vokabelheft bzw. deine Kartei regelmäßig durch und nach einem Monat (wenn du zweimal wöchentlich die gesamte Kartei durchgehst) kennst du dich in der Schreibung der Fremdwörter besser aus. Einige Fremdwörter bereiten bei der Rechtschreibung besondere Schwierigkeiten. Schreibe solche Wörter extra 5 bis 10mal auf.

das Chaos	das Immunsystem
der Charakter	die Insolvenz
das Charisma – charismatisch	die Intention
charmant	intern
die Chaussee	die Interpretation
der Check	die Intrige
der Chef	die Intuition
der Chor	das Inventar
die Chronik	irrelevant
der Clan	joggen
der Clown	der Joghurt
der Cocktail	der Journalist
das Debakel	die Jury
die Debatte	das Kabarett, der Kabarettist
die Delegation	die Kampagne
die Delikatesse	das Känguru
die Differenz	die Kapazität
der Discounter	die Karriere
das Duell	der Kavalier
dynamisch	das Kollektiv
der Effekt	der Koloss, kolossal
effektiv	das Komitee
effizient	kommandieren
das Eklat	der Kommentar
elastisch	die Kommunikation
elitär	die Kompanie
das Engagement	komplex
evident	die Kondition
die Exkursion	die Kondition
extrovertiert	die Konfrontation
die Fantasie	konkret
die Fassade	die Kooperation
das Festival	die Koordination
die Finesse = derTrick	die Korrespondenz
die Fitness	korrigieren, die Korrektur
formell	das Labyrinth
die Gelatine	die Lappalie
die Geste, gestikulieren	das Lazarett
die HappyHour	legal – illegal
homogen	legendär
die Homöopathie	leger
die Ideologie	der Level
die Ignoranz	die Lizenz
die Illumination	loyal
das Image	majestätisch
die Imitation	die Manipulation

3 Gebrauch und Schreibung von Fremdwörtern

das Manöver	das Pulver
die Massage	der Rabatt
die Masse, massiv	raffiniert, die Raffinesse
materialistisch	rebellisch, die Rebellion
materiell	der Receiver
die Medaille	reell – real
die Memoiren	die Reflexion, reflektieren
das Metall	regenerieren
das Milieu	die Regie
die Monarchie	repräsentieren
das Monopol	restaurieren
das Motiv	die Revanche
der Mythos	die Route
naiv	die Rubrik
netto – brutto	die Sabotage
das Networking	salopp
das Niveau	die Satire
offiziell	der Scanner
paradox, das Paradoxon	sensibel
parallel	sentimental
der Parameter	das Shopping
parat	sich akklimatisieren
die Paro	der Slang
der Part	der Smog
das Parterre	der Snob
die Passage	das Souvenir
der Passagier	souverän
passiv	stagnieren
das Pendant	die Stewardess
die Pension	symmetrisch
pessimistisch – optimistisch	sympathisch
phlegmatisch	synchron
die Phrase	die Taille
das Picknick	die Terrasse
das Potenzial	das Territorium
pragmatisch	das Theater
primär	das Thema
das Privileg	die Theorie
der Profit	die These
das Programm	die Tour
die Prosperität, prosperieren	der Tyrann
protegieren	das Vakuum
der Prozess	die Vanille
der Pudding	der Ventilator
der Pullover	zynisch

Wissen

Fitness-Einheit

3 Gebrauch und Schreibung von Fremdwörtern

Fremdwörter im fachsprachlichen Gebrauch

Wir teilen den fachsprachlichen Wortschatz im Rahmen dieser Einheit in vier Wortfelder ein:

- Wissen
- Technik – Wirtschaft – Informationstechnik
- Politik
- Kunst

Tipp:

a) Schlage im Wörterbuch oder im Internet die Bedeutung der Begriffe nach, die du noch nicht kennst.

b) Nutze die Tipps oben zum Anlegen einer Kartei oder eines Vokabelheftes.

→ **Wortfeld Wissen**

das Know-How	die Universität	das Symbol
die Methodik	die Psychologie	visualisieren, visuell
die Taktik	die Astronomie	das Protokoll
die Kategorie	die Atmosphäre	die Assoziation
fundiert	empirisch	die Notiz,
exakt = präzise	das Ressort	die Kompetenz
die Enzyklopädie, enzyklopädisch	die Theorie, theoretisch	kulturell, interkulturell,
die Pädagogik	die Innovation	das Schema
die Praxis, praktisch	die Linguistik	kontinuierlich
die Philosophie	maschinell	implizieren, implizit
der Professor	das Medium	explizieren, explizit
die Theologie	multimedial	die Logik
die Soziologie	die Analyse	das Experiment
die Biologie	die Strategie	simultan
die Physik	das System	das Ideal
die Mathematik	die Chance	die Bibliografie
die Disziplin, interdisziplinär	definieren, die Definition	das Lexikon – die Lexika
das Phänomen	das Argument	die Implementierung
involviert	die Zivilisation	die Intuition
die Interaktion	die Simulation	das Seminar
die Fantasie	die Konferenz	populär
die Hypothese	die Evolution	das Examen
intern	die Diskussion	rar, die Rarität
die Integration, integrieren	das Segment	die Qualität – die Quantität

→ **Wortfeld Technik – Wirtschaft – Informationstechnik**

der Apparat, der Blog, der Boom, die Software, die Hardware, das Notebook, der Stick, die Installation, der Akku (der Akkumulator), die Batterie, der Block, digital, die Explosion, der Explorer, die Faser, das Filter, die Folie, die Frequenz, hydraulisch, das Kilowatt, die Lokomotive, die Navigation, der Kompass, das Update, die Ressourcen, die Zirkulation, der Prozessor, die Reserve, das Tableau, die Website, die Homepage, das Impressum, der Zylinder, der Zyklus

→ **Wortfeld Politik**

die Demokratie, ein Delegierter, die Fraktion, die Koalition, die Legalität, die Loyalität, das Milieu, die Opposition, der Pluralismus, das Referendum, die Legislative, die Exekutive, die Judikative, die Legislaturperiode, autoritär, lukrativ, die Politik, der Präsident, die Souveränität, das Prinzip, der Status quo, die Situation, international, global, die Globalisierung, die Union, das Militär, das Interesse, die Präsenz, die Priorität, die Krise, die Dimension, die Struktur, die Analyse, der Terror, transnational, die Distanz, die Aktivität, der Faktor, die Rivalität, das Element, das Manöver, die Defensive, die Offensive, die Strategie, der Pakt, die Föderation, das Risiko, die Organisation, europäisch, der Kompromiss, die Diplomatie, die Kooperation, die Sympathie, der Optimismus, der Pessimismus, das Zentrum, das Tabu, die Prognose, prognostizieren, die Flexibilität, labil, stabil, die Provokation, provozieren, die Intervention, bilateral, konstruktiv, konfrontativ, das Szenario

→ **Wortfeld Kunst**

die Oper, die Operette, das Duo, das Trio, das Quartett, das Quintett, das Orchester, die Symphonie, die Novelle, der Komponist, der Dirigent, das Solo, das Ballett, der Rhythmus, die Poesie, die Belletristik, die Interpretation, die Skulptur = die Plastik, abstrakt, klassisch, expressionistisch, impressionistisch, die Galerie, der Stil, das Design, imposant, die Szene, das Ensemble, die Lyrik, die Tragödie, die Komödie, das Drama, der Zirkus, die Arena, die Manege, der Dompteur

Kurs

Fitness-Einheit

3 Gebrauch und Schreibung von Fremdwörtern

Fremdwörter im gemeinsprachlichen Gebrauch

1 Erkenne die Fremdwörter und markiere sie.

Strategie 1: Einige Fremdwörter klingen ähnlich, haben aber einen unterschiedlichen oder etwas unterschiedlichen Sinn.

Beispiele:
- effektiv (mit einem guten Ergebnis) – effizient (wirtschaftlich, unter Verwendung minimaler Mittel)
- reell (angemessen) – real (wirklich, möglich)
- materiell (aus realer Materie bestehend) – materialistisch (nur auf materielle Dinge bedacht)

In solchen Fällen muss man die Bedeutung auswendig lernen.

Strategie 2: Es gibt Fremdwörter, die eine ähnliche Bedeutungsrichtung aufweisen, bei denen die Bedeutung dennoch unterschiedlich ist.

Beispiel:
- der Level (die Ebene, auch im technischen Sinne)
- das Niveau (die Ebene als Stufe)

1) Die Wirtschaft soll sich dynamisch entwickeln.
2) Die Zusammenarbeit zwischen den Abteilungen läuft effektiv.
3) Der Umwelt zuliebe muss man die Ressourcen effizient nutzen, deshalb spricht man heute gern über die Energieeffizienz.
4) Vor der Wahl in das Landesparlament hat ein Duell zwischen den beliebtesten Kandidaten stattgefunden. Die Wahlen brachten ein Wahldebakel für eine der großen Parteien. Alle bedankten sich trotzdem vor allem bei den Wahlhelfern für ihr Engagement.
5) Die Aggressionen in der Gesellschaft steigen, wenn die Menschen unzufrieden sind.
6) Hierbei handelt es sich um ein reelles Angebot.
7) Das ist eine reale Bedingung.
8) Wir haben nicht über Details gesprochen, wir sind auf dem allgemeinen Level geblieben.
9) Man muss sein kulturelles Niveau ständig durch Weiterbildung verbessern.
10) Heute kann niemand mehr sagen, dass das Image irrelevant ist. Jeder kümmert sich, unter anderem durch Einbeziehung sozialer Netzwerke im Internet, um sein persönliches Bild in der Gesellschaft. Das Networking ist heutzutage eine wichtige Voraussetzung für den wirtschaftlichen und gesellschaftlichen Erfolg. Akquise – das Anwerben neuer Kunden – spielt sich zum größten Teil nur noch online ab: über die Homepage, Facebook, Twitter und Einträge auf anderen Websites. Der Erfolg der neuen Medien ist evident.
11) Es ist manchmal faszinierend, wie viele Arten von Straßen es doch gibt: Alleen, Chausseen, Promenaden, Boulevards – und alles Fremdwörter!

2 Die Schreibweise der Fremdwörter lernen. Schreibe die Wörter auf die Schreiblinien und schlage die Bedeutung nach.

1) Zu unserer **Exkursion** gehörte eine **Tour** durch die Innenstadt. Die **Route** führt unter anderem an wunderschönen Schlössern vorbei.

2) Die **Fassade** des Rathauses wurde aufwändig **restauriert**.

3) In der **Happy Hour** haben unsere Gäste die **Chance**, alle möglichen **Delikatessen**, **Cocktails** und die berühmte **Bowle** unseres Hauses zum halben Preis zu probieren.

Strategie zur Aussprache der Fremdwörter: Einige Fremdwörter werden etwas anders ausgesprochen, als sie geschrieben werden. Die Aussprache jedes Wortes kann man in Wörterbüchern online nachschlagen und sich anhören. Oftmals sind es zweisprachige Online-Wörterbücher.

4) Der **Journalist** einer großen Zeitung gab in seiner **Rubrik** einen **satirischen Kommentar** zu einem sehr **sensiblen** Thema. Der **Effekt** war stärker als erwartet: Es entbrannte eine ganze **Debatte** über die Einhaltung **ethischer** Normen in der **Presse**. Dies war ein **Eklat**.

5) Im **Theater** sind die **Tickets** für das **Parterre** meistens am teuersten.

6) Ein **Pudding** ohne **Gelatine** ist nicht denkbar und mit **Vanille** wird er besonders lecker.

7) Die **Werbekampagne** für ein neues Produkt muss nach einer bestimmten **Strategie** aufgebaut sein, damit die **Kommunikation** mit den **potenziellen** Kunden den gewünschten **Effekt** erzielt und den erhofften **Profit** bringt. Aus diesem Grund hat die **Werbebranche** viele **Tricks** und **Finessen** zur **Manipulation** unseres Bewusstseins gefunden, damit wir bei der nächsten **Shopping-Tour** nur auf beworbene Produkte achten.

8) Im **Kabarett** kann der Zuschauer viel **Satire** zu verschiedenen **Themen** erleben, einige Witze wirken sogar etwas **zynisch** und bissig, aber **Satiriker** müssen etwas **Rebellisches** in sich haben, um **populär** zu bleiben. Sie **repräsentieren** nicht selten den Willen der Menschen, etwas an ihrem Leben zu ändern. Sicherlich kann die Kunst keine Fehler im **realen** Leben **korrigieren**, und es wäre **naiv**, solche Erwartungen zu hegen, aber der Mut der Künstler kann viel bewirken, er ist in einigen Ländern nahezu **legendär**.

3 Die Schreibweise der Fremdwörter lernen. Welcher/welche Buchstabe(n) fehlt/fehlen?

Tipp: Es sind nur Wörter aus dem Teil „Wissen" verwendet worden.

Meda__le • Ta__le • Re__anche • leg__r • lo__al • s__mmetrisch • s__verän • s__mpathisch • Hom__opathie • Jur__ • Chara__ter • s__nchron • Te__asse, • __entilator • maj__stätisch • Ba__iere • Ka__iere • jo__en • offizie__ • Ste__ardess

4 Fremdwörter richtig verwenden und ihre Bedeutung kennen. Welches Wort passt?

die Imitation • die Intuition • die Konfrontation • die Intention • die Kooperation • die Koordination • die Kondition • die Lappalie • die Ignoranz • parat • paradox • die Prosperität • das Vakuum • das Souvenir

1) Die internationale ________________ fördert die Völkerverständigung.
2) Unser Ingenieurbüro wurde mit der ________________ des ganzen Projekts beauftragt.
3) Oft beginnt ein Streit mit einer ________________ und endet in einer ernsthaften ________________.
4) Es mag ________________ klingen, aber bei Regen lohnt es sich eher, die Straßen vom Staub zu befreien als bei trockenem Wetter.
5) Den Touristen wurden kleine ________________ überreicht, und sie wünschten ihren Gastgebern ________________ und Erfolg.
6) ________________ ist ein luftleerer Raum.
7) Redegewandte Menschen haben immer eine Antwort ________________.
8) Manche haben die Begabung, Dinge vorherzusehen, und dieses Talent nennt man auch ________________.
9) Mit welcher ________________ hat der Dichter dieses Werk verfasst?
10) Das ist kein echter Schmuck, das ist nur eine ________.
11) ____________ nennt man noch anders: Unwissenheit.
12) Zu diesen ________________ unterschreibe ich den Vertrag nicht.

5 **Fremdwörter richtig verwenden und ihre Bedeutung kennen. Welches Wort aus der Liste im Teil „Wissen" ist gemeint?**

1) ______________________________
regelmäßiger Bezug von Dienstleistungen (auch kulturellen) oder Produkten über einen größeren Zeitraum

2) ______________________________
Fehlen der Ordnung und/oder Strukturen

3) ______________________________
die Umgebung, in der jemand lebt oder etwas geschieht

4) ______________________________
eine Person, die an der Spitze steht und Entscheidungen trifft

5) ______________________________
ein Aufruf an eine Person oder Gruppe von Personen, der eine bestimmte Forderung oder Bitte enthält

6) ______________________________
körperliches oder seelisches Gleichgewicht

7) ______________________________
schriftliche Darstellung eigener Erlebnisse und Erinnerungen

8) ______________________________
ein höflicher Mensch mit guten Manieren bzw. der Begleiter einer Dame

9) ______________________________
eine Person, die versucht, sich von anderen abzuheben, und übermütig wirkt

6 **Fremdwörter richtig verwenden und ihre Bedeutung kennen. Schreibe die Bedeutung daneben. Überprüfe deine Lösungen im Wörterbuch.**

die Ideologie ______________________________
der Prozess ______________________________
die Ästhetik ______________________________
die Differenz ______________________________
die Insolvenz ______________________________
die Lizenz ______________________________
die Monarchie ______________________________
die Sabotage ______________________________
regenerieren ______________________________
salopp ______________________________
sentimental ______________________________

phlegmatisch ______

das Pendant ______

die Phrase ______

pessimistisch ______

optimistisch ______

der Mythos ______

die Illumination ______

die Delegation ______

homogen ______

die Kompanie ______

protegieren ______

der Parameter ______

pragmatisch ______

7 **Fremdwörter richtig verwenden und ihre Bedeutung kennen. Ersetze die fettgedruckten deutschen Wörter durch ein Fremdwort aus der Liste im Teil „Wissen“ und schreibe die Sätze mit Fremdwörtern auf.**

1) Mobilisieren Sie Ihre ganze **Vorstellungskraft**.

______

2) Wir machen eine kurze **Überprüfung**.

______

3) Die Zuschauer brauchen neue **Empfangsgeräte** für dieses Fernsehformat.

______

______

4) Eine **große Anzahl** der Touristen bevorzugt einen Urlaub am Strand.

______

______

5) Adelige hatten früher sehr viele **Sonderrechte**.

______

6) Die Theateraufführung war der spannendste **Teil** des Kulturprogramms.

______

______

7) Diese beiden Probleme werden **gleichzeitig** gelöst.

8) Bei gutem Wetter macht sich eine **Mahlzeit in der Natur** sehr gut.

9) Solchen Worten kann man nicht **untätig** zuhören.

10) In seiner Entwicklung darf man nicht **stillstehen**, man kann seine **Möglichkeiten** stets erweitern.

8 Finde fremdsprachliche Synonyme (Wörter mit gleicher Bedeutung); s. Liste im Teil „Wissen".

schwierig	Unterschied
deutlich	offen
anpassen	innen
gleich	nett
Krankenhaus	Fahrgast
Preisnachlass	befehlen
Riese	Gruppe

Fremdwörter im fachsprachlichen Gebrauch

9 Fremdwörter erkennen.

a) Markiere alle Fremdwörter.

b) Schreibe sie heraus.

Das Medium Internet – Risiken und Chancen

Die heutigen Schüler besitzen eine sehr hohe Kompetenz im Bereich Computer, Nutzung von Software und Internet. Fast jeder hat einen Internet-Account und ist in sozialen Netzwerken stark involviert, und diese erleben einen wahren Boom. Man chattet, bloggt, zeigt seine Fotos, tauscht Informationen, führt Diskussionen und vieles mehr – die Interaktionen sind sehr vielfältig. Die Präsenz im Internet gehört heute zum Alltag der Kinder und der Erwachsenen fast gleichermaßen. Aber im Umgang mit dem Phänomen der globalen Vernetzung ist äußerste Vorsicht geboten: Bei allem Interesse für neue Möglichkeiten sollte man wissen, dass die Aktivitäten im Netz sehr wichtig für unser „digitales Gesicht" sind. Es ist naiv zu glauben, dass man Fotos oder Beiträge im Netz löschen kann: Alle Fachleute sagen einstimmig Nein dazu. Aus diesem Grund existieren gewisse Tabus, die man nicht brechen sollte, wenn man später Erfolg im Berufsleben anstrebt. Wenn man zu viel über sich erzählt, zieht das Risiken nach sich. Dennoch bietet das Medium Internet, wenn es richtig, konstruktiv und qualifiziert genutzt wird, unendliche Chancen und Ressourcen. Das Internet hat bereits unser ganzes Leben verändert, es bietet eine Plattform für technische Innovationen, neue Werbestrategien. Auch die Politik hat diese Möglichkeiten erkannt, und das Internet ist ein wichtiges Instrument für den Meinungsaustausch in der Demokratie geworden. Jeder kann seine Meinung äußern, Vorschläge einbringen. Für die Bildung hat das Internet eine ebenfalls kaum zu überschätzende Bedeutung. Die Suche nach Informationen läuft maschinell und dauert nur Sekunden, wir können heutzutage alles recherchieren und gleichzeitig visualisieren.

10 Erkenne die Fremdwörter und schreibe sie heraus.

Wer interessiert sich für Politik?

Viele Kinder und Jugendliche sagen, dass sie Politik langweilig finden. Viele wissen nicht, dass Deutschland einen Präsidenten hat, wie der Kanzler/die Kanzlerin heißt, welche Parteien an der Macht und welche in der Opposition sind, wer im Regierungskabinett sitzt. Welche Funktionen hat das Parlament und welche Fraktionen sind dort vertreten? Das alles klingt viel komplexer, als es ist. Man kann sich nach und nach in diese Fragen einarbeiten, und es lohnt sich zu wissen, nach welchen Prinzipien unser Land lebt. Für Kinder gibt es interessante Websites, die in verständlicher und unterhaltsamer Form informieren. Zum Beispiel: http://www.regierenkapieren.de/Webs/KW/DE/Homepage/home.html

Politik kann sehr spannend sein: Diskussionen und Rivalität, Diplomatie und Kompromisse, Strategie und Taktik, Programme und Prognosen.

11 Die Schreibweise der Fremdwörter lernen. Welcher/welche Buchstabe(n) fehlt/fehlen?

Opere__e • Sym__onie • R__ythmus, • Ba__ett • L__rik • Dom__teur • Z__linder • Mili__u • S__veränität • Trag__die • a__strakt • Desi__ • Def__zit • Depo__ • ko__erziell • Metie__

12 Fremdwörter richtig verwenden und ihre Bedeutung kennen. Schreibe die Bedeutung dahinter.

der Optimismus ____________________
der Pessimismus ____________________
die Offensive ____________________
die Defensive ____________________
stabil ____________________
labil ____________________
legal ____________________
illegal ____________________
netto ____________________
brutto ____________________
die Theorie ____________________
die Praxis ____________________
implizit ____________________
explizit ____________________
das Element ____________________
die Struktur ____________________
die Hypothese ____________________
die Methodik ____________________
interdisziplinär ____________________
definieren ____________________
fundiert ____________________

Training

Fitness-Einheit

3 Gebrauch und Schreibung von Fremdwörtern

1 Die Bedeutung der Fremdwörter kennen

a) Ordne die Wörter den Wortfeldern zu.

b) Schreibe die Wörter in die richtige Tabelle.

Achtung: Einige Wörter passen nicht.

der Receiver • der Prozessor • die Homepage • die Pädagogik • die Disziplin • restaurieren • symmetrisch • das Labyrinth • die Fassade • das Quartett • der Komponist • der Dirigent • die Enzyklopädie • die Website • die Aktie • finanziell • kommerziell • das Notebook • das Abonnement • die Tragödie • das Musikerensemble • das Drama • der Scanner • das Quintett • die Definition • das Impressum • der Explorer • global • das Networking • das Orchester • der Blazer • das Vakuum • sentimental • das Girokonto • die Szene • die Bowle • der Joghurt • der Cocktail • die Gelatine • das Picknick • die Delikatesse • das Know-how • die Psychologie • der Ventilator • die Insolvenz • die Symphonie • die Terrasse • investieren • der Akku • die Komödie • das Gartenparterre

Lernen und Forschen	Baukunst

Musik	Geld

Theater	Internet

Geräte und Hardware	Essen und Getränke

2 Suche im Internet oder in Büchern bzw. Wörterbüchern nach Bedeutungen für die Wörter. Notiere Stichworte.

das Lexikon ______

die Konferenz ______

die Evolution ______

hydraulisch ______

das Update ______

die Navigation ______

der Kompass ______

das Tableau ______

prognostizieren ______

die Analyse ______

das Metier ______

der/die Delegierte ______

die Sympathie ______

die Zivilisation ______

intern ______

die Priorität ______

die Koalition ______

3 Bilde Beispiele mit den folgenden Fremdwörtern.

populär ______

______

das Schema ______

______

die Simulation ______

______

Fitness-Einheit

3 Gebrauch und Schreibung von Fremdwörtern

die Qualität ______________________________

____

das Examen ______________________________

____

die Integration ______________________________

____

das Experiment ______________________________

____

die Logik ______________________________

____

der Apparat ______________________________

____

der Stick ______________________________

____

die Folie ______________________________

____

die Krise ______________________________

____

die Kooperation ______________________________

____

die Ignoranz ______________________________

____

der Smog ______________________________

____

das Büffet ______________________________

____

das Chaos ______________________________

____

die Intention ______________________________

____

die Intuition ______________________________

____

die Poesie ________________________________

____

die Union ________________________________

____

die Manege ________________________________

____

das Kilowatt ________________________________

____

die Illumination ________________________________

____

der Mythos ________________________________

____

der Clown ________________________________

____

4 Welche Buchstaben fehlen? Schreibe in die Lücken.

Hausbau

Wenn in den früheren Jahrzehnten und Jahrhunderten verstärkt auf die **__sthetik** der Gebäude geachtet wurde und sie im Vordergrund stand, hat sich der Schwerpunkt heute auf **te__hnische T__emen** verschoben: Das Haus soll nicht nur **imposan__** aussehen und eine wunderschöne **Fa__ade** haben, sondern es soll auch **ef__izient** sein. Hierbei handelt es sich in erster Linie um die **Energi__**effizienz. Dies ist eine Wissenschaft für sich. Man erstellt **Anal__sen** und führt **Simula__ionen** unter Berücksichtigung der natürlichen klimatischen Bedingungen durch. Diese **Anal__sen** helfen bei der Errechnung von Einsparungs**poten__ialen**. Diese Einsparungen sind **finanzie__** und ökologisch wichtig. Die Vorbereitung solcher Planungen ist **interdisziplin__r**. Hier braucht man Wissen in den Bereichen **Ph__sik**, **Ma__ematik**, natürlich Architektur und vieles mehr. Damit alle diese **Se__mente** in ein Projekt **inte__riert** werden können, braucht man Lösungen aus einer Hand. Anderenfalls könnte die Planung im **C__aos** untergehen. Alle **Deta__s** müssen **pr__zise** durchdacht werden.

5 **Die Bedeutungen der Fremdwörter und ihre Schreibweise kennen. Welches Wort passt? Schreibe die Wörter in die Lücken.**

die Philosophie • theoretisch • interkulturell • die Psychologie • der Professor • kulturell • visualisieren • multimedial • die Disziplin • der Prozess • das Seminar • die Notiz • das Protokoll • das System • die Pädagogik • praktisch • die Universität

1) Wenn zwei und mehr Kulturen miteinander in Kontakt treten, beginnt die ________________ Kommunikation.
2) Ein interessanter Vortrag sollte ________________ gestaltet werden, das heißt, man sollte mehrere Medien verwenden: Plakate, Computer-Präsentationen, Fotos, Videos, Folien. Die Informationen kann man interessanter vorstellen, indem man sie ________________.
3) Die Idee des lebenslangen Lernens bedeutet ________________, dass man nie aufhört sich weiterzubilden: durch Bücher, interessante ________________ und Kurse, aber auch gutes Fernsehen und ________________ Unternehmungen wie Museums- oder ________________besuche.
4) Die Wissenschaft über das Unterrichten und das Erziehen heißt ________________, aber es ist weitaus mehr als eine Wissenschaft, die nur ________________ arbeitet. Es ist vor allem die Bereitschaft, die Lernenden mit allem zu unterstützen, was sie benötigen, aber auch das Verständnis für die ________________ der Lerner und des Lernens. Ob ein Lehrer an der Schule oder ein ________________ an einer ________________ – sie beschäftigen sich mit dem ________________ des Lernens und mit ihren Schülern/Studenten.

5) Nach Versammlungen können aus den _______________, die während der Veranstaltung gemacht wurden, _______________ über den Verlauf dieser Aktivität angefertigt werden.

6) Das moderne _______________ der Wissenschaften nimmt seinen Ursprung in der _______________ – sie gilt als Mutter aller Wissenschaften. Diese _______________ war der Anfang des wissenschaftlichen Denkens. Während die Philosophie Erklärungen für das Leben auf unserem Planeten sucht, bemüht sich die _______________ um die Erforschung von anderen Planeten und Sternen.

7) Fast jedes Kunstwerk kann man unterschiedlich verstehen, und diese unterschiedlichen Deutungen nennt man _______________.

6 **Wörter raten. Welches Fremdwort (s. Liste im Teil „Wissen") ist gemeint? Schreibe in die Zeilen.**

Politischer Bund aus zwei oder mehr Parteien (in der Regierung) _______________; der Zeitraum, für den das Parlament gewählt wird _______________; damit überzeugt man im Streit _______________; das dürfen/bekommen nicht alle _______________; damit wirbt man neue Kunden _______________; dort ist keine Luft _______________; Macht des Königs _______________

7 **Finde ein fremdsprachliches Synonym (ein Wort mit gleicher Bedeutung); s. Liste im Teil „Wissen". Schreibe die Fremdwörter mit Artikeln auf.**

Zusammenarbeit = _______________

Ausmaß = _______________

Bedingungen = _______________

Rache = _______________

stillstehen = _______________

Zweikampf = _______________

Hindernis = _______________

gewalttätiger Herrscher = _______________

Nachschlagewerk (2 Wörter) = ______________________

____

Aufstand = ______________________

Absicht = ______________________

Teil = ______________________

Widerspruch in sich = ______________________

gleichzeitig = ______________________

Einkäufe = ______________________

nachdenken = ______________________

Lufthülle (des Planeten Erde) = ______________________

Nachahmung = ______________________

Rente = ______________________

Achtung beim Wort „Plastik“:
- die Plastik = ein Kunstwerk, eine Skulptur
- das Plastik = Material, Kunststoff

Plastik = ______________________

Armee = ______________________

unabhängig = ______________________

Verbot = ______________________

sich bei anderen für jmd. einsetzen = ______________________

(berufliche) Laufbahn = ______________________

Mangel (an etwas) = ______________________

Abstand/Strecke = ______________________

8 **Finde ein fremdsprachliches Antonym (ein Wort mit gegenteiliger Bedeutung); s. Liste im Teil „Wissen."**

optimistisch ≠ ______________________

ordentlich ≠ ______________________

Theorie ≠ ______________________

netto ≠ ______________________

abstrakt ≠ ______________________

Frieden ≠ ______________________

legal ≠ ______________________

Komödie ≠ ______________________

dynamisch ≠ ______________________

Training

3 Gebrauch und Schreibung von Fremdwörtern

9 Ähnliche Fremdwörter voneinander unterscheiden. Ergänze das richtige Wort.

1) real – reell

Der Traum schien mir so ______________!

Halten Sie diese Bedingungen für ______________?

2) Kampagne – Kompanie

Das war eine reibungslose Werbe______________.

Unter ______________ versteht man meistens eine militärische Einheit.

3) materiell – materialistisch

______________ Güter bestimmen unseren Wohlstand, aber rein ______________ Gesinnung schadet unserer Seele.

4) Oper – Operette

In der ______________ gibt es nur Gesang, in der ______________ wird gesungen und gesprochen.

5) sensibel – sentimental

Durch aggressive Kosmetika wird die Haut oft ______________.

______________ Menschen lassen ihren Emotionen gern freien Lauf.

10 Wie viele Musiker sind das?

1 Musiker ______________

3 Musiker ______________

2 Musiker ______________

4 Musiker ______________

5 Musiker ______________

Check

3 Gebrauch und Schreibung von Fremdwörtern

1 Die Aussprache und die Schreibweise der Fremdwörter unterscheiden.

a) Lies die Sätze und achte auf die Aussprachezeichen der Fremdwörter. So werden diese Wörter ausgesprochen.

b) Wie werden diese Wörter geschrieben? Ergänze die Wörter.

1) Berühmte Personen schreiben im hohen Alter gern [memuaren] ____________________.

2) In vielen Bistros gibt es ab 18 Uhr die sogenannte [hɛppiaua] ____________________.

3) An Bord war ein blinder [pasaʒi:ʀ] ____________________.

4) Die zehnköpfige [ʒyri] ____________________ hat einstimmig gewählt.

5) [kamɛ:leonə] ____________________ können ihre Farbe der Umgebung anpassen.

6) Die deutsche Tennisspielerin verhielt sich [zuvərɛn] ____________________ und gewann das Spiel.

7) Conny kocht wundervollen [waniləpudiŋ] ____________________

8) Sparsamer Umgang mit [rəsursən] ____________________ ist notwendig.

9) Die [stjuəʀdɛs] ____________________ brachte den Fluggästen Getränke.

10) Die [ʃɔse:] ____________________straße in Berlin ist sehr lang.

2 Die Schreibweise der Fremdwörter kennen. Wie ist es richtig? Setze die richtigen Buchstaben ein.

ai?	y?	v?	th?	ou?
T__lle	Lo__alität	Pri__ileg	__ema	R__te
Med__lle	Plast__k	__entilator	Ka__egorie	R__brik
Lap__lie	L__rik	extro-__ertiert	Me__odik	rest__rieren
n__v	Anal__se	sou__erän	__eoretisch	S__veränität
Webs__te	Z__linder	ak__irieren	Sa__ire	Vak__m
Det__l	Z__klus	Ak__ise	__ese	Ev__lution
Des__n	Z__rkulation	Moti__	My__os	Acc__nt
	S__mpathie	ra__iniert	In__uition	Akk__
	Jur__	__anille	Äs__etik	Ress__rcen

Check

3 Gebrauch und Schreibung von Fremdwörtern

ai?	y?	v?	th?	ou?
	T__rann	Bo__le	__eater	Sit__ation
	B__ffet	Le__el	Inven__ar	N__velle
	Lab__rinth	e__ident	Homöo- pa__ie	Happy H__r
	B__lettin	re__lek- tieren	Par__erre	Manip__- lation
	z__nisch	Pullo__er	Fak__or	Komm__- nikation
	Rh__thmus	Pul__er	__abu	Strukt__r
	Ph__sik	Sym__onie	Hypo__ese	__torität
	S__stem	Ka__alier		K__peration

ä?	ch?	ck?	qu?	ph?
__quivalent	Chara__ter	Co__tail	A__arium	__inesse
legend__r	__aos	Dis__ounter	__alität	__antasie
majest__- tisch	Deba__el	Ex__ursion	__oalition	__legma- tisch
repr__sen- tieren	__eck	Pi__ni__	__artett	__rase
Ar__na	__ef	S__anner		Pro__essor
Kapazit__t	__or	Effe__t		__ilosophie
Enzyklop__- die	__ance	kon__ret		__änomen
P__dagogik	__abarett	pra__tisch		Kon__erenz
Universit__t	__amäleon	Lexi__on		De__izit
popul__r	__arriere	Sti__		
Milit__r	__aussee	Blo__		
Quint__tt	__ronik	Lo__omo- tive		
Pr__sident	__olossal	Demo- __ratie		
inv__stieren	Or__ester	exa__t		
europ__isch	syn__ron	Risi__o		

3 Gebrauch und Schreibung von Fremdwörtern

ä?	ch?	ck?	qu?	ph?
g__stikulie-ren	__armant	Intera__tion		
homog__n	Revan__e	Dis__ussion		
leg__r	Monar__ie			

3 Doppelkonsonant oder nicht? Setze Konsonanten ein, wo nötig.

Ag__ression • Par__odie • Duel__ • Blaz__er • Bar__iere • Bal__ance • Mil__ieu • Pas__agier • real__ • reel__ • sentim__ental • of__iziel__ • paral__el • materiel__ • material__istisch • Dif__erenz • Def__ensive • Def__inition • Bal__et__ • Fil__iale • Bat__erie • Boom__ • visuel__ • kul-turel__ • in__tern • In__ovation • Im__itation • Im__age • Abon__ement • Lazaret__ • Smog__ • Shop__ing • Snob__ • Al__ee • Sab__otage • Mas__e • Mas__age • Debat__e • Delikates__e • jog__en • Jog__hurt • Kom__petenz • kom__andieren • As__oziation • As__tronomie • kom__er-ziell • Kom__entar • Monopol__ • Protokol__ • Fol__ie • pes__imistisch • rebel__isch

4 Setze den richtigen Artikel ein.

____ Engagement • ____ Rabatt • ____ Känguru • ____ Inventar • ____ Pulver • ____ Souvenir • ____ Tour • ____ Ignoranz • ____ Korrespondenz • ____ Lizenz • ____ Festival, • ____ Part • ____ Privileg • ____ Profit • ____ Parameter • ____ Pendant • ____ Potenzial • ____ Know-how • ____ Praxis • ____ Medium • ____ Symbol • ____ Argument • ____ Schema • ____ Exa-men • ____ Segment • ____ Experiment • ____ Soft-ware • ____ Filter • ____ Update • ____ Impressum • ____ Milieu • ____ Element • ____ Prinzip • ____ Pud-ding • ____ Akkord • ____ Kollektiv • ____ Ensemble • ____ Rhythmus • ____ Girokonto • ____ Depot

Check

3 Gebrauch und Schreibung von Fremdwörtern

5 **Welches Fremdwort ist hier gemeint (s. Liste im Teil „Wissen“)? Die Wörter bitte mit Artikeln aufschreiben.**

1) Das ist gegen das Gesetz:

2) Damit misst man den Stromverbrauch:

3) Ein lustiges Theaterstück:

4) Ein trauriges Theaterstück:

5) Die Kunst zu verhandeln:

6) Eine positive Stimmung in Bezug auf die Zukunft:

7) Man gibt finanzielle Mittel für Betriebe und gute Projekte:

8) Er bestimmt, wer im Orchester wann spielen soll:

9) Das passiert, wenn eine Person oder ein Betrieb seine Rechnungen nicht mehr begleichen kann:

10) Eine Lösung, bei der die Seiten sich zwar einigen, aber auf etwas verzichten müssen:

11) Dort werden Kunstwerke ausgestellt:

12) Schlechte Zeiten (zum Beispiel für die Wirtschaft):

13) Eine begründete wissenschaftliche Vermutung:

14) Eine unbedeutende Kleinigkeit:

15) Die Zeit, in der in einem Restaurant alles billiger angeboten wird:

16) Eine Mahlzeit in freier Natur:

17) Auf beiden Seiten vollkommen gleich:

18) Sehr berühmt und mit Legenden umwoben:

19) Einbezogen sein, an etwas teilnehmen:

20) Diese Person schickt man als Vertreter einer Gruppe zu einer Veranstaltung:

21) Damit überzeugt man in einer Diskussion:

22) Das macht man, wenn man einen oder mehrere Fehler gemacht hat:

23) Er schreibt Artikel in Zeitungen und Zeitschriften:

24) Dort gibt es verbilligte Waren:

25) Dieses Tier gehört zu den sogenannten Beuteltieren und lebt in Australien:

26) Ein Gerät, das Signale empfangen kann:

27) Feierliche und üppige Beleuchtung:

28) Erzählung über die Abenteuer von Fantasiehelden:

29) Ein Streifzug oder eine Lehrfahrt:

Satzglieder

Jeder Satz besteht aus Wörtern und Wortgruppen, die eine bestimmte Aufgabe erfüllen. Die wichtigsten Bestandteile eines Satzes sind: das Subjekt und das Prädikat.

1. Subjekt
Definition: Dieses Satzglied zeigt, wer im Satz handelt. Es antwortet auf die Frage wer?/was?

Formen: Substantive und Pronomen können im Satz als Subjekt auftreten. Es steht immer nur im Nominativ.

Das Theaterstück stammt aus dem 18. Jahrhundert.
(Das Subjekt ist ein Substantiv.)
Es besteht aus vier Teilen. (ein Pronomen)
Lessing arbeitete fünf Jahre lang an diesem Drama.
(ein Eigenname)

Zum Subjekt gehören auch Wörter, die mit ihm eine unzertrennliche Gruppe bilden.
dieses Theaterstück, sein Theaterstück, Lessings Theaterstück, das Theaterstück aus dem 18. Jahrhundert

Das Pronomen „es" erscheint in den Sätzen oft als formelles Subjekt. Das bedeutet, dass sich dahinter kein richtiger Handlungsträger verbirgt.

- Es wurden mehrere Vorwürfe ausgesprochen. (Platzhalter für ein Subjekt)
- Es fragt sich, wer diese Vorwürfe begründen kann. (Platzhalter für einen Nebensatz)
- Es hat geschneit. (unpersönliches formelles Subjekt, eine unpersönliche Handlung)

2. Prädikat
Definition: Dieses Satzglied zeigt, was das Subjekt genau macht.
Es antwortet auf die Frage was tut das Subjekt?

Formen: Prädikate bestehen aus Verben, aber sie können ebenfalls Substantiv, Pronomen und Adjektive einschließen.

→ **Einfaches Prädikat**
Das Theaterstück beeindruckt die Zuschauer.

→ **Mehrteilige Prädikate**
Das Theaterstück hat den Zuschauern gefallen.
Das Theaterstück ist vor Kurzem aufgeführt worden.
Das Theaterstück hätte aufgeführt werden können.

→ **Prädikat und Prädikativ**
Die Komödie war ein Erfolg. (Hier besteht das Prädikat aus dem Verb „war" und dem Substantiv „ein Erfolg".)
Der Erfolg war bahnbrechend. (Hier besteht das Prädikat aus dem Verb „war" und dem Adjektiv „bahnbrechend".)

3. Ergänzungen (Objekte)
Definition: Die Ergänzungen (Objekte) fügen dem Satz neue Informationen hinzu.

Formen:

- Genitivobjekte (wessen?)

→ **Genitivobjekte:** Diese Ergänzungen kommen nicht sehr häufig vor und folgen den Verben, die den Genitiv verlangen.
Beispiele:
- Nicht viele Schriftsteller nahmen sich dieses Problems an. (sich annehmen + Gen.)
- Sie waren sich seiner Bedeutung nicht bewusst. (sich einer Sache bewusst sein)

- Dativobjekte (wem?/was?)

Dativ- und Akkusativobjekte kommen sehr oft vor.
→ **Dativobjekte**: Der Schriftsteller möchte seinem Leser etwas zum Nachdenken geben. (wem? – seinem Leser)

- Akkusativobjekte (wen?/was?)

→ **Akkusativobjekte:** Der Schriftsteller möchte seinen Leser immer ein wenig erziehen. (wen? – seinen Leser)

- Präpositionalobjekte

  Als Objekte können Substantive/Nomen und Pronomen auftreten, auf die sich auch Adjektive beziehen können.

→ **Präpositionalobjekte:** Es sind Wortgruppen aus Substantiven/Pronomen, die mit einer Präposition angeschlossen werden.
Beispiele:
- Die Schriftsteller haben sich immer mit gesellschaftlichen Themen beschäftigt.
- Sie denken über viele Fragen und Probleme nach.

4. Attribute
Definition: Diese Teile eines Satzglieds beschreiben Personen, Vorgänge und Gegenstände und antworten auf die Frage wie (ist jemand/etwas)? oder was für ein?

Formen: Wörter und Wortgruppen

Beispiele:
- eine bedeutende Neuerung (adjektivisches Attribut),
- eine höchst bedeutende Neuerung (Adjektivgruppe),
- die Idee des Wissenschaftlers (Genitivattribut = ein Attribut, bestehend aus einem Substantiv im Genitiv),
- das Bild gegenüber dem Kamin (Präpositionalattribut = das Wort „Bild“ wird durch die Gruppe „gegenüber dem Kamin“ beschrieben),
- das Aussehen nachher (Adverb, bezogen auf das Substantiv)

5. Adverbialbestimmungen
Definition: Dieses Satzglied drückt einen Umstand aus, der im Satz die Handlung näher beschreibt.

Im Satz kann es folgende Arten von Adverbialbestimmungen (AB) geben:

- **Adverbialbestimmung der Zeit** (temporale AB) antwortet auf die Frage wann? Es wird ein Zeitpunkt angegeben, durch ein Wort oder eine Wortgruppe.
  Uns ist heute wenig darüber bekannt. Lessing lebte und wirkte im 18. Jahrhundert.
- **die Adverbialbestimmung des Ortes** (lokale AB) antwortet auf die Frage wo?
  Der berühmte Dramatiker stammte aus Kamenz.
- **die Adverbialbestimmung der Art und Weise** (modale AB) antwortet auf die Frage wie?/auf welche Weise?
  Die Zuschauer nahmen Lessings Stücke mit Begeisterung/begeistert auf.
- **die Adverbialbestimmung des Grundes** (kausale AB) antwortet auf die Frage warum?/aus welchem Grund?
  Aus Liebe zum Theater/wegen seiner Liebe zum Theater verfasste Lessing viele Schriften über die Theaterkunst.

6. Modaladverbien
Diese Adverbien unterscheiden sich von Adverbialbestimmungen dadurch, dass sie die Einstellung des Sprechenden/Schreibenden zeigen.

Beispiele: wahrscheinlich, vielleicht, vermutlich, bestimmt, sicher, begreiflicherweise, zweifellos, gewiss usw.

Das Theater wird in Zukunft vermutlich neue Wege gehen.

7. Gleichartige Satzglieder und Kommasetzung
Im Satz kann es mehrere Subjekte, Prädikate und andere Satzglieder geben, dann sind es gleichartige Satzglieder.

- **Komma** bei gleichartigen Satzgliedern ist erforderlich:
  - bei Aufzählung gleichartiger Satzglieder
    Wir werden dieses Thema heute, morgen und übermorgen behandeln.
  - vor der Konjunktion „aber"
    Die Klasse wird die Arbeit nicht am Dienstag, aber sicher am Mittwoch schreiben.
  - bei der Konjunktion „ nicht/kein … sondern"
    Das Stück war keine Komödie, sondern eine Tragödie.
- Es darf **kein Komma** gesetzt werden, wenn die gleichartigen Satzglieder durch die folgenden Konjunktionen verbunden sind: und, oder, sowie, weder … noch, sowohl … als auch, entweder … oder.
  - Diese Fragen werden im Internet und/sowie/oder in anderen Zeitungsartikeln gestellt.
  - Es werden sowohl in der Stadt als auch außerhalb der Stadt neue Straßenbahnlinien gebaut.
  - Sie können entweder mit der Direktorin oder mit ihrem Stellvertreter sprechen.

Besondere Wortgruppen und Zeichensetzung im einfachen Satz.

Einige Wortgruppen bilden im Ganzsatz gesonderte unzertrennliche Einheiten und werden mit entsprechenden Zeichen markiert.

1. Einschübe
Das sind ergänzende Bemerkungen, die zusätzliche Informationen in den Satz bringen und ohne die der Satz ohne Weiteres funktionieren könnte.

Einschübe werden meistens durch **Kommas**, **Klammern** und manchmal mit **Gedankenstrichen** (bei besonderer Hervorhebung) vom Rest des Satzes getrennt. Die Verwendung dieser Zeichen bleibt dem Schreibenden überlassen.
Beispiele:
- Im Frühling pflanzen die Gärtner – auch Hobbygärtner – sehr schöne Blumen.
- Manche Fragen konnte sogar der Präsident des Rosenzüchterverbands, ein hervorragender Fachmann, nicht genau beantworten.
- Sie kam natürlich (wie zu erwarten war) zu spät.

2. Infinitivgruppen mit zu
Man **kann** hier ein **Komma** setzen, um die Gliederung des Ganzsatzes deutlich zu machen bzw. um Missverständnisse auszuschließen.

Anmerkung: Wenn der Infinitiv allein steht, kann man das Komma auch weglassen.

➜ Nicht mit einer Konjunktion eingeleitete Infinitivgruppen, die an Substantive, Verben und Adjektive angeschlossen werden, werden abgetrennt, um den Satz verständlicher zu machen.
Beispiele:
- Sie haben nicht das Recht, sich hier einzumischen.
- Bogdan rät Sven dringend, einen Rechtsanwalt aufzusuchen.
  Bogdan rät Sven, dringend einen Rechtsanwalt aufzusuchen. (Hier ist das Komma sehr wichtig, damit klar wird, ob Sven schnellstens einen Rechtsanwalt aufsuchen soll, oder Bogdan „dringend" rät.)
- Es ist interessant, diesen Prozess zu beobachten.
- Es war deine Entscheidung (,) abzureisen.

mit Komma

➜ Infinitivgruppen, die mit „um", „statt", „ohne", „außer" und „als" eingeleitet werden, werden ebenfalls abgetrennt. Sie haben kein Bezugswort.
Beispiele:
- Um die Wasserversorgung für die nächsten Generationen zu sichern, muss man schon heute Maßnahmen zur Wasserkonservierung ergreifen.
- Die Firma hat mir die wichtigsten Informationen vorenthalten, statt mich in Kenntnis zu setzen.
- Ohne zu überlegen, stürzte er sich in das brennende Haus.
- An so einem schönen Tag kann man doch mehr tun, als nur zu Hause zu sitzen!
- Es gibt keinen besseren Ausweg, außer die Wahrheit zu sagen.

Anmerkung: Die Infinitivgruppen können vor- (erstes, drittes Beispiel) oder nachgestellt (übrige Beispiele) werden.

ohne Komma

→ Infinitivgruppen mit „haben“ und „sein“ werden nicht abgetrennt, weil sie ein Teil des Prädikats sind. Diese Gruppen haben ebenfalls kein Bezugswort.
Beispiele:
- Diese Unterlagen sind bis 15 Uhr zu bearbeiten.
- Die Angestellten haben diese Unterlagen bis 15 Uhr zu bearbeiten.

3. Einfache Vergleiche – kein Komma
Vergleiche sind Wortgruppen, die mit „wie“ oder „als“ angeschlossen werden. Einfache Vergleiche stellen keine Sätze dar und werden **nie** mit Kommas abgetrennt.

Die Jugendlichen nutzen heute mehr Medien als je zuvor.
Die Mediennutzung war nie so selbstverständlich und wichtig wie heute.

4. Das erweiterte Attribut
Es steht vor dem Substantiv und besteht aus: Partizip + Erweiterung

die im 19. Jahrhundert durchgeführten Reformen
die aus fernen Ländern ankommenden Touristen

Vor dem erweiterten Attribut kann der bestimmte, der unbestimmte und gar kein Artikel stehen.

der für lange Spaziergänge angelegte Park
ein für lange Spaziergänge angelegter Park
___ in Figuren gelegtes Silberband

Beispiele von Satzanalysen

→ Eine Reise ins Ausland kann viele neue Eindrücke bringen.
Subjekt Prädikat Attribut Attribut Objekt

- Wer oder was handelt im Satz? (kann viele neue Eindrücke bringen?) – eine Reise – Subjekt
- Was tut das Subjekt (die Reise)? – kann bringen – Prädikat
- Was kann die Reise bringen? – viele Eindrücke – Objekt
- Was für eine Reise? – (eine Reise) ins Ausland – Attribut
- Was für Eindrücke? – neue – Attribut

→ Die uns durch die Computerchips übermittelten Informationen ermöglichen ununterbrochene Kontrollen des Gesundheitszustands des Patienten.

- Wer oder was handelt im Satz? – die Informationen – Subjekt
- Was tut das Subjekt? – ermöglichen – Prädikat
- Was für Informationen? – uns durch die Computerchips übermittelten – das erweiterte Attribut
- Was ermöglichen die Informationen? – Kontrolle – Akkusativ-Objekt
- Was für eine Kontrolle? – ununterbrochene – Attribut
- Wessen Kontrolle? – des Gesundheitszustands – Genitiv-Objekt
- Wessen Gesundheitszustands? – des Patienten – Genitiv-Objekt

Wortfolge im einfachen Satz

1. Wortfolge im Aussagesatz

Je nach der Stellung des Subjektes im Satz unterscheidet man Sätze mit:

→ direkter Wortfolge: Subjekt – Prädikat – andere Satzglieder (Zeit, Ort, Objekte)
Beispiel: Die Sonne scheint den ganzen Tag.

→ umgekehrter Wortfolge: andere Satzglieder (Zeit, Ort, Objekte) – Prädikat – Subjekt
Beispiel: Den ganzen Tag scheint die Sonne.

Wichtig:
Das finite (konjugierte) Verb bleibt immer an zweiter Stelle. Wenn das Prädikat aus zwei und mehr Teilen besteht, steht das finite (konjugierte) Verb an zweiter Stelle und die infiniten Verbformen (Infinitive und Partizipien, die sich nicht verändern) stehen am Ende des Satzes.
Beispiele: Wir haben (finites Verb) drei Vorträge gehört (infinites Verb – Partizip II).
Wir werden (finites Verb) uns einige Vorträge anhören (infinites Verb – Infinitiv).

Das Subjekt steht im deutschen Aussagesatz immer entweder an erster Stelle oder an dritter Stelle.

Das Prädikat kann auch ein Substantiv enthalten.
Es bildet den zweiten Teil des Prädikats, das Prädikativ.
Dieses Substantiv muss man von dem Subjekt unterscheiden.
Beispiele: Dieses Problem (Subjekt) ist eine große Herausforderung (Prädikativ).
Das Internet war eine geniale Erfindung.

2. Wortfolge im Fragesatz

Hier gibt es drei Möglichkeiten:

- Fragen mit Fragewort
  Fragewort – Prädikat – Subjekt – andere Satzglieder
  Beispiel: Wann beginnt die Aufführung?
- Fragen ohne Fragewort
  Prädikat – Subjekt – andere Satzglieder
  Beispiel: Sagen Sie den Termin ab?
- Entscheidungsfragen, auf die mit Ja oder Nein geantwortet wird
  Beispiel: Kommst Du mit? Du kommst doch mit?

3. Wortfolge im Ausrufesatz

Prädikat – Subjekt (falls vorhanden) – andere Satzglieder
Beispiele: Informieren Sie uns unverzüglich!
Komm mich besuchen! (kein Subjekt)

Kurs

Fitness-Einheit

4 Satz I: Satzglieder, Wortgruppen, Zeichensetzung

Übungen zur Bestimmung und Verwendung von Satzgliedern

Subjekt

1 Das Subjekt erkennen. Markiere das Subjekt in jedem Satz.

Strategie: Bei der Suche nach dem Subjekt muss man feststellen, wer oder was im Satz handelt.

Tipp: Es können auch „kleine“ Wörter sein – Pronomen wie „es“ oder „man“, hinter denen keine Personen stehen.

Beispiele:
Es (Subjekt) regnet.
Man isst hier sehr gut.

Gotthold Ephraim Lessing

1) Lessing ist ein bekannter deutscher Dramatiker.
2) Er lebte im 18. Jahrhundert und stammte aus der Oberlausitz.
3) Schon sehr früh interessierten ihn die Ideen der Aufklärung.
4) Man beschäftigte sich damals ausführlich mit französischen Theaterstücken.
5) Sehr beliebt waren Geschichten aus der Antike.
6) Gotthold Ephraim Lessing war vielseitig gebildet.
7) Er studierte Medizin und Theologie in Leipzig.
8) Sowohl sein Studium als auch seine spätere Tätigkeit als Journalist gaben ihm viele Anregungen für sein Werk.

2 Das Subjekt erkennen und Sätze formulieren. Direkte und umgekehrte Wortfolge beherrschen. Markiere das Subjekt und stelle es um.

Beispiele: Der Roman ist dem Schriftsteller gelungen. (direkte Wortfolge, Subjekt an erster Stelle)
→ Dem Schriftsteller ist der Roman gelungen. (umgekehrte Wortfolge, Subjekt an dritter Stelle)
→ Den Erfolg brachte dem Schriftsteller sein erster Roman.

1) Der Schriftsteller selbst liest aus seinem Roman „Atomzeit“ vor.

Aus seinem Roman „Atomzeit“ liest der Schriftsteller selbst vor.

2) In der Buchhandlung hören die Zuschauer gespannt zu.

Die Zuschauer hören in der Buchhandlung gespannt zu.

3) Etwa eine Stunde lang dauert der Vortrag.

Der Vortrag dauert etwa eine Stunde.

4) Er wird dazwischen von einem Klavier musikalisch begleitet.

~~Dazwischen wird er musikalisch von einem Klavier begleitet.~~
Musikalisch wird er dazwischen von einem Klavier begleitet.

5) Einen großen Eindruck macht auf die Zuschauer die Kombination aus Dichtung und Musik.

Die Kombination aus Dichtung und Musik macht auf die Zuschauer einen großen Eindruck.

6) In dem vorgetragenen Romanausschnitt geht es um Freundschaft und Liebe im Zeichen einer Atomkatastrophe.

Es geht in dem vorgetragenen Romanausschnitt um Freundschaft und Liebe im Zeichen einer Atomkatastrophe.

7) Von diesem Thema fühlten sich an diesem Abend alle wie gefesselt.

~~Alle fühlten sich von diesem Thema~~
Alle fühlten sich an diesem Abend von diesem Thema wie gefesselt.

3 **Das Subjekt erkennen. Ersetze das Subjekt durch die passenden Substantive und schreibe auf die Zeilen.**

Buchhandlungen • Buch • Schriftsteller • Werk • Leser

1) Es Das Buch wurde ein Jahr später herausgebracht.

2) Sie Die Leser haben bereits lange darauf gewartet.

3) Diese Die Buchhandlung waren am Tag der Herausgabe überfüllt.

4) Es Das Werk war im Voraus von den Kritikern gelobt worden.

5) Er Der Schriftsteller war bei den ersten Buchpräsentationen sehr aufgeregt.

4 **Sätze formulieren und das Subjekt erkennen. Bilde Sätze, schreibe auf und markiere das Subjekt.**

1) Heute • lesen • man • leider • immer weniger.

Heute liest man leider immer weniger.

2) Schade • sein • das • aber.

Das ist aber schade.

3) Im Leben • Lesen • können • sehr helfen.

Lesen kann im Leben sehr helfen.

4) Neue Wege • kann • sich eröffnen • dadurch • jeder.

~~Dadurch kann sich jeder neue Wege~~ eröffnen.

Jeder kann sich dadurch neue Wege eröffnen.

Prädikat

5 **Erkenne das Prädikat und markiere es in den Sätzen.**

Theaterstück „Minna von Barnhelm" (Lessing)

1) „Minna von Barnhelm" ist eine Komödie.
2) Dieses Theaterstück hat das damalige Geschehen zum Thema gemacht.
3) Dies ist vorher nie der Fall gewesen.
4) Bisher wurden meistens Geschichten aus der Antike aufgeführt.
5) Das mag am Fehlen zeitgenössischer Stücke gelegen haben.
6) Ehre ist das wichtigste Thema im Stück „Minna von Barnhelm".
7) Major Tellheim ist in den Verdacht einer Bestechung gekommen.
8) Dieser Verdacht war nicht gerechtfertigt.
9) Trotzdem wollte der Major seine Verlobung mit Minna von Barnhelm auflösen.
10) Er konnte ihr nicht die Ehe mit einem verarmten Mann zumuten.
11) Durch eine List wendet Minna dieses Unglück ab und rettet ihre Liebe.
12) Am Ende wird auch Tellheims gesellschaftliche Ehre wiederhergestellt.

6 **Prädikate aus zwei und mehr Teilen. Erweitere das Prädikat wie in den Beispielen und markiere alle Teile des Prädikats.**

zweiteiliges Prädikat – dreiteiliges Prädikat – vierteiliges Prädikat

a) Beispiel: Wir klären wichtige Fragen. → Wir haben wichtige Fragen geklärt.

Die Dichterlesung findet am Wochenende statt.

Die Dichterlesung hat am WE stattfinden.

Sie ist sehr interessant.

Sie ist sehr interessant gewesen.

Die Anwesenden stellen viele Fragen.

Die Anwesenden haben viele Fragen gestellt.

b) Beispiel: Der Vortrag wird veröffentlicht. → Der Vortrag wird veröffentlicht werden.

Er wird sicherlich mit großem Interesse aufgenommen.

Er wird sicherlich mit großem Interesse aufgenommen werden.

Die Themen des Vortrags werden von anderen Wissenschaftlern weiterentwickelt.

werden ... weiterentwickelt werden.

Sein Autor wird zu vielen Konferenzen eingeladen.

.. wird .. eingeladen werden.

c) Beispiel: Willi hat seine Schlüssel wahrscheinlich nicht mitgenommen. → Er wird seine Schlüssel nicht mitgenommen haben.

Er hat sich am Morgen wohl zu sehr beeilt.

Er wird sich am Morgen wohl zu sehr beeilt haben.

Er hat vermutlich verschlafen.

Er wird vermutlich verschlafen haben.

Auf dem Weg ist ihm das Fehlen der Schlüssel sicher aufgefallen.

... wird ihm das Fehlen der Schlüssel sicher aufgefallen sein.

d) Beispiel: Das Haus war vermutlich um 1900 gebaut worden. → Das Haus wird vermutlich um 1900 gebaut worden sein.

Dieses Gebäude war vielleicht lange nicht saniert worden.

Dieses Gebäude wird vllt. lange nicht saniert worden sein.

Der Grundriss war im Krieg offensichtlich verloren gegangen.

.. wird im Krieg offensichtlich verloren gegangen sein.

Beim Bau waren einige Besonderheiten des Bodens anscheinend nicht berücksichtigt worden.

Beim Bau werden einige Besonderheiten des Bodens nicht berücksichtigt worden sein.

7 Prädikate analysieren.
Ordne die Prädikate in den Sätzen den richtigen Spalten (S. 102) zu und schreibe diese Prädikate in die Zeilen.

Modalverben: wollen, können, müssen, sollen, dürfen

Achtung: Zum Prädikat gehören auch trennbare Präfixe (Vorsilben).

Beispiel: Wir erkennen Ihre Leistungen an.

Leben im Mittelalter

1) Der Alltag war im Mittelalter nicht besonders hygienisch.
2) Der Müll wurde in den Städten zum Beispiel einfach aus dem Fenster auf die Straße geworfen.
3) Viele Menschen wuschen sich nur einmal im Monat.
4) Das Wasser wurde nicht gern getrunken.
5) Familien konnten oftmals nur einen Raum in ihrem Haus heizen.
6) Sie waren sehr arm.
7) Dadurch kamen Kälte und Feuchtigkeit zusammen.
8) Man konnte demzufolge die Entstehung von Krankheiten kaum vermeiden.
9) In Geschichtsbüchern wird man immer über diese Probleme des Mittelalters lesen.
10) Aber diese Epoche wird den Menschen hoffentlich nicht nur dadurch in Erinnerung bleiben.

Hilfsverb + Partizip II

1.
2.

Verb + Prädikativ

1.
2.

Hilfsverb + Infinitiv

1.
2.

Modalverb + Infinitiv

1.
2.

Verb

1.
2.

Attribute

8 Attribute erkennen.
Markiere die Attribute in den Sätzen.

Strategie: Genitivattribute kann man oft daran erkennen, dass sie durch ein Adjektiv ersetzt werden können.

Beispiel: der Zorn des Vaters – der väterliche Zorn

Lessings Schrift „Hamburgische Dramaturgie“

Lessing verfasst 1767–1769 ein umfangreiches Werk über die Theaterkunst.
Darin erörtert er die wichtigsten Grundlagen und Gesetze.
Die Figuren auf der Bühne müssen Mitgefühl wecken.
Die Handlung des Stücks soll die Menschen alles wie im wirklichen Leben nachempfinden lassen.
Die Einheit von Ort, Zeit und Handlung ist ein für alle Dramen zu beachtendes Bauprinzip.
Die Handlung muss demzufolge immer am gleichen Ort, ohne zeitliche Unterbrechungen und ohne Sprünge von Ort zu Ort verlaufen.

9 Attribute analysieren.
Ordne die Attribute in den Sätzen den richtigen weißen Kästen zu und schreibe diese Attribute in die Zeilen.

ein begabter Schauspieler • die Erwartungen vorher • auf der aufwändig dekorierten Bühne • die Gründung des Theaters • schwer zu lernende Rollen • die überzeugende Aufführung • der Ruhm des Theaters • Bühnentechnik von großem Wert • das Programm aus der letzten Saison • die Zuschauer dort

adjektivisches Attribut

1.
2.

Adverb als Attribut

1.
2.

Genitiv als Attribut

1.
2.

Wortgruppen als Attribut

1.
2.

Erweitertes Attribut

1.
2.

10 Markiere die erweiterten Attribute und schreibe die Sätze auf.

Staatsoper Unter den Linden in Berlin

1) Das Gebäude der Staatsoper in Berlin ist eines der schönsten in der Stadt.

2) Den Auftrag zum Bau des „Zauberschlosses“ gab Friedrich II. dem ihm nahe stehenden Architekten Georg Wenzeslaus von Knobelsdorff.

3) Mit diesem Opernhaus sollte die Errichtung des von dem König geplanten Gebäudekomplexes „Forum Fridericianum“ beginnen.

4) Im Juli 1741 beginnt der Bau des noch heute in Berlin zu bewundernden Operntheaters.

5) Und bereits ein Jahr später wird das mit allen Kräften vorangetriebene Projekt abgeschlossen.

6) Die feierliche Eröffnung der Oper mit der ersten Aufführung war gleichzeitig der Beginn der über 250-jährigen bestehenden Zusammenarbeit von Staatsoper und Staatskapelle.

Quelle: http://www.staatsoper-berlin.de/de_DE/content/opera_history

Ergänzungen

11 Ergänzungen erkennen.

a) Markiere die Ergänzungen.

b) Bestimme ihre Art: Genitivergänzungen (G), Dativergänzungen (D), Akkusativergänzungen (A) oder Präpositionalergänzungen (P)? Schreibe den Buchstaben darüber.

Achtung: In einem Satz kann es mehrere verschiedene Ergänzungen geben.

„Die Zauberflöte"

1) Die Musik zu dieser wundervollen und weltberühmten Oper komponierte Wolfgang Amadeus Mozart.

2) Man führte das Werk zum ersten Mal in Wien im Jahre 1791 auf.

3) Den Inhalt und die Handlung kann man leicht verstehen.

4) Aus diesem Grund erfreut sie sich bei jüngeren Zuschauern großer Beliebtheit.

5) Mit ihren märchenhaften Zügen beeindruckt sie jedoch alle Generationen.

6) Oft wechselnde Bühnenbilder bereiten dem Publikum ein besonderes Vergnügen.

12 Schreibe angegebene Ergänzungen zu den Verben.

1) Genitivergänzungen

sich ______________________ bewusst sein

______________________ gedenken

sich ______________________ erbarmen

2) Dativergänzungen

______________________ eine Geschichte erzählen

______________________ seine Fehler verzeihen

______________________ nachgeben

3) Akkusativergänzungen

______________________ sehen

______________________ begreifen

______________________ zugeben

4) Präpositionalergänzungen

sich ______________________ verlassen

______________________ glauben

sich ______________________ interessieren

Adverbialbestimmungen

13 Adverbialbestimmungen erkennen. Markiere die Adverbialbestimmungen in den Sätzen.

Fach „Darstellendes Spiel“ – eine gute Möglichkeit für die persönliche Entwicklung

1) Auf der Bühne können die Schüler ihre Talente zeigen und entwickeln.
2) Außerdem können sie ganz anders miteinander kommunizieren.
3) Während der Proben entwickelt sich ein starker Zusammenhalt.
4) Durch die Beteiligung an einem interessanten Projekt können sich Schüler und Lehrer besser kennenlernen.
5) Die Lehrer führen selbst Regie und kümmern sich um organisatorische Fragen.
6) Die Schüler sind Schauspieler und stehen im Mittelpunkt.
7) Das Schultheater ermöglicht es den Kindern, sich künstlerisch und persönlich zu entfalten.
8) Die Lehrer können ihre Schüler dank des Theaters mit viel Freude an literarische Inhalte heranführen.

14 Adverbialbestimmungen analysieren. Bestimme die Art der Adverbialbestimmungen und schreibe den passenden Buchstaben in das Kästchen.

Z – Adverbialbestimmung der Zeit
G – Adverbialbestimmung des Grundes
O – Adverbialbestimmung des Ortes
A – Adverbialbestimmung der Art und Weise

Was ist bei der Gründung eines Schultheaters zu beachten?

1) Die Inhalte spielen **bei der Entwicklung des Konzepts** ☐ eine wichtige Rolle.
2) **Vor der Theatergründung** ☐ wird das Repertoire (der Spielplan) entworfen.
3) **Danach** ☐ rücken technische Fragen **in den Vordergrund** ☐.
4) **Aufgrund künstlerischer Herausforderungen** ☐ stellen sich Fragen nach der Sicherheit auf der Bühne.
5) **Wegen starker Beleuchtung** ☐ entsteht ein erhöhtes Brandrisiko.
6) Dieses Risiko muss man **durch fachgerechten Aufbau der Beleuchtung** ☐ minimieren.
7) Das Bühnenbild muss **standsicher** ☐ aufgestellt werden.

8) Die sicherheitstechnischen Anlagen müssen **regelmäßig** ☐ und **den Vorgaben entsprechend** ☐ gewartet und geprüft werden.

9) Die elektrischen Vorrichtungen sind **mindestens einmal jährlich** ☐ **elektrisch** ☐ zu prüfen und zu kennzeichnen.

15 **Infinitivgruppen erkennen.**

a) **Unterstreiche die Infinitivgruppen.**

b) **Worauf beziehen sie sich: Substantiv, Verb oder Adjektiv? Schreibe die Wortart dahinter. Markiere das Bezugswort rot.**

Beispiel:
Es ist wichtig (Adjektiv), die Bühne richtig aufzubauen.

1) Die Aufgabe der Beleuchtung ist es, alles ins passende Licht zu rücken. (____________)

2) Hier haben die Techniker die Möglichkeit, viel Geschick zu beweisen. (____________)

3) Es ist entscheidend, die sprechenden Schauspieler am stärksten zu beleuchten. (____________)

4) Vor allem gilt es, die Scheinwerfer an die richtige Position zu setzen. (____________)

1 Subjekt und Prädikat
Markiere das Subjekt und das Prädikat.

Schauspielausbildung

1) Das Schultheater kann bei einigen Begeisterung für den Schauspielberuf wecken.
2) Ein professioneller Schauspieler muss ein Studium abschließen.
3) Dieses Studium wird von Theaterpädagogen geleitet.
4) In den meisten Fällen muss man eine Aufnahmeprüfung bestehen.
5) Diese Prüfung soll die künstlerische Eignung der Kandidaten feststellen.
6) An jeder Einrichtung gibt es festgelegte Anforderungen an die Bewerber.
7) Besonders wichtig sind Fantasie und Ausdrucksstärke.
8) In der Prüfung muss jeder einige Sprechrollen vortragen.
9) Der persönliche Eindruck ist dabei besonders wichtig.
10) Die Rolle soll nicht nur vorgetragen, sondern richtig gespielt werden.

2 Attribut

a) Markiere die Attribute in den Sätzen und überprüfe die Lösung.

b) Bestimme die Art der Attribute.

- adjektivisches Attribut
- Adverb als Attribut
- Genitiv als Attribut
- Wortgruppen als Attribut
- erweitertes Attribut

Prüfung vor dem Beginn des Studiums

1) Schauspieler werden an vielen staatlichen Hochschulen ausgebildet.

____

2) Aus einer großen Flut von Bewerbern werden nur zwei bis drei Dutzend ausgewählt.

____

3) Die zu lernenden Rollen werden von der Prüfungskommission vorgeschlagen.

____

4) Die Freiheit der Entscheidung liegt jedoch beim Kandidaten.

____

5) Unter den von ihm ausgewählten Rollen muss sich mindestens ein Text aus einem klassischen Drama befinden.

____

6) Es muss eine zu der Person des Kandidaten passende Rolle sein.

____

7) Eine gut durchdachte Rollenauswahl ist eine wichtige Grundlage für den Erfolg.

____

8) Man kann auch einen selbst gestalteten künstlerischen Beitrag vorstellen.

---

9) Das kann ein von dem Kandidaten geschriebenes Lied oder Gedicht sein.

---

10) Beim Vortragen sind sogar die im Raum vorhandenen Möbel als Hilfsmittel von Bedeutung.

---

3 Ergänzungen

a) Markiere die Ergänzungen in den Sätzen und überprüfe die Lösung.

b) Bestimme die Art der Ergänzungen.

- *Genitivergänzungen*
- Dativergänzungen
- Akkusativergänzungen
- Präpositionalergänzungen

Schauspielprüfung

1) Auf der Bühne kann man natürlich immer mit Tischen und Stühlen rechnen.

---

2) Durch diese Möbelstücke kann sich das Schauspiel auf etwas Greifbares stützen.

---

3) Der Studienbewerber spielt die ausgewählten Rollen vor den Hochschuldozenten.

---

4) Unverzichtbare Gegenstände muss man selbst mitbringen.

---

5) Die Kleidung für die Rolle muss etwas mit ihrem Charakter zu tun haben.

---

6) Die Kleidung darf die Bewegungen aber nicht behindern.

---

7) Sie muss dem Kandidaten genug Beweglichkeit ermöglichen.

---

8) Einige Rollen setzen den Dialog mit einem Partner voraus.

---

9) Diesen darf man in die Prüfung natürlich nicht einbeziehen.

10) Seine Reaktionen muss man sich vorstellen.

11) Hier bediene man sich seiner Vorstellungskraft!

4 Adverbialbestimmungen

a) Markiere die Adverbialbestimmungen in den Sätzen und überprüfe die Lösung.

b) Bestimme die Art der Adverbialbestimmungen.

- Adverbialbestimmung der Zeit
- Adverbialbestimmung des Grundes
- Adverbialbestimmung des Ortes
- Adverbialbestimmung der Art und Weise

Ablauf der Prüfung

1) Die Einladungen werden nach der Durchsicht und Auswertung der Bewerbungsunterlagen verschickt.

2) Am Tag der Prüfung kommen die Studienbewerber lange vorher in die Hochschule.

3) Mit den Kandidaten wird in einigen Hochschulen vor der Prüfung ein Aufwärmtraining durchgeführt.

4) Sie können sich danach in einem dafür zur Verfügung gestellten Raum auf die Prüfung vorbereiten.

5) Die Kandidaten werden nach der vorher festgelegten Reihenfolge aufgerufen.

6) Aufgrund der großen Anzahl der Kandidaten kann nach einem Prüfungstag keine Entscheidung getroffen werden.

7) Manchmal werden die Prüfungen in mehreren Runden durchgeführt.

8) Diese finden an verschiedenen Tagen statt.

9) Wegen breiter Vielfalt der Leistungen und persönlicher Eigenschaften der Kandidaten müssen sich die Prüfer nach der Prüfung lange beraten.

10) Die Ergebnisse werden offiziell per Post mitgeteilt.

11) Im Herbst beginnt für die angenommenen Kandidaten das Studium.

5 Gleichartige Satzglieder

a) Unterstreiche gleichartige Satzglieder.

b) Schreibe in die Lücken: Welche gleichartigen Satzglieder gibt es im Satz?

S – Subjekt
P – Prädikat
A – Attribut
AB – Adverbialbestimmung
E – Ergänzungen

Moderne Theateraufführungen

1) Die Handlung spielte auf der Bühne, im Saal und sogar im Orchestergraben. ☐
2) An die Decke wurden große und breite Bildschirme montiert. ☐
3) Die Schauspieler sprachen, sangen und tanzten. ☐
4) Auf diese Premiere haben die Zuschauer, die Schauspieler und natürlich das Fernsehen gewartet. ☐
5) Nach der Premiere feierte man den Regisseur, den Autor und die Schauspieler. ☐
6) Die Themen des Stücks bleiben heute, morgen und übermorgen von großer Bedeutung. ☐
7) Zum Beispiel die Frage nach dem Ziel und dem Weg im Leben. ☐

6 Vergleiche.

a) Markiere die Vergleiche.

b) Schreibe die Sätze ab.

Achtung: Vor einfachen Vergleichen – kein Komma!

Alltag und Theater

1) Ist unser Alltag wie ein Theater oder das Theater wie unser Alltag?

2) Kann man unser Leben im Theater besser verstehen als in der Realität?

3) Diese Fragen gibt es ebenso lange wie das Theater selbst.

4) Manche sehen im Theater nichts anderes mehr als etwas Künstliches und Unnatürliches.

5) Im Leben verschiedener Völker hat es jedoch immer so etwas wie Theater in unterschiedlichsten Formen gegeben.

6) Demzufolge kann man nur wenige Erscheinungen unseres Lebens so beständig nennen wie diese Kunstform.

7) Wie würde unsere Kultur wohl ohne Theater sein?

8) Dennoch wandelt sich das Theater genauso wie das Leben um uns herum.

9) Neue Themen, neue Helden, neue Kostüme – alles ist im modernen Theater anders als beispielsweise zu Lessings Zeiten.

10) Aber die Aufgabe ist im Kern dieselbe geblieben wie zuvor: den Menschen selbst auf der Bühne zu zeigen und ihn lernen zu lassen.

7 Infinitivgruppen mit „zu“

a) Markiere die Infinitivgruppen mit „zu“.

b) Setze die fehlenden Zeichen.

Theatergeschichte

1) Es ist allgemein üblich den Anfang der europäischen Theatergeschichte auf die antike Zeit zurückzuführen.
2) Es wäre noch wichtig zu erwähnen dass außerhalb Europas genauso bedeutende Theatertraditionen geschaffen wurden – in Afrika und Asien zum Beispiel.
3) Der entscheidende Verdienst des antiken Theaters ist es entscheidende Impulse für die Zukunft des europäischen Theaters gegeben zu haben.
4) Zunächst wurden Chorgesänge und Tänze aufgeführt um die Götter zu ehren.
5) Einige Zeit später begann man im griechischen und römischen Theater auch Schauspieler einzusetzen.
6) Deren Rolle beschränkte sich zunächst darauf als Solo-Sänger in Erscheinung zu treten.
7) Zu Beginn sah das Konzept vor nur eine solche Figur einzusetzen.
8) Etwas später kam man auf die Idee diese Anzahl zu vergrößern.
9) Damals wie heute konnte das Theater nicht leben ohne die Schauspieler und die Autoren zu feiern.
10) Das Theater erfüllte und erfüllt sehr vielfältige Funktionen statt den Zuschauer nur zu belustigen und zu unterhalten.
11) Um den Zuschauer geistig weiterzubringen wurde die Gattung der Tragödie (des Trauerspiels) entwickelt.
12) Hier sollte das Publikum sich seelisch „reinigen“ statt nur zuzusehen.

8 Infinitivgruppen mit „zu“

a) Markiere die Infinitivgruppe.

b) Zu welcher Art gehören diese Infinitivgruppen? Schreibe die Zahlen in die Kästchen.

Theater des Mittelalters

1) Nach dem Untergang des antiken Theaters im 3. Jahrhundert n. Chr. sind keine Belege für Theaterspiel in Europa zu finden. ☐
2) Im 10. Jahrhundert beginnt die Situation sich zu ändern. ☐
3) Das geistliche, christliche Theater wird geschaffen, um biblische Inhalte durch Theaterdarstellung lebendig zu machen. ☐

1 – Infinitivgruppe mit „zu", die an ein Verb anknüpft
2 – Infinitivgruppe mit „zu", die an ein Substantiv anknüpft
3 – Infinitivgruppen mit „zu", die an ein Adjektiv anknüpft
4 – Infinitivgruppe mit „um … zu", „statt … zu", „ohne … zu"
5 – Infinitivgruppen mit „zu haben" und „zu sein"

4) An erster Stelle gilt es, die alte Tradition der Osterspiele zu nennen. ☐

5) Aber man darf nicht vergessen, auch Passionsspiele und viele andere biblische Spiele zu erwähnen. ☐

6) Es war nicht vorstellbar, ein Theater mit einem festen Aufbau zu haben. ☐

7) Erst in der Zeit der Renaissance wird es das Theater wagen, sich mit weltlichen Themen auseinanderzusetzen. ☐

8) Das Theater gewinnt durch die Entwicklung der Hofkultur die Möglichkeit, sich vollkommen neue Wege zu eröffnen. ☐

9) Es war an der Zeit, die ersten Ansätze für die Kunst des Dramas zu setzen. ☐

10) Das Theater hatte das Ziel, sein Publikum zu unterhalten und zu bilden. ☐

9 Infinitivgruppen mit „zu"

a) Setze die Kommas bei den Infinitivgruppen.

b) Überprüfe deine Lösung.

Theater im Barock

1) Das Theater eignete sich hervorragend die Vorliebe des Barocks für Prunk und Reichtum zu unterstreichen.
2) Aus diesem Grund war es für alle europäischen königlichen Höfe unerlässlich die Entwicklung des eigenen Theaters mit allen Mitteln zu unterstützen und voranzutreiben.
3) Ähnlich wie in der Architektur setzt man darauf möglichst teuer und aufwändig zu inszenieren.
4) Das ging mit dem Bestreben der Könige einher sich mächtig und wirkungsvoll zu zeigen.
5) Man fängt zu der Zeit an Vergleiche zwischen dem Leben auf der Bühne und dem wirklichen Leben anzustellen.
6) Viele Dichter neigten dazu keine Trennlinie zwischen diesen beiden Welten zu ziehen.
7) Steigende Nachfrage nach Theaterstücken bot begabten Künstlern die Chance ihr Talent zu entfalten und berühmt zu werden.
8) Die Popularität des Theaters an königlichen Höfen verhilft dem Theater dazu in breitere Bevölkerungsschichten vorzudringen.

9) Königliches Theater wäre sicherlich nicht imstande gewesen einfache Menschen zu begeistern.
10) Der Wunsch des Volkes nach volksnahem Theater offenbarte die Notwendigkeit Volkstheater ins Leben zu rufen.
11) Im 17. Jahrhundert beginnt das Theater sich in volksnahes und höfisches Theater zu teilen.
12) Das Volkstheater wird die Wanderbühne als Form wählen statt nach fester Verankerung zu streben.

10 Modaladverbien
Markiere die Modaladverbien in den Sätzen.

Der Beruf des Schauspielers

1) Unbekannt, populär, als Star verehrt und wieder vergessen – sicherlich machen viele Schauspieler diesen Wandel in ihrer Karriere mit.
2) Manche möglicherweise sogar mehrfach.
3) Das Schauspielerbild hat sich in den Köpfen der Menschen bestimmt ebenfalls immer wieder stark verändert.
4) Es ist zweifelsohne richtig zu sagen, dass dieser Beruf und seine Vertreter sehr vielfältig sind und schon immer waren.
5) Eins steht sicher fest: Die armen Wanderschauspieler aus früheren Zeiten und die heutigen Filmstars vereint eine Gemeinsamkeit – die Liebe zur Schauspielkunst.

11 Setze jeweils die inhaltlich passenden erweiterten Attribute in die Sätze ein.

Deutsches Theater im 18. und 19. Jahrhundert

im Barock prächtig entwickelnde • dem königlichen Hof unterstehende und nur zur Unterhaltung bestimmte • bis zu dem Zeitpunkt fehlenden sozialen • zu der Zeit bestehenden gesellschaftlichen • entschieden zu widerlegende

1) Das sich ______________________________ Theater stand im 18. und 19. Jahrhundert im Zeichen der Aufklärung.
2) War das Theater immer noch im Wesentlichen eine ____ ______________________________ ______________________________ ______________________ Kunstform?
3) Es ist eine ______________________________ ____________ These.
4) Das Theater nimmt bereits bemerkbare Veränderungen der ______________________________

____

Struktur auf.

5) Das Theater wird zum Sprachrohr der ______________

____

______________________________ Kritik.

12 Markiere das erweiterte Attribut in den Sätzen.

Lessings Theaterstücke

1) Die oben erwähnten Stücke von Gotthold Ephraim Lessing enthielten bereits kritische Fragestellungen.
2) Hier wäre sein in gewissem Maße wegweisendes Drama „Nathan der Weise“ an erster Stelle zu nennen.
3) Es behandelt ein bis heute vielen Konflikten zugrunde liegendes Thema: Die Frage nach der Wahrheit und dem Wert unterschiedlicher Religionen.
4) Lessing gibt auf diese Fragen eine mit ihrer weisen Einfachheit in Erstaunen versetzende Antwort.
5) Die von verschiedenen Völkern ausgeübten Religionen sind vollkommen gleichwertig.

13 Das erweiterte Attribut
Analysiere die erweiterten Attribute und ordne Sie den Zeilen zu.

das im Barock aufblühende Theater • die für die Beleuchtung der Bühne eingesetzten Geräte • eine nicht zur Rolle gehörende Bemerkung • im Stück angesprochene Fragen • für verschiedene Theater schreibende Autoren • sich immer wieder aufs Neue stellende Fragen • ein schnell aufgeführtes Drama

der bestimmte Artikel + Partizip-I-Gruppe:

____

____

der unbestimmte Artikel + Partizip-I-Gruppe:

____

____

der Nullartikel + Partizip-I-Gruppe:

____

____

der bestimmte Artikel + Partizip-II-Gruppe:

____

____

der unbestimmte Artikel + Partizip-II-Gruppe:

____

____

der Nullartikel + Partizip-II-Gruppe:

____

____

14 Konjunktionen und die Zeichensetzung im einfachen Ganzsatz

a) Markiere die Konjunktionen.

b) Setze die fehlenden Zeichen.

c) Überprüfe deine Lösungen.

Deutsches Theater im 18. und 19. Jahrhundert
(Fortsetzung)

1) Sowohl „Minna von Barnhelm“ als auch „Nathan der Weise“ wurden zu den beliebtesten Theaterstücken von Lessing.
2) Die Popularität seiner Werke im 19. 20. sowie 21. Jahrhundert ist ungebrochen.
3) Dennoch nicht nur Lessing sondern auch andere deutsche Dramatiker haben Hervorragendes für die Entwicklung des deutschsprachigen Theaters geleistet.
4) Goethe und Schiller repräsentieren die nächste große Generation von Dramatikern.
5) Und weder Goethe noch Schiller scheuen es Problemthemen in ihren Werken offen anzugehen.
6) Aber diese Dramatiker bringen noch weitaus mehr Tragik und Gegensätze in das Drama hinein.
7) Diese Dramen haben sowohl den Horizont des Theaters als auch der Literatur insgesamt erweitert.
8) Die Zeit zwischen 1767 und 1785 nennt man in der Literaturgeschichte „Sturm und Drang“.
9) Die Gesellschaft stand nach der Meinung der Dichter vor der Wahl: entweder eine Lösung der bestehenden Probleme oder ein Zusammenbruch in der Zukunft.

15 Einschübe
Wähle die inhaltlich passenden Einschübe aus. Schreibe sie auf die Zeilen. Achte auf mögliche Satzzeichen.

Dichter und Philosoph • – zunächst beide leidenschaftliche Verfechter der Epoche des Sturm und Drang – • (wie damals üblich)

1) Goethe und Schiller ______________________________

____

__________ werden etwas später zu Mitbegründern der deutschen Klassik.

2) Beide Dramatiker waren befreundet und arbeiteten

______________ in literarischen Fragen zusammen.

3) Schiller ____________________ ist einer der größten deutschen Dramatiker.

16 Satzanalyse
Analysiere die Sätze wie auf der Wissensseite 95, Satzanalyse.

1) Aus klassischen Werken können wir auch heute noch viel lernen.

____

____

____

2) Die Schriftsteller geben dort Antworten auf wichtige Fragen.

____

____

____

3) Die Probleme aus unserem Leben gleichen oft den Problemen von damals.

____

____

____

4) Das Lesen dieser Werke kann die sprachliche Entwicklung sehr gut beeinflussen!

____

____

____

Wissensfragen

1. Wie lauten die wichtigsten Satzglieder?
2. Was bezeichnet das Subjekt im Satz und auf welche Frage antwortet es?
3. In welchem Kasus (Fall) steht das Subjekt?
4. Aus welchen Wortarten können Subjekte bestehen?
5. Wo kann das Subjekt im einfachen Satz stehen?
6. Was bezeichnet das Prädikat und auf welche Frage antwortet es?
7. Aus welchen Wortarten können Prädikate bestehen?
8. Aus wie vielen Teilen können sie bestehen?
9. Wie heißt der Teil des Prädikats, der aus einem Substantiv oder Adjektiv besteht?
10. Wo können das Prädikat und seine Teile im einfachen Ganzsatz stehen?
11. Was sind Ergänzungen/Objekte?
12. Welche Arten von Ergänzungen gibt es?
13. Auf welche Fragen können die Ergänzungen antworten?
14. Was bezeichnet das Attribut und auf welche Fragen antwortet es?
15. Welche Arten von Attributen gibt es?
16. Was bezeichnen die Adverbialbestimmungen?
17. Welche Arten von Adverbialbestimmungen gibt es?
18. Auf welche Fragen antworten die verschiedenen Arten von Adverbialbestimmungen?
19. Was versteht man unter gleichartigen Satzgliedern?
20. Welche Konjunktionen können im einfachen Ganzsatz vorkommen?
21. Bei welchen Konjunktionen muss ein Komma stehen?
22. Was ist eine Infinitivgruppe mit „zu"?
23. Welche Arten von Infinitivgruppen gibt es?
24. Welche Infinitivgruppen müssen mit einem Komma abgetrennt werden?
25. Werden einfache Vergleiche mit Kommas abgetrennt?
26. Mit welchen Konjunktionen können einfache Vergleiche beginnen?
27. Woraus besteht ein erweitertes Attribut

Praktische Anwendung

1 Fertige eine Satzanalyse an. Schreibe die Ergebnisse auf die Linien.

Sturm und Drang

1) Die Sturm-und-Drang-Literatur richtete ihren Protest gegen drei Erscheinungen des damaligen gesellschaftlichen Lebens.

2) Die Schriftsteller wollten die uneingeschränkte Macht der Obrigkeiten schwächen.

3) Hierher gehörte auch die überaus privilegierte Stellung des Adels.

4) Der Adel verfügte über viele nur ihm eingeräumte Rechte.

5) Der andere Kritikpunkt war die Freudlosigkeit des alltäglichen bürgerlichen Lebens.

6) Aber auch gegen die erstarrten literarischen Formen wollte der Sturm und Drang vorgehen.

7) Der Held in den Sturm-und-Drang-Werken ist das Genie.

8) Das Genie ist eine außergewöhnliche Persönlichkeit.

9) Es schafft für sich seine eigenen Gesetze.

10) Im Genie spricht die schöpferische Kraft der Natur.

11) Ein wahrer Mensch sollte seiner eigenen Seele Herr werden können und seinen Grundsätzen immer treu bleiben.

12) Die Literatur schenkte zum ersten Mal den Gefühlen des Menschen eine Beachtung.

13) Diese sollten in der Kunst zum Ausdruck kommen.

14) Das Drama war am besten für die Umsetzung der oben beschriebenen Ideen geeignet.

15) Die Grundlage bildete der unbändige Wille des Genies, in seinem Kampf für seine Ideale gegen das Alte und Überkommene anzutreten.

2 Bestimme die Art der Wortgruppen und schreibe in die Kästchen.

I – Infinitivgruppen
V – Vergleiche
E – Einschübe
EA – Erweiterte Attribute

Sturm und Drang (Fortsetzung)

1) Als Erstes machten sich die Dichter an die Arbeit, **um die alten poetischen Regeln abzulösen**. ☐

2) Ein Beispiel dafür ist die **von Lessing aufgestellte** Einheit von Ort, Raum und Zeit. ☐

3) Das Drama des Sturm und Drang – **aufgrund seiner Protestrichtung und zahlreicher Verwicklungen** – führt den Wechsel von Ort, Zeit und Raum ein. ☐

4) Des Weiteren wird die klare Trennung zwischen Komödie und Tragödie aufgehoben, **statt an ihr fest-zuhalten** ☐ **(wie einst Lessing)**. ☐

5) Der Roman wird in der Literatur bedeutend **wie nie zuvor**. ☐

6) **Für gesellschaftliche Veränderungen kämpfende** Dichter dieser Strömung kamen größtenteils aus intellek-tuellen bürgerlichen Kreisen. ☐

3 Zeichensetzung

a) Setze die fehlenden Zeichen.

b) Überprüfe deine Lösung.

Klassik

1) Die Klassik ging von dem in der Aufklärung formulierten Grundgedanken über die Erziehbarkeit des Menschen zum Guten aus.
2) Das Gute Schöne und Wahre – danach soll der Mensch streben.
3) Die Aufgabe der Kunst besteht darin den Menschen auf diesem Weg zu begleiten.
4) Die Kunst und die Wissenschaften sollen sowohl das Gefühl des Menschen als auch seinen Verstand herausbilden.
5) Das Künstlerische und das Wissenschaftliche sollen nicht im Gegensatz stehen sondern eine harmonische Einheit bilden.
6) Das beste Vorbild der Verkörperung dieser Ideale ist Goethe selbst.
7) Er war Dichter Literaturtheoretiker und Naturwissenschaftler alles vereinte er in sich.
8) In seinen naturwissenschaftlichen Forschungen versuchte Goethe alle Tier- und Pflanzenformen auf „Urformen" zurückzuführen.
9) Die Klassiker empfanden die zeitgenössische Wirklichkeit als unzureichend.
10) Sie sahen den Menschen als nicht harmonisch sondern als gespalten zwischen Emotionen und Verstand Pflicht und Interessen Denken und Handeln.
11) Die Klassiker haben weder zu Revolutionen noch zu Umwälzungen anderer Art aufgerufen.
12) Das Erreichen des Ideals konnte ihrer Meinung nach „vom Inneren" des Menschen erfolgen.
13) Dazu muss jeder Mensch den Wunsch haben sich mit Wissenschaft und Kunst auseinanderzusetzen.
14) Diese Ansichten haben einen großen positiven Einfluss auf das Schulsystem gehabt.
15) Den Menschen allgemein in allen Richtungen zu bilden wurde zu einer entscheidenden Maßgabe beim Aufbau des europäischen Bildungssystems.

Wissen

5 Satz II: Satzreihe, Satzgefüge, Nebensätze, Zeichensetzung

Satzreihe

Zusammengesetzter Satz
Das ist ein Satz, der aus mehreren einfachen Sätzen besteht, und dessen Teile entweder gleichrangig oder einander untergeordnet sind. Jeder einfache Satz in dieser Zusammensetzung hat ein eigenes Subjekt und Prädikat.

1. Definition: Satzreihe ist ein zusammengesetzter Satz, der aus zwei und mehr Einzelsätzen besteht, die untereinander gleichrangig sind.

2. Struktur: Die Sätze können einfach nebeneinander stehen oder mit einer Konjunktion verbunden sein.

Gleichrangige Sätze werden mit einem Komma und manchmal mit einem Semikolon voneinander getrennt. Das Semikolon verstärkt die Unabhängigkeit der Sätze voneinander.

Beispiele:

➜ Im Unterricht hat die Klasse über die deutsche Klassik gesprochen (Satz 1), zu Hause haben die Schüler selbstständig Kurzreferate vorbereitet (Satz 2).

die Klasse – Subjekt
hat gesprochen – Prädikat } Satz 1

die Schüler – Subjekt
haben vorbereitet – Prädikat } Satz 2

Die Sätze sind gleichrangig. Zwischen ihnen könnte auch ein Punkt stehen. Das heißt, sie sind einander nicht untergeordnet.

3. Konjunktionen in der Satzreihe

und

➜ Die Referate waren höchst interessant (,) und es wurden viele Fragen gestellt.
Die Sätze sind mit der Konjunktion „und" verbunden. Das Komma vor „und" zwischen zwei Hauptsätzen ist nicht zwingend notwendig, kann den zusammengesetzten Satz jedoch verständlicher machen. Dasselbe gilt für die Reihung von selbstständigen Sätzen, die durch „oder, beziehungsweise/bzw., entweder – oder, nicht – noch" oder durch „weder – noch" verbunden sind.

oder

➜ In den Referaten handelte es sich entweder um die bekanntesten klassischen Werke (,) oder einige Schüler haben auch über die Biografien der Schriftsteller gesprochen.
Man durfte Bildmaterial einbauen(,) oder manche konnten sogar kurze Filmausschnitte zeigen.
Vor der Konjunktion „aber" muss ein Komma gesetzt werden.

aber

➜ Die Präsentationen sollten höchstens 15 Minuten dauern, aber durch Fragen verlängerte sich auch die Vortragszeit.

Satzgefüge

1. Definition: Ein Satzgefüge ist eine Zusammensetzung, die aus zwei und mehr Einzelsätzen besteht, von denen sich einige den anderen Einzelsätzen unterordnen.

2. Struktur: Das Satzgefüge kann aus mehreren einfachen Sätzen bestehen, und jeder Satz kann durch eine Konjunktion wie z. B. dass, weil, wenn, obwohl u. a. eingeführt werden. (s. unten – Liste der Konjunktionen mit Beispielen)

Alle Einzelsätze werden mit einem Komma voneinander getrennt. In einigen Fällen kann aber auch ein Doppelpunkt diese Funktion übernehmen (s. Beispiele).

- → Literatur ist ein sehr wichtiger Teil unseres Lebens (Satz 1), weil sie uns beim Nachdenken über viele Probleme und Lebenssituationen hilft (Satz 2).
- → Literatur ist ein sehr wichtiger Teil unseres Lebens (Satz 1): Sie hilft uns beim Nachdenken über viele Probleme und Lebenssituationen. (Der Doppelpunkt kann gesetzt werden, wenn der zweite Einzelsatz den ersten erklärt.)
  Satz 1 könnte auch allein stehen und an seinem Sinn würde sich nichts verändern.
  Satz 2 wird von Satz 1 abgeleitet und ihm untergeordnet, daher ist es ein **Satzgefüge**.

Sätze, denen andere Sätze inhaltlich untergeordnet sind, nennt man **„Hauptsätze"**, weil sie tatsächlich „den Kopf" des Satzes bilden.
Sätze, die sich inhaltlich unterordnen, nennt man **„Nebensätze"**.

Haupt- und Nebensätze

→ **Hauptsatz:**
- wird nicht durch eine Konjunktion oder ein Relativwort eingeleitet,
- außer und, oder, aber,
- Die Wortfolge wird nicht geändert: Das finite (gebeugte) Verb steht an 2. Stelle.
- Der Hauptsatz bestimmt den Inhalt des ganzen Satzes; Nebensätze werden davon abgeleitet und sind ihm untergeordnet.
- Nebensätze können jedoch auch von anderen Nebensätzen abgeleitet werden.

→ **Nebensatz:**
- wird meistens durch eine Konjunktion oder ein Relativwort eingeleitet; Beispiel:
  Konjunktion: Wenn man liest, kann man viel Spannendes entdecken.
  Relativpronomen: Es gibt Bücher, die das Leben verändern können.
- Es gibt aber auch konjunktionslose Verbindungen:
  Die Wortfolge ist meistens anders als im Hauptsatz: Entweder steht das finite Verb am Ende des Satzes oder nach der Konjunktion.

3. Die Position des Nebensatzes im Satzgefüge

Der Nebensatz wird vom Hauptsatz oder von einem anderen Nebensatz abgeleitet und ist ihm untergeordnet:

Die Position des Nebensatzes im Satzgefüge kann unterschiedlich sein:

→ Der Nebensatz kann nach dem Hauptsatz stehen.

Hauptsatz , Nebensatz

Beispiel: Ein Buch soll man nicht nur darum lesen, weil man es lesen muss.

→ Der Nebensatz kann vor dem Hauptsatz stehen. In diesem Fall beginnt der Hauptsatz gleich mit dem finiten Verb.

Nebensatz , Hauptsatz

Beispiel: Wenn man täglich liest, wird man täglich um ein Stückchen Wissen und Freude reicher.

→ Der Nebensatz kann in einen Hauptsatz eingeschoben werden.

Hauptsatz (Anfang) , Nebensatz , Hauptsatz (Ende)

Falls es mehrere Nebensätze im Satzgefüge gibt, ergeben sich daraus weitere Kombinationsmöglichkeiten. Beispiel: Der starke Westwind, der über den Deich und die See fegte, verursachte Schaumkronen auf den Wellen.

4. Konjunktionen für Nebensätze

Konjunktionen sind Wörter, die die Sätze miteinander verbinden, aber keine weitere Bedeutung haben und nicht zum Satz gehören. Es gibt viele Konjunktionen, die die Nebensätze einleiten können.

Komma vor „und“ im Satzgefüge: Wenn sich zwei Nebensätze auf denselben Satz beziehen und auf diese Weise eine Aufzählung von gleichartigen Nebensätzen entsteht, setzt man kein Komma vor „und“!

Beispiel: Hier müssen sich die Fluggäste melden, die eine Bordkarte besitzen und die demzufolge schon beim Check-In gewesen sind.

als ob

Er benimmt sich so, als ob wir ihm alle ganz gleichgültig wären.

als wenn

Er benimmt sich so, als wenn wir ihm alle ganz gleichgültig wären.

als	Der Staat gab früher manchmal mehr Geld aus, als er einnahm. Als mein Opa noch klein war, gab es noch keine Kindergärten in unserer Stadt.
bevor	Die Gesprächspartner hatten ihre Entscheidung gefällt, noch bevor die Verhandlungen abgeschlossen waren.
bis	Wir verlassen diesen Raum nicht, bis wir eine Lösung für diese Frage gefunden haben.
da	Da keiner sich zu etwas entschließen konnte, kamen die Politiker auch heute zu keinem Ergebnis.
damit	Die Eltern nehmen große Anstrengungen auf sich, damit die Kinder es im Leben einmal besser haben.
darum	Seit drei Tagen bekomme ich keine Verbindung ins Internet, darum rufe ich bei meinem Anbieter an.
dass	Es ist schon bekannt, dass die Bäckerei an der Ecke pleite ist.
denn	Die Blumen wachsen nicht so schnell, denn das Wetter in diesem Frühling ändert sich ständig.
deshalb	Die Straße ist uns zu laut geworden, deshalb ziehen wir um.
deswegen	Das Hotel wird saniert, deswegen musste es geschlossen werden.
ehe	Niemand kann ihn mit Worten vom Kauf überzeugen, ehe er nicht alles selbst vor Ort gesehen hat.
falls	Falls die Gäste sich verirren, können sie uns jederzeit anrufen.
folglich	Sie haben selbst den Vertrag aufgelöst, folglich sind wir zu nichts mehr verpflichtet.
indem	Der Kämpfer täuschte seinen Gegner, indem er die linke Hand hob und gleichzeitig mit der rechten zuschlug.
infolgedessen	Der Patient leidet seit Jahren an Schlafstörungen, infolgedessen hat auch sein Nervensystem bereits Schäden davongetragen.
je … umso	Je sorgfältiger Geheimnisse umhüllt werden, umso mehr Interesse entsteht in den Medien.
je … desto	Je öfter sie sich trafen, desto mehr Gemeinsamkeiten entdeckten sie.

nachdem	Nachdem das Theaterstück schon geschrieben worden war, änderte der Dramatiker sein Konzept und schrieb es neu.
ob	Die Zuschauer wussten bis zum Schluss nicht, ob es sich bei dieser Geschichte um eine wahre Begebenheit handelte.
obgleich	Obgleich der Direktor die Schüler mehrmals ermahnt hat, kommt es immer wieder zu Streitigkeiten mit den Lehrern.
obwohl	Der Vortrag wurde nicht gehalten, obwohl das Thema ein fester Bestandteil des Kurses ist.
seitdem	Es hat sich nichts verändert, seit(dem) ich das letzte Mal hier war.
sobald	Sobald wir ein Signal von dem anderen Ufer bekommen, starten wir.
sodass/so dass	Wir warfen den ganzen Ballast weg, sodass der Luftballon doch allmählich wieder an Höhe gewann.
sofern	Sofern Sie nicht an akuten Symptomen leiden, nehmen Sie das Medikament zweimal pro Tag.
solange	Das Fleischergeschäft in unserer Straße gibt es, solange ich denken kann.
soweit	Die Dorfbewohner haben ihre Vorbereitungen auf das Fest abgeschlossen, soweit ich es beurteilen kann.
trotzdem	Trotzdem es keine offensichtlichen Gründe für Pessimismus gibt, haben die Organisatoren des Festes einige Bedenken.
während	Während die Bühne aufgebaut wird, wird gleichzeitig schon an der Beleuchtung gearbeitet.
weil	Das Buch muss ich in der Stadtbücherei abgeben, weil ich es nicht mehr verlängern darf.
wenn	Die Aufgabe kann man erfüllen, wenn man sich gut vorbereitet.
zumal	Die Sache duldet keinen Aufschub mehr, zumal sie schon seit Langem auf dem Plan steht.

5. Wortfolge im zusammengesetzten Satz

HS – Hauptsatz
NS – Nebensatz

➜ Die Wortfolge ändert sich nicht (das finite Verb bleibt an zweiter Stelle, nach dem Subjekt nach folgenden Konjunktionen:
und – oder – aber – denn

Die Halskette war zu teuer (,) und wir haben einen Ring gekauft.
Die Halskette war teuer, aber wir haben sie gekauft.
} HS + HS

Wir müssen einen anderen Preis vereinbaren, oder wir werden uns nicht einig.
Diese Halskette möchte ich haben, denn sie gefällt mir sehr.
} HS + HS

➜ Das finite Verb steht an der zweiten Stelle nach folgenden Konjunktionen:
darum – deshalb – deswegen – folglich – infolgedessen

Jede Jahreszeit hat ihre schönen Seiten, darum/deshalb/deswegen kann man in jeder Jahreszeit etwas Schönes finden.
} HS + NS

➜ Das finite Verb steht am Ende des Satzes – bei allen anderen Konjunktionen.

Wenn die Bücher mich interessieren, werde ich sie bestellen.
Der Mensch wird heutzutage mit Informationen überlastet, weil sie von allen Seiten – vor allem aus den Medien – auf ihn zukommen.
Obwohl es schon lange das Kino und das Fernsehen gibt, wird Theater immer weiterbestehen.

Die Nebensätze können aber auch mit Relativpronomen und Relativadverbien eingeleitet werden, dann steht das Verb immer am Ende.

6. Relativpronomen und Relativadverbien

→ **Relativpronomen:** der/die/das, welche/welcher/welches, wer/was
→ **Relativadverbien:** wie, warum, woher usw.

Relativpronomen gehören im Unterschied zu den Konjunktionen zum Satz und erfüllen dementsprechend eine Funktion: die des Subjekts und des Objekts, manchmal auch die der Adverbialbestimmung.

der/die/das	Dieser Text beinhaltet Informationen, die wir für die Prüfung benötigen. In der Firma gibt es keinen anderen Mitarbeiter, der sich so gut mit den neusten Computerprogrammen auskennt wie Herr Menzel. Die Theaterstücke, mit denen das Theater auf Tournee war, eroberten die Herzen der Zuschauer in vielen Ländern Europas.
welcher/ welche/ welches	Die Art, in welcher diese Beschwerde vorgetragen wurde, war völlig unangemessen. Die Öffentlichkeit sehnt sich nach einem literarischen Werk, welches den Geist und das Herz berühren könnte. Erst einige Jahre später begriff der Sohn, welchen Fehler er seiner Mutter gegenüber begangen hatte.
wer/was	Es wird nicht schwer sein, in Erfahrung zu bringen, wer das Geld aus der Kasse gestohlen hat. Wissen Sie schon, mit wem Sie zusammen in einem Team arbeiten werden? Man kann sich kaum vorstellen, was noch alles passieren kann.

Deklination des Relativpronomens der/die/das

Kasus	**Maskulinum**	**Neutrum**	**Femininum**	**Plural**
Nominativ	der	das	die	die
Genitiv	dessen	dessen	deren	deren
Dativ	dem	dem	der	denen
Akkusativ	den	das	die	die

Relativadverbien

Relativadverbien (gebildet aus Fragewörtern und Pronominal-adverbien)	Wer weiß, wohin die globale Erwärmung führen kann. Verraten Sie mir doch, warum Sie auf dieses gute Geschäft verzichten wollen. Haben Sie schon eine Vorstellung davon, wie Sie Ihr Vorhaben umsetzen können? Im letzen Seminar erfahren wir, worauf wir bei der Prüfung genau achten sollen.

Einige Nebensätze enthalten kein einleitendes Wort, dann ist das eine konjunktionslose Verbindung.

Beispiele:
Ich habe ursprünglich angenommen, Sie würden mir helfen. (fällt „dass" weg, so bleibt die Wortfolge unverändert)
Kommt man bei uns an der Universität zu spät zum Seminar, muss man auf dem Fußboden sitzen. („wenn" fällt weg, und der Nebensatz beginnt mit dem Verb)

Nebensätze und ihre Arten

Es gibt folgende Arten von Nebensätzen:

1. Attributsätze
Funktion: Beschreibung einer Person, eines Objekts

Struktur: Die Attributsätze werden durch Relativpronomen „der, die, das, welcher, welches, welche" eingeleitet.
Fragen: Welcher? Was für einer?
Das Haus lag auf einem Hügel, der einsam und verlassen im Wald stand.

2. Finalsätze
Funktion: Beschreibung eines Zieles/der Absicht des Subjekts

Struktur: Die Finalsätze werden durch die Konjunktion „damit" eingeleitet.
Frage: Zu welchem Zweck?
Wir holen neue Informationen ein, damit das Bild vervollständigt wird.

3. Kausalsätze
Funktion: Beschreibung eines Grundes

Struktur: Die Kausalsätze werden durch die Konjunktionen „weil, da, denn, zumal" eingeleitet.
Frage: Aus welchem Grund?
Da wir immer weniger Zeit haben, müssen wir sie genau einteilen.

4. Konditionalsätze
Funktion: Beschreibung einer Bedingung

Struktur: Die Konditionalsätze werden durch die Konjunktionen „wenn, falls, sofern“ eingeleitet.
Frage: Unter welcher Bedingung?
Wenn du mir hilfst, werde ich schneller fertig.
Hilfst du mir nicht (wenn einsetzbar), brauche ich eine ganze Stunde.
Wir werden morgen abfahren, sofern alle Vorbereitungen getroffen worden sind.

5. Konsekutivsätze
Funktion: Beschreibung einer Folge

Struktur: Die Konsekutivsätze werden durch die Konjunktionen „folglich, infolgedessen, also, dass, sodass“ eingeleitet.
Frage: Mit welcher Folge?
Der Sommer war sehr heiß, sodass die Ernte sehr karg ausfiel.

6. Konzessivsätze
Funktion: Beschreibung eines widrigen Umstandes

Struktur: Die Konzessivsätze werden durch die Konjunktionen „trotzdém, obwohl, obgleich, obschon, wenn auch“ eingeleitet.
Frage: Trotz welchen Umstandes?
Dieser Filmschauspieler bekommt keine neuen Rollen mehr angeboten, obwohl er ein Star war.

7. Lokalsätze
Funktion: Beschreibung eines Ortes oder einer Richtung

Struktur: Die Lokalsätze werden durch die Relativadverbien „wo, woher und wohin“ eingeleitet.
Fragen: Wo? Woher? Wohin?
Wir würden gern dort klettern gehen, wo ihr letztes Jahr ward.
Achtung: Diese Sätze kann man leicht mit anderen Satzarten verwechseln:
Vgl.: Sag bitte, wo du jetzt bist.
(Was soll gesagt werden? → Objektsatz)
Bleib dort, wo du bist.
(Wo soll die Person bleiben? → Lokalsatz)

8. Objektsätze
Funktion: Objekt

Bei den Konjunktionen „als, als ob und als wenn“ wird oft Präteritum Konjunktiv und Plusquamperfekt Konjunktiv verwendet.

Struktur: Äußerst vielfältig, sie können mit Konjunktionen (dass, ob) sowie mit Relativpronomen und Relativadverbien eingeleitet werden.
Frage: Was? (Wonach? = nach was? Worüber? Woran? Wovor? usw.)
Im Hauptsatz stehen oft Pronominaladverbien wie daran, dafür, damit, davon u.a., die auf den nachfolgenden Satz hinweisen.
Ich weiß nicht, wem ich hier trauen kann.
Er erzählt davon, wie er sich auf die Prüfung vorbereitet hat.
Sie denkt darüber nach, auf welche Weise sie ihr Geschäft retten kann.
Wie das Ganze funktioniert, kann man schnell feststellen.

Die Objektsätze, die die indirekte Rede enthalten, sind oft mit keiner Konjunktion oder einem Relativwort eingeleitet. In diesem Fall steht das konjugierte Verb an der zweiten Stelle und im Konjunktiv.
Sie sagte, sie würde mir helfen.

9. Subjektsätze
Funktion: Die Subjektsätze erfüllen die Funktion eines Subjekts, wobei im Hauptsatz das Subjekt fehlt.

Anmerkung: Es ist manchmal schwer, die Subjekt- und Objektsätze zu unterscheiden. Das kann nur durch die Fragestellung geklärt werden. Wer? oder Was? lautet die Frage für den Subjektsatz, d. h. im Nominativ, weil das Subjekt immer nur im Nominativ steht.

Struktur: Der Subjektsatz kann mit den Konjunktionen dass und ob eingeleitet werden, aber auch mit Relativpronomen (oft wer oder was) und Relativadverbien.
Frage: Wer oder was (macht etwas)?
Es ist noch nicht bekannt, wer morgen die Vertretung für den kranken Kollegen übernimmt.
„Es" fungiert in diesem Satz als Platzhalter.
Bei der Untersuchung ist herausgekommen, dass die Firma schon seit fünf Jahren eine schwarze Kasse geführt hat.
Die Subjektsätze können auch ohne Konjunktion angeschlossen werden.
Es scheint, du hast dich hier schon gut eingelebt.

10. Modalsätze
Funktion: Beschreibung der Art und Weise einer Handlung im Hauptsatz

Struktur: Die Modalsätze werden mit den Konjunktionen „indem, ohne dass, (an)statt...dass, (in)sofern, (in)soweit, soviel, insofern...als, insoweit...als, außer dass, außer wenn" eingeleitet.
Fragen: Auf welche Weise? Wodurch wird die Handlung begleitet? Wodurch wird die Handlung eingeschränkt?
Die Stadt kann ihr Freizeitangebot attraktiver machen, indem sie an verschiedenen Plätzen Inline-Skating möglich macht.
Morgens rasen die Autofahrer an der Schule vorbei, ohne dass sie auf die 30er-Zone acht geben.
Die Aufgabe wurde erfüllt, soweit es möglich war.

11. Temporalsätze
Funktion: Beschreibung des Zeitpunktes

Struktur: Temporalsätze werden durch Konjunktionen und Relativadverbien eingeleitet. Die häufigsten temporalen Konjunktionen sind: „als, wenn, nachdem, während, sobald, seitdem, bis, bevor, sooft" und „ehe".
Relativadverbien: „wobei", manchmal „wo".
Fragen: Wann? Seit wann? Wie lange? u. a.
Nachdem er die Treppe hinunter-/hinaufgestiegen war, betrat er einen Vorraum.
Er wollte dort gern einige Bilder besichtigen, bevor jemand aus dem Zimmer herauskam.

12. Vergleichssätze
Funktion: Adverbialbestimmung des Vergleichs

Struktur: Vergleichssätze werden durch die Konjunktionen wie, als, als ob, als wenn, je ... desto, je ... umso eingeleitet.
Frage: Wie?
Alle rannten, als ginge es um ihr Leben.
Er benimmt sich, wie es nur wahre Gentlemen tun.

Kurs

Fitness-Einheit

5 Satz II: Satzreihe, Satzgefüge, Nebensätze, Zeichensetzung

Satzanalysen

Es ist sehr wichtig, zusammengesetzte Sätze analysieren zu können. Durch die Satzanalyse lernt man erst, zusammengesetzte Sätze richtig zu verstehen, was auch beim Verstehen schwerer Texte hilft.

Analyse:
1. Die Einzelsätze werden markiert und deren Subjekt und Prädikat wird unterstrichen.
2. Hauptsätze kann man in Form eines Rechtecks darstellen, Nebensätze als Ovale.
3. Die Konjunktionen werden im Analyseschema ebenfalls eingetragen.

Satzreihe

a) Es ist also fünf Minuten nach vier, und um Dreiviertel vier ist Pinneberg mit Emma verabredet.

[Es ist fünf Minuten nach vier (Subjekt und Prädikat)] , und [Pinneberg ist verabredet.]

b) Pinneberg lächelt geschmeichelt, Emma kommt hinzu.

[Pinneberg lächelt] , [Emma kommt hinzu.]

c) Sie ist blass, aber nun lächelt sie ihm zu.

[Sie ist blass] , aber [sie lächelt ihm zu.]

1 **Analysiere die Sätze wie in den Beispielen.**

1) Er versinkt in Gedanken, er schreibt einen Brief.

2) Auf den Krümperweg folgt die Hebbelstraße, die beiden gehen langsam durch den Sommernachmittag, in dieser Straße stehen schöne Ulmen.

3) Es waren dunkelblaue Augen mit einer Schattierung ins Grünliche; jetzt strahlten beide über das ganze Gesicht.

4) Einen Augenblick ist Stille, beide sitzen sich im Café gegenüber, die Hände liegen auf dem Tischchen.

Satzgefüge

a) Denken Sie nicht, dass sie was mitbekommt!

Analyse: Die Nebensätze werden unter den Hauptsätzen abgebildet, denen sie untergeordnet sind. Die Verbindung zum Hauptsatz kann durch einen Strich sichtbar gemacht werden.

[Denken Sie nicht]		Hauptsatz
	, dass	
(sie mitbekommt)		Nebensatz (Objektsatz – was denken?)

b) Und dass Vater und Mutter immer streiten, das ist auch schlimm.

Das ist schlimm		Hauptsatz
	, und dass	
Vater und Mutter streiten		Nebensatz (Subjektsatz – was ist schlimm?)

Analyse: Hier steht der Nebensatz vor dem Hauptsatz. Trotzdem wird der Hauptsatz oben abgebildet.

c) Im Abteil sitzt außer ihnen noch ein grämlicher Mann, der sich nicht entschließen kann, was er nun tun soll.

Ein Mann sitzt		Hauptsatz
	,	
der sich nicht entschließen kann		Nebensatz 1 (Attributsatz – was für ein Mann?
	,	
er tun soll		Nebensatz 2 (Objektsatz – zu was kann er sich nicht entschließen?

Dieser Satz besteht aus drei Einzelsätzen: einem Hauptsatz und zwei Nebensätzen. Der erste Nebensatz bezieht sich auf den Hauptsatz (auf das Wort „Mann") im Hauptsatz und der zweite Nebensatz bezieht sich auf den ersten Nebensatz.

d) Es lässt sich nicht verheimlichen, dass auch unser Held mit solchen Betrachtungen beschäftigt war, während er die Gesellschaft musterte, und die Folge davon war, dass er sich schließlich zu den Dicken gesellte, die es leider besser verstehen, auf dieser Welt ihre Geschäfte zu machen. (N. Gogol „Die toten Seelen")

Es lässt sich nicht verheimlichen	
	, dass
unser Held beschäftigt war	
	, während
er musterte	, und
die Folge war	
	, dass
er sich gesellte	
die verstehen	.

Analyse: Wenn es im Satzgefüge mehrere Nebensätze gibt, muss man überprüfen, auf welchen Satz sie sich beziehen. Sie können sich auf den Hauptsatz oder auf einen anderen Nebensatz beziehen. Um das festzustellen, muss man eine Frage zum Nebensatz formulieren.

In einigen zusammengesetzten Sätzen kann es mehrere Hauptsätze geben, auf die sich wiederum Nebensätze beziehen.

2 **Analysiere die nebenstehenden Sätze.**

Aus dem Roman „Die Jugend des Königs Henri Quatre“
(Heinrich Mann)

1) Von einem schmalen Weg zum anderen kletterte er durch eine Wildnis von Farnen, die besonders dufteten oder im Schatten ihn abkühlten, wenn er sich hineinlegte.

2) Mit seinen Freunden zusammen buk er zwischen heißen Steinen sein Brot und aß es, nachdem er es mit Knoblauch eingerieben hatte.

3) Seine Mutter hatte Henri einer Verwandten und einem Erzieher anvertraut, damit er aufwuchs wie das Volk, obwohl er auch hier oben in einem Schloss wohnte.

4) Als sie ihren kleinen Sohn wieder bei sich hatte, unterrichtete sie ihn vor allem in der Geschichte ihres Hauses.

5) Henri, der lieber wie ein Böckchen umhergesprungen wäre, wurde von den mütterlichen Armen der Königin Jeanne umschlungen.

6) Henri bemerkte sogleich, dass die Knaben mit Gefolge, die ihm auf der Wiese entgegenkamen, sich nicht benahmen wie Jungen, die spielen wollten.

3 Satzreihe oder Satzgefüge? Schreibe in die Lücken: SR oder SG.

Die deutsche Romantik I

1) Die Klassik pries die Vernunft und die Herrschaft des Bewusstseins, die Romantik dagegen stützte sich auf Gefühle und auf das Mystische, Unbewusste. ☐
2) Sie wandte sich von der wissenschaftlichen und strengen Betrachtung der Welt ab und widmete sich märchenhaften und geheimnisvollen Motiven. ☐
3) Die Romantik hat bis heute mehr Anhänger als die Klassik, weil sie offenbar mehr auf die Seele des Menschen eingeht als die Klassik. ☐
4) Den Erfolg der Romantik kann man auch darauf zurückführen, dass sie dem Menschen die Flucht vor seinem wenig abwechslungsreichen Alltag bietet. ☐
5) Die Romantik schöpft ihren literarischen Stoff nicht aus dem Erbe der Antike, das für die Klassiker so wichtig ist, sondern aus dem Mittelalter. ☐

4 Zeichensetzung im Satzgefüge

a) Setze die fehlenden Kommas.

b) Rechtschreibung: Bei einigen Wörtern musst du entscheiden, ob sie groß- oder kleinzuschreiben sind. Schreibe das Wort richtig auf die Schreiblinien.

c) Überprüfe deine Lösungen.

Die deutsche Romantik II

1) Das Mittelalter fanden die Romantiker so aufschlussreich für ihre Kunst denn sie sahen dort vieles was sie in ihrer zeitgenössischen Realität nicht mehr wiederfanden.
2) Sie stellen sich das M/mittelalterliche ____________ ____________ Leben wie wir bereits in einigen Texten gelesen haben als etwas B/bunteres __________ und E/einfacheres ____________ vor als das Leben welches sie lebten.
3) Eine wichtige Besonderheit dieser Epoche bestand für sie darin dass die christliche Kirche und der Glaube eine Einheit bildeten die aus ihrer Sicht später verloren ging.
4) Das Ideal war ein einfaches und naturverbundenes Leben keine Kluft zwischen A/arm ______ und R/reich __________ die die Menschen immer weiter trennt.

5) Hier haben die Ideen der Französischen Revolution von der Gleichheit aller Menschen eine große Rolle gespielt von denen die Romantiker begeistert waren.

6) Das Interesse für das M/mittelalterliche ____________ ____________ war der Grund warum die Romantiker einen großen Wert darauf legten, sich stark mit der Geschichte und insbesondere mit der Sprachgeschichte zu beschäftigen.

7) Ihnen gebührt deshalb der Verdienst Volksbücher und -märchen neu entdeckt zu haben die ohne ihre unermüdliche Forschungsarbeit in Vergessenheit geraten wären.

8) Die bekannten Brüder Grimm leisteten einen großen Beitrag zur Entwicklung der Literatur und der Wissenschaft indem sie deutsche Sagen und Märchen sammelten und sie vollbrachten G/großes ____________ auf dem Gebiet der Sprachforschung sodass sie zu Mitbegründern der deutschen Sprachwissenschaft wurden.

5 Zeichensetzung im Satzgefüge und Satzglieder

a) Setze die fehlenden Kommas.

b) Bestimme in jedem Teilsatz (Haupt- und Nebensätze) das Subjekt und das Prädikat und markiere sie.

c) Überprüfe deine Lösungen.

1) Uns interessiert die Frage warum sich die Romantiker gern mit dem Mittelalter beschäftigten.
2) Wenn man sich mit alten Märchen und Sagen auseinandersetzt kommt man unweigerlich zur Sprachgeschichte denn alte Texte sind nicht in der modernen Sprache geschrieben.
3) Jede Sprache lebt und entwickelt sich was man mit der Geschichte ihres Volkes vergleichen kann.
4) Die Romantik hat die wissenschaftliche Forschung der Sprachgeschichte vorangetrieben aber ebenso wichtig wurde die moderne Sprache mit ihren Besonderheiten.
5) Die Brüder Grimm haben zum Beispiel die Einteilung in schwache und starke Verben eingeführt die sehr wichtig in der deutschen Grammatik geworden ist.
6) „Schwach“ sind die Verben die sich auf das „t“ wie auf einen Stock stützen.

6 Zeichensetzung im Satzgefüge und Konjunktionen/Relativwörter

a) Setze die fehlenden Kommas.

b) Markiere die Konjunktionen mit „K“ und Relativwörter (Relativpronomen und Relativadverbien) mit „R“.

1) Die Literaten der Romantik gingen davon aus dass [ ] die Literatur geheimnisvoll sein darf und [ ] nicht in allem logisch sein muss weil [ ] die Welt die [ ] diese Literatur beschreibt auch nicht in allem erklärbar und vorhersehbar ist.

2) Man wollte sich Gefühlen, Ahnungen und Träumen in der Literatur widmen damit [ ] eine andere Art von Literatur entsteht, voller Fantasie.

3) Von diesen Bestrebungen profitierte mit Sicherheit sehr stark die Poesie aber [ ] sicherlich auch Literatur und Kunst insgesamt.

4) Die Schriftsteller Friedrich Schlegel und Novalis die [ ] zu den bekanntesten Vertretern der Romantik gehören haben den Begriff Romantik zum ersten Mal für die Literatur verwendet.

5) Die blaue Blume ist das wichtigste Symbol der Romantik welches [ ] für Sehnsucht nach Liebe und Unendlichkeit steht.

6) Novalis von dessen [ ] Zugehörigkeit zu Romantik-Begründern wir oben sprachen verwendete dieses Symbol als Erster in seinen Werken.

7 Zeichensetzung und Satzanalyse

a) Setze die fehlenden Kommas.

b) Überprüfe deine Lösungen.

c) Schreibe die Sätze auf.

d) Analysiere die Sätze wie oben in Übung 1.

Aus der Novelle „Aus dem Leben eines Taugenichts“
(Joseph Freiherr von Eichendorff, ein bekannter Romantiker)

1) Ich ging also in das Haus hinein und holte meine Geige die ich recht artig spielte von der Wand.

____

____

2) Mein Vater gab mir noch einige Groschen Geld mit auf den Weg und so schlenderte ich durch das lange Dorf hinaus.

3) Ich hatte recht meine heimliche Freude als ich da alle meine alten Bekannten und Kameraden rechts und links graben und pflügen sah während ich so in die freie Welt hinausstrich.

4) Wie ich mich so umsehe kömmt ein köstlicher Reisewagen ganz nahe an mich heran.

5) Der mochte wohl schon einige Zeit hinter mir drein gefahren sein ohne dass ich es merkte weil mein Herz so voller Klang war denn es ging ganz langsam und zwei vornehme Damen steckten die Köpfe aus dem Wagen und hörten mir zu.

8 **Bilde Satzgefüge. Verbinde die Sätze mit der in Klammern angegebenen Konjunktion. Schreibe auf.**

1) Erzähl uns alles! Wir wollen dir helfen! (damit)

2) Wir betraten das Zimmer. Gleich klingelte das Telefon. (sobald)

3) Du hast Mittagspause gemacht. Es haben viele Kunden in dieser Zeit angerufen. (während)

4) Er hat jetzt keine Zeit. Er bereitet sich auf seine Prüfungen vor. (weil)

5) Der Patient wird aus dem Krankenhaus entlassen. Sein Zustand erlaubt es. (da)

6) Zuerst beantwortete er Briefe von Kunden. Dann telefonierte er. (nachdem)

7) Es hat geregnet. Sie sind aber doch spazieren gegangen. (obwohl)

8) Bringen Sie mir Ihre Arbeit bitte morgen. Dann kann ich sie bis zum Ende des Monats lesen. (damit)

9) Er nimmt immer alle Aufträge an. Es sei denn, er ist krank. (außer wenn)

10) Sie haben unser Schreiben bis jetzt nicht beantwortet. Wir haben rechtliche Schritte eingeleitet. (da)

11) Die Kinder haben früher oft zu Hause Fußball gespielt. Der Großvater hat sich da immer sehr aufgeregt. (wenn)

9 **Bilde Satzgefüge. Verbinde Sätze und bilde Attributsätze wie im Beispiel.**

Beispiel: Hier liegt ein Geschenk. Ich habe es noch nicht ausgepackt. → Hier liegt ein Geschenk, das ich noch nicht ausgepackt habe.

1) Das Haus ist modern. Wir wohnen in diesem Haus.

2) Wir lesen ein Buch. Dieses Buch ist interessant.

3) Der Schauspieler spielt die Hauptrolle in diesem Film. Wir sind gestern diesem Schauspieler begegnet.

4) Das ist ein Maler. Über seine Bilder wurde viel diskutiert.

5) Das sind Produkte. Ihr Preis entspricht nicht immer der Qualität.

6) Das ist ein Problem. Mit diesem Problem sollen wir uns dringend auseinandersetzen.

7) Das ist ein Schriftsteller. Seine Werke sind bereits in viele Sprachen übersetzt worden.

8) Das ist eine Sprache. Ihre Grammatik ist sehr schwer.

9) Das war ein Gebäude. Es hat einen düsteren Eindruck gemacht.

10) Das ist ein Märchen. Er will es uns auftischen.

10 Untersuche die Satzgefüge.

a) Bestimme die Art der Nebensätze und schreibe diese in die Lücken (Attributsatz, Objektsatz usw.).
Verwende Abkürzungen wie z. B.
AS – Attributsatz
OS – Objektsatz
MS – Modalsatz
und andere ähnlich.

b) Setze die fehlenden Kommas.

1) Wenn jemand Hilfe bekommt [ ] sollte er diese auch schätzen.
2) Meine Mutter gab mir Romane zum Lesen damit ich meinen Horizont erweitern konnte [ ].
3) Man kann sehr effektiv motivieren indem man gerecht lobt und kritisiert [ ].
4) Sie können es sich hier bequem machen wo Sie möchten [ ].
5) Viele wissen manchmal nicht wie sie ihre Gedanken zum Ausdruck bringen sollen [ ].
6) Es ist schon bekannt dass es in der Stadt ein neues Theater geben wird [ ].
7) Alle wissen dass es in der Stadt ein neues Theater geben wird [ ].
8) Dieses Jahr ernteten wir mehr Weizen als wir im Vorjahr ernten konnten [ ].
9) Die Lehrerin sprach laut sodass jeder sie gut hören konnte [ ].

11 Komma vor „und/oder“
Wo muss das Komma stehen? Setze die fehlenden Zeichen.

Strategie: Nach einem Nebensatz muss ein Komma stehen, auch vor „und“. Nach dem Hauptsatz vor dem anderen Hauptsatz kann man das selbst entscheiden.

1) Den Gästen fiel auf dass die Gastgeberin sehr aufgeregt war und einige fragten sogar direkt danach.
2) Die Fragen waren zu schwer und wir haben sie nicht beantworten können.
3) Wir alle wussten dass unsere Maßnahmen ausreichen würden und trotzdem wollten wir noch zusätzliche Möglichkeiten ergründen.
4) Wir danken dir für den Brief den du uns geschickt hast und für deine netten Worte.
5) Auf dem Bild sehen wir zwei Personen die in einem kleinen Café am Tisch sitzen und ihr Gespräch ist offenbar sehr spannend.

1 Unterscheide Haupt- und Nebensätze.

a) Setze die fehlenden Zeichen.

b) Unterstreiche die Hauptsätze mit einer Linie, die Nebensätze mit zwei.

Brauchen wir auch heute noch Literatur?

1) Die Schriftsteller fragten sich schon immer wie sie ihren Lesern Antworten auf die wichtigsten Fragen der Zeit geben könnten.
2) Es bildeten sich literarische Zirkel in denen nicht nur künstlerische sondern auch gesellschaftliche Probleme diskutiert wurden.
3) Verschiedene Gruppen traten im 18. 19. und 20. Jahrhundert recht regelmäßig zusammen brachten Zeitschriften mit den neusten Gedichten und Prosawerken heraus die sehr gern gelesen wurden.
4) Obwohl kritische Literatur in früheren Jahrhunderten oftmals verfolgt und verboten wurde wagten die Schriftsteller zu allen Zeiten den Kampf gegen die Missstände ihrer Zeit.
5) Die Frage ob wir heute solche Literatur brauchen muss jeder für sich beantworten.
6) Es steht fest dass man zu allen Zeiten über die Hintergründe der wichtigen Ereignisse die um uns herum geschehen nachdenken sollte.

2 Unterscheide Haupt- und Nebensätze.

a) Setze die fehlenden Zeichen.

b) Unterstreiche die Nebensätze und schreibe deren Anzahl in die Lücken hinter jedem zusammengesetzten Satz.

Aus der Novelle „Aus dem Leben eines Taugenichts“
(Joseph Freiherr von Eichendorff)

1) Die Kartoffeln und anderes Gemüse das ich in meinem kleinen Gärtchen fand warf ich hinaus und bebaute es ganz mit den auserlesensten Blumen worüber mich der Portier vom Schlosse mit der großen kurfürstlichen Nase der seitdem ich hier wohnte oft zu mir kam und mein Freund geworden war bedenklich von der Seite ansah und mich für einen hielt den sein plötzliches Glück verrückt gemacht hätte. ☐
2) Da band ich denn alle Tage einen Strauß von den schönsten Blumen die ich hatte stieg jeden Abend wenn es dunkel wurde über die Mauer und legte ihn auf einen steinernen Tisch hin der dort inmitten einer Laube stand. ☐
3) Entspringen konnt ich nicht mehr denn schon kam meine schöne gnädige Frau selber in einem grünen Jagdhabit und mit nickenden Federn auf dem Hute langsam und wie es schien in tiefen Gedanken die Allee herabgeritten. ☐
4) Sie hatte mich gleich anfangs so ernsthaft und fast böse angeblickt dass es mir durch Mark und Bein ging dann aber hielt sie solange ich redete die Augen tief niedergeschlagen. ☐

5) Es war mir beständig zumute wie sonst immer wenn der Frühling anfangen sollte so unruhig und fröhlich ohne dass ich es wusste warum als stünde mir ein großes Glück oder sonst etwas Außerordentliches bevor.

3 Unterscheide Haupt- und Nebensätze. Analysiere die Sätze.

a) Setze die fehlenden Kommas.

b) Analysiere die Sätze wie in „Kurs“, Übung 1.

1) Ein weiterer berühmter Schriftsteller der im Zusammenhang mit der deutschen Romantik genannt werden muss ist Heinrich von Kleist.

2) Von ihm stammen Novellen, Erzählungen und Dramen in denen solche Themen wie Schicksal, Pflicht und Gerechtigkeit eine große Rolle spielten.

3) Seine Komödie „Der zerbrochene Krug“ der zu den wenigen deutschen Komödien gehört spiegelt zwischenmenschliche Konflikte unterschiedlicher Art wider.

4) Ein wichtiges Thema ist die Gerechtigkeit die in der Handlung ausgerechnet durch den Dorfrichter gefährdet ist.

5) Der zerbrochene Krug der hier offensichtlich als Symbol dient kann die Zerbrechlichkeit unserer Welt bedeuten oder auch des Schicksals eines Menschen der damals den Machthabenden auf Gedeih und Verderb ausgeliefert war.

6) Viele Forscher vertreten die Meinung dass Kleist weder der Romantik noch der Klassik eindeutig zugeordnet werden kann weil seine Werke Züge von beiden Richtungen tragen.

7) Psychologische Tiefe die seinen Werken zugrunde liegt lässt uns einige Ähnlichkeiten zu literarischen Werken der modernen Zeit entdecken.

4 Erweitertes Attribut oder Attributsatz?

a) Setze die fehlenden Kommas.

b) Ordne die Sätze in die richtige Spalte ein und schreibe sie auf.

1) Die im Jahr 1808 geschriebene Komödie „Der zerbrochene Krug“ hatte am Anfang nicht viel Erfolg.
2) Die Ereignisse die den Verlauf des Stücks bestimmen sind bereits vor dem Beginn des Stücks geschehen.
3) Aber nicht alle an der Handlung teilnehmenden Personen kennen diese Ereignisse genau.
4) Der Richter der die Wahrheit herausfinden soll ist selbst unehrenhaft.
5) Kleist gibt seinen Figuren ihrem Charakter entsprechende Namen.
6) Der Schreiber der beispielsweise immer wieder Licht in das Dunkel der Machenschaften des Richters bringt heißt mit Namen auch Licht.

Erweitertes Attribut	Attributsatz

5 Einfacher Vergleich oder Vergleichssatz?

a) Setze die fehlenden Kommas.

b) Ordne die Sätze in die richtige Spalte ein und schreibe sie auf.

1) Sie benimmt sich wie ein großer Filmstar.
2) Sie benimmt sich so wie nur große Filmstars es tun.
3) Er spricht wie ein Ritter aus dem Mittelalter.
4) Er spricht so als ob er ein Ritter aus dem Mittelalter wäre.
5) Die kleine Prinzessin sitzt da wie eine Puppe.
6) Die Freunde haben so ehrlich miteinander gesprochen wie sie es schon lange nicht mehr getan haben.
7) An diesem Abend haben die Gerichte anders geschmeckt als es sonst der Fall ist.

Einfacher Vergleich	Vergleichssatz

6 Temporalsatz oder Adverbialbestimmung der Zeit?

a) Setze die fehlenden Kommas.

b) Ordne die Sätze in die richtige Spalte ein und schreibe sie auf.

1) Als Herr Morris aus Versehen den Regenschirm seines Nachbarn nehmen wollte griff der Nachbar blitzschnell selbst nach dem Schirm.
2) In dieser Minute wurde Herrn Morris die Situation klar und er entschuldigte sich.
3) Immer wenn Herr Morris in Gedanken versunken war vergaß er alles um sich herum.
4) Nachdem alles geklärt war kamen die beiden ins Gespräch.
5) Nach diesem Gespräch fand der Nachbar Herrn Morris sehr sympathisch.
6) Sie erzählten sich lustige Geschichten und lachten bis Herr Morris aussteigen musste.

Temporalsatz	Adverbialbestimmung der Zeit

7 Satzreihe oder konjunktionslose Verbindung im Satzgefüge?

a) Setze die fehlenden Kommas.

b) Ordne die Sätze in die richtige Spalte ein und schreibe sie auf.

1) Die Romantik dauert bis etwa 1835 sie wird in drei Perioden unterteilt: Frühromantik Hochromantik und Spätromantik.
2) Nach dem Jahr 1815 und später sind viele der Meinung die Romantik würde nicht mehr dem Bedarf der Gesellschaft an neuen Themen entsprechen.
3) Nach vielen historischen Enttäuschungen im ersten Drittel des 19. Jahrhunderts hatten die Künstler das Gefühl sie müssen sich in ihr Schicksal fügen.
4) Diese Zeit nennt man Biedermeier diesen Namen haben die Begründer dieser Richtung erfunden.
5) Diesen Namen haben die Begründer einem von ihnen erdachten Dichter gegeben er ist mit allem zufrieden und begehrt nicht auf.
6) Die Künstler dachten nicht sie könnten viel bewegen.
7) Sie traten in kleinem Kreis zusammen der Mittelpunkt dieser Treffen war die Wohnung oder ein Kaffeehaus.

Satzreihe	Konjunktionslose Verbindung im Satzgefüge

8 Unterscheide Nebensatzarten wie Temporalsatz oder Vergleichssatz (Konjunktion „als“).

a) Setze die fehlenden Kommas.

b) Ordne die Sätze in die richtige Spalte ein und schreibe sie auf.

1) Als das Problem bekannt wurde konnte man die Diskussionen nicht mehr vermeiden.
2) Wir werden morgen viel mehr erfahren als wir heute wissen.
3) Alle waren überrascht als die Wahrheit ans Licht kam.
4) Das Thema hatte ein viel größeres Ausmaß als ursprünglich vermutet wurde.

Temporalsatz	Vergleichssatz

9 Unterscheide Nebensatzarten wie Temporalsatz oder Konditionalsatz.

a) Setze die fehlenden Kommas.

b) Ordne die Sätze in die richtige Spalte ein und schreibe sie auf.

1) Wenn wir eine Exkursion hatten gingen wir meistens in Museen.
2) Es machte viel Spaß wenn man sich gut auf diese Aktivitäten vorbereitete.
3) Wenn man bereits vor einem Gemälde oder Denkmal steht ist es gut bereits im Vorfeld etwas über dieses Kunstwerk zu wissen.
4) Wenn wir Fragen haben können wir uns immer an die Lehrer wenden.
5) Wenn sie uns die Frage nicht beantworten können recherchieren wir im Internet.

Training

5 Satz II: Satzreihe, Satzgefüge, Nebensätze, Zeichensetzung

Temporalsatz	Konditionalsatz

10 Unterscheide Nebensatzarten.

a) Setze die fehlenden Zeichen.

b) Bestimme die Art der Nebensätze und schreibe die Abkürzungen auf die Zeilen:

T – Temporalsatz
K – Konditionalsatz
V – Vergleichssatz
M – Modalsatz

1) Das Fernsehen ist heute insofern nützlich als dass man darüber viele Informationen zu unterschiedlichen Themen bekommen kann.
2) Wenn man die Wissensshows des Fernsehens nutzt kann man stark davon profitieren.
3) Die Dokumentationen zu verschiedenen Themen können oftmals mehr Wissen auf einmal vermitteln als man sich selbst lange und mühsam durch Lesen wissenschaftlicher Artikel erarbeiten könnte.
4) Außerdem kann das Fernsehen das Wissen in eine sehr einprägsame Form kleiden indem es die Informationen mit Bild und Musik verbindet.
5) Das gesprochene Wort das man durch Lesen natürlich nicht erleben kann lässt uns so fühlen als ob man jeden von uns persönlich ansprechen würde.
6) Man würde sich jedoch irren wenn man annehmen würde dass das Fernsehen das Lesen ersetzen könnte.
7) Falls man sich ausschließlich auf das Informations- und Wissensangebot aus den Medien im Allgemeinen beschränkt verlässt man sich auf die Meinung und auf das Weltbild anderer.
8) Man sollte sich nicht einschränken indem man darauf verzichtet sich selbstständig neue Wissensgebiete zu erschließen.

11 Zeichensetzung und die Wahl der richtigen Konjunktion im Temporalsatz

a) Welche Konjunktion passt: „als" oder „wenn"? Schreibe in die Lücken.

1) Wie hat man bloß früher gelernt und gearbeitet ______ es noch keine Computer und kein Internet gab?
2) ______ man Informationen brauchte um zum Beispiel einen Vortrag zu machen musste man in die Bibliothek gehen.

Achtung: Bei einmaliger Handlung in der Vergangenheit – Konjunktion „als“, und falls sich die Handlung in der Vergangenheit mehrfach wiederholte, benutzt man die Konjunktion „wenn“.

b) Setze die fehlenden Zeichen und schreibe die Sätze auf ein EXTRA-Blatt.

3) ______ man in die Bibliothek kam musste man zuerst lange in Karteikatalogen suchen ob es die benötigten Bücher dort gibt.

4) Und ______ es noch keine Kopiergeräte gab konnte man aus dem Buch auch nicht die entsprechenden Seiten kopieren.

5) ______ das Buch gefunden wurde musste man jedes Mal die Informationen abschreiben.

6) ______ die Kopierer, Computer und das Internet allen zugänglich wurden hat das den Lernprozess überall stark beschleunigt und vieles ermöglicht.

12 „Das“ oder „dass“?

a) Schreibe in die Lücken: „das“ oder „dass“?

b) Setze die fehlenden Kommas.

Achtung: Dass/das
dass – eine Konjunktion
das – Relativpronomen, Artikel oder Demonstrativpronomen

Regel: Wenn man nicht „es, jenes, welches“ einsetzen kann, muss mit Doppel-S geschrieben werden. Beispiel: Ein Buch, das (welches) du mir geliehen hast.

1) Das Gewitter ______ das Haus zerstörte war so stark ______ sich kaum jemand an etwas Ähnliches erinnern konnte.

2) ______ das Problem mit dem wir heute zu tun haben sich seit Langem anbahnte ______ haben die meisten gewusst.

3) Ich kann in dieses Haus nicht hineingehen ohne ______ ich an früher denke.

4) Ist der Computer heute ein Lernmittel ohne ______ wir nicht mehr auskommen?

5) Wie das Dach so ______ Haus.

6) Das Dach war dermaßen undicht ______ es im Winter unerträglich kalt war wenn man nicht ständig den Ofen heizte.

7) Nichts kann mehr Stoff für neue Romane und Theaterstücke geben als ______ Leben selbst. Und nichts kann langweiliger sein als ______ man mühsam ausgedachte Geschichten und Witze aufschreibt.

8) Das Arzneimittel _______ vor Kurzem in den Handel kam wurde wieder vom Markt genommen mit der Begründung _______ es nicht ausreichend getestet war.

13 Infinitivgruppe mit „zu" oder Nebensatz?

a) Setze die fehlenden Kommas.

b) Trage die Sätze in die richtige Spalte ein.

Achtung: Nebensätze haben ein Subjekt und ein Prädikat, Infinitivgruppen – nicht.

1) Es ist eine große Freude für ältere Menschen ihren Familien ihre Zeit und Hilfe geben zu können.
2) Sie freuen sich immer wenn die Familien diese Hilfe annehmen.
3) Manchmal klagen die Jüngeren die Arbeit nicht so schnell erledigen zu können.
4) Aber vielleicht liegt es auch an ihnen sich auf die ältere Generation einzustellen.

Infinitivgruppe mit „zu"	Nebensatz

14 Unterscheide: Finalsatz oder eine Infinitivgruppe mit „um … zu"?

a) Verbinde die Sätze mit „damit" oder „um".

Achtung: Wenn die Infinitivgruppe mit „um … zu" verwendet wird, handelt in beiden Teilen des Satzes dasselbe Subjekt. Bei der Konjunktion „damit" können ein oder verschiedene Subjekte handeln.

b) Achte auf die Zeichensetzung.

Beispiele: Wir suchen nach einem Café, um unseren Erfolg bei der Prüfung zu feiern.
In beiden Teilen des Satzes handeln dieselben Personen – „wir".
Das Auto hielt, damit die Fußgänger die Straße überqueren konnten.
Im ersten Teil handelt das Auto, im zweiten – die Fußgänger.

1) Gregor lernt sehr viel und fleißig. Er möchte seine Prüfungen bestehen.

____

____

2) Seine Eltern sehen nur ganz leise fern. Gregor soll nicht gestört werden.

____

____

3) Die Lehrer haben der Klasse einige Bücher empfohlen. Die Schüler können so mehr erfahren als im Unterricht.

4) Gregor hat einige von diesen Büchern schon gelesen. Er wollte sich zusätzlich zu den ihn interessierenden Themen informieren.

15 Finde die eingeschobenen Nebensätze.

a) Setze die fehlenden Kommas.

b) Unterstreiche die Nebensätze, die in andere Nebensätze oder Hauptsätze eingeschoben sind.

Aus „Die Marquise von O…“ (Heinrich von Kleist)

1) Der Kommandant der inzwischen in das Haus getreten war geriet auf die Nachricht von dem Unfall der die Marquise betroffen hatte in die äußerste Bestürzung.
2) Die Marquise die sich schon völlig aus ihrer Ohnmacht wieder erholt hatte versicherte ihm dass sie keinen anderen Wunsch hatte als bald wieder aufstehen zu dürfen.
3) Die Mutter welche so sonderbare Zufälle für die Gesundheit ihrer Tochter äußerst besorgt machten verlangte dass sie einen Arzt zu Rate ziehe.
4) Die Marquise fragte da er noch einen Handschuh den er hatte fallen lassen von der Erde aufnahm.
5) Man könnte ihm ja fuhr die Mutter fort indem sie ihre Hand ergriff etwa eine Erklärung dass du in keine andere Verbindung eintreten wollest zukommen lassen.

16 Zeichensetzung und konjunktionslose Verbindungen.

a) Setze die fehlenden Kommas.

b) Markiere Nebensätze, die durch kein verbindendes Wort eingeleitet sind.

1) Von der Aussichtsplattform die sich in einer Lichtung im Wald über einem kleinen See befand bot sich eine herrliche Aussicht auf die Stadt.
2) Kam der Betrachter kurz vor dem Sonnenuntergang konnte er sehen wie die rotgoldenen Strahlen der untergehenden Sonne sich mild über die Dächer der Häuser ergossen.
3) Kam man am Morgen lag meist noch Nebel über den Wipfeln der Bäume am See welcher den See wie in einen Schleier hüllte sodass der Eindruck entstand der Wald würde sich vor dem hektischen Treiben der Stadt noch ein wenig verstecken wollen.

Testkarten

Mit diesen Karten kann man mündlich und schriftlich arbeiten. Eine **Kopiervorlage** findest du am Ende des Buches auf der Seite 219. Man kann die Karten ausschneiden und die Antworten auf die Rückseite schreiben.

A

1. Was ist eine Satzreihe?
2. Darf in einer Satzreihe ein Komma vor „und/oder" stehen?
3. Ist der folgende Satz eine Satzreihe?
   Die Erzählung ist sehr schön geschrieben, aber die Handlung könnte interessanter sein.

B

1. Was ist ein Satzgefüge?
2. Können in einem Satzgefüge auch mehrere Hauptsätze vorkommen?
3. Woran können wir erkennen, dass der folgende Satz ein Satzgefüge ist und keine Satzreihe?
   Ich dachte, du würdest anrufen.

C

1. Nenne die Merkmale von Hauptsätzen.
2. Kann es ein Satzgefüge ohne einen Hauptsatz geben?
3. Unterstreiche den Hauptsatz:
   Was ich meiner Mutter schenke, die in einer Woche Geburtstag hat, weiß ich noch nicht genau.

D

1. Nenne die Merkmale von Nebensätzen.
2. Kann ein Nebensatz einem anderen Nebensatz untergeordnet sein?
3. Wo kann das Verb in einem Nebensatz stehen?
4. Wann **muss** ein Komma vor „und/oder" stehen?

E

1. Wie ist der Unterschied zwischen Konjunktionen und Relativpronomen?
2. Welche der folgenden Konjunktionen können **keinen** Nebensatz einleiten?
   als, bevor, zumal, aber, infolgedessen, ehe, obwohl, und, dass, deswegen, denn

F

1. Beschreibe die Besonderheiten von Attributsätzen.
2. Wie dekliniert man das Relativpronomen der/die/das?
3. Unterstreiche den Attributsatz:
   Das Haus, das wir bauen, entspricht ganz unseren Zielen.

G

1. Beschreibe die Besonderheiten von Finalsätzen.
2. Wie unterscheidet man einen Finalsatz von einer Infinitivgruppe mit zu?
3. Bilde ein Satzgefüge mit einem Finalsatz:
   Wir essen gesund. Wir wollen fit bleiben.

H

1. Beschreibe die Besonderheiten von Kausalsätzen.
2. Bei welcher Konjunktion steht das Verb nicht am Ende: weil, da, zumal, denn?
3. Wo ist ein Kausalsatz:
   a) Da das Wetter schlecht ist …
   b) Da ist das Wetter schlecht?

I

1. Beschreibe die Besonderheiten von Konditionalsätzen.
2. Was ändert sich an der Wortfolge, wenn die Konjunktion „wenn" wegfällt?
3. Wo ist ein Konditionalsatz:
   a) Fragt man ihn, so sagt er …
   b) Fragt ihn mal, dann …

J

1. Beschreibe die Besonderheiten von Konsekutivsätzen.
2. Stehen sie vor dem HS?
3. Wo ist ein Konsekutivsatz?
   a) Es war so dunkel, dass man nichts sehen konnte.
   b) Ich sagte dir schon, dass man nichts sehen konnte.

K

1. Beschreibe die Besonderheiten von Konzessivsätzen.
2. Welche drei Konjunktionen beginnen mit „ob-"?
3. Wo ist ein Konzessivsatz?
   a) Trotzdem suchen wir weiter.
   b) Trotzdem wir wenig Chancen haben?

L

1. Beschreibe die Besonderheiten von Lokalsätzen.
2. Wie kann man sie von anderen Satztypen unterscheiden?
3. Wo ist ein Lokalsatz?
   a) Sag mir, wo du bist.
   b) Bleib, wo du bist.

M

1. Beschreibe den Unterschied zwischen Subjekt- und Objektsätzen.
2. Warum sind diese Sätze so vielfältig?
3. Wo ist der Objekt- und wo der Subjektsatz?
   a) Es ist wichtig, was ihr denkt.
   b) Sagt, was ihr denkt.

N

1. Vergleiche Modal- und Vergleichssätze.
2. Wie unterscheidet man Vergleichssätze von einfachen Vergleichen?
3. Wo ist der Modal- und wo der Vergleichssatz?
   a) Es ist, wie es sein soll.
   b) Sie spielt, wie sie will.

O

1. Beschreibe die Besonderheiten von Temporalsätzen.
2. Was ist der Unterschied zwischen: sooft – so oft, sobald – so bald?
3. Wo ist der Temporalsatz?
   a) Sag mir, wann du da bist.
   b) Ich rufe an, wenn ich da bin.

Zeichensetzung

1 Setze die fehlenden Kommas.

Aus „Das Leben der Hochgräfin Gritta von Rattenzuhausbeiuns“ (Bettina v. Arnim)

1) Es war einmal ein altes Schloss umfasst von hohen Bergen das selber auf einem hohen Berg lag etwas niederer als die ihn umgebenden.
2) Wie ein Ring umschloss das Tal den Berg und in einem Ring umschlossen die dunklen felseckigen Berge das Tal.
3) Oben im Gezweig guckten junge Vogelköpfchen dem harmlosen Dahinrollen unten zu und war der Bach artig so erzählte er ihnen leise Märchen und sie taten zuweilen einen Piep des Wohlgefallens dazwischen.
4) Es war ein Ausweg aus dem Tal der ganz überbaut war von Felsen. Dies war das Schloss von einem alten Grafen Rattenzuhausbeiuns der mit einem Töchterchen dort wohnte.
5) Ein schmaler Steg wie man ihn sonst über die Bächlein legt führte von einem vorragenden Fels aus grade über den Talabgrund vor die kleine Holztür des Schlosses der ein Holunderbaum mit seinen Blüten zur Seite nickte.
6) Der Wurm hatte viele Löcher hineingebohrt und die Spinnen viele Decken darüber gewebt.
7) Oben im Schloss saß die kleine Hochgräfin Gritta der emsig das Rädchen den feinen Faden aus den Fingern zog während sie träumerisch zuschaute.
8) Der Graf der der Vater des Mädchens war hatte das Maschinenwerkwesen als er jung war nicht aus Lust erlernt aber es war eine alte Sitte in der Familie.
9) Er hatte nämlich einen Ururururgroßvater der weil er viermal Ur war das Uhr- und Maschinenwerk von Grund auf verstand.
10) Der Graf machte jetzt aus der Not eine Tugend und arbeitete fleißig an einer Haferschneidemaschine für einen reichen Bauern der ihm den Bedarf an Erhaltungshirse darauf vorstreckte.

Anmerkung:
Gisela und Bettina von Arnim – Vertreterinnen der deutschen Romantik

Satzanalyse und Nebensatzarten

2 Analysiere die folgenden Sätze wie im Beispiel. Setze die fehlenden Kommas.

Beispiel:
Bettina von Arnim, von der ihr einen kurzen Auszug aus deren Märchen in der vorigen Übung gelesen habt, hatte einen Bruder, der ebenfalls ein bekannter Vertreter der deutschen Romantik war.

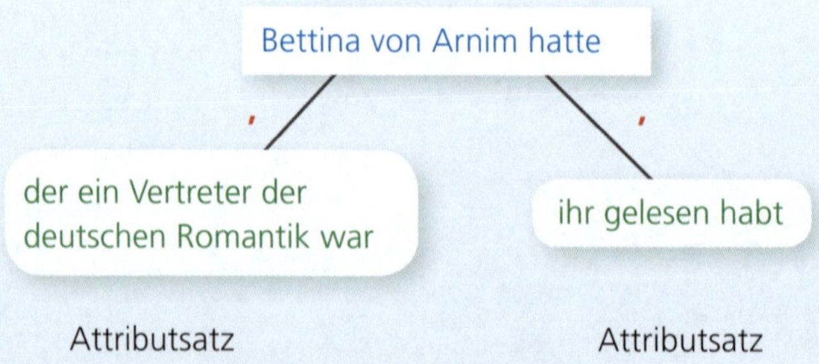

1) Clemens Brentano verfasste zahlreiche Werke die durch märchenhafte und volkstümliche Motive geprägt waren da er sich mit dem Geist der Romantik verbunden fühlte.

2) Indem er in seinen Gedichten oft die Suche nach der höheren Ordnung des Seins spüren lässt folgt er den Bestrebungen der Romantiker welche dem Religiösen große Bedeutung beimaßen.

3) Literaturforscher sind der Meinung, dass Brentanos Beherrschung der sprachlichen Mittel so einzigartig ist wie es weder vor ihm noch nach ihm vorgekommen ist.

4) Der berühmte Romantiker befasste sich auch mit Satire, was auf den ersten Blick recht sonderbar erscheinen mag, denn man könnte vielleicht meinen, Romantik und Satire würden sich gegenseitig ausschließen.

Direkte und indirekte Rede

Die Worte einer Person kann man auf zwei verschiedene Weisen wiedergeben:

Direkte Rede

Durch die direkte Rede werden die Worte der anderen Person genau wiedergegeben, ohne etwas daran abzuändern.

Die direkte = wörtliche Rede
Im Reiseführer hieß es: „Das Schokoladenmuseum in Köln ist ein wahrer Geheimtipp für Reisende."
Immer wenn wir eine Aussage wörtlich wiedergeben, sei es die Aussage einer Person oder ihre Gedanken, ein Auszug aus einem Text (Zeitung, Buch usw.), müssen wir das deutlich machen. Bei der wörtlichen Rede machen wir das mit dem Doppelpunkt und den Anführungszeichen.

Indirekte Rede

Wenn die Worte durch die indirekte Rede wiedergegeben werden, handelt es sich meistens nicht um den genauen Wortlaut. Außerdem kann man durch die Verwendung der indirekten Rede, besonders des Konjunktivs, zeigen, dass man der wiedergegebenen Aussage nicht glaubt oder zumindest etwas daran zweifelt.

Die indirekte Rede kann die wörtliche ersetzen, und zwar:

- ➜ mit einem Nebensatz ohne Konjunktionen und Relativwörter
  Im Reiseführer hieß es, das Schokoladenmuseum in Köln sei ein wahrer Geheimtipp für Reisende.
- ➜ mit einem Nebensatz mit einer Konjunktion oder einem Relativwort
  Im Reiseführer hieß es, dass das Schokoladenmuseum in Köln ein wahrer Geheimtipp für Reisende ist/sei.
- ➜ mit dem Modalverb
  Im Reiseführer hieß es, das Schokoladenmuseum in Köln soll ein wahrer Geheimtipp für Reisende sein.
  Wenn man über die Handlungen einer Person spricht, verwendet man das Verb „wollen".
  Er will das nicht getan haben. (= Er sagt, dass er das nicht getan hat.)

Aber der Sprechende macht durch das Modalverb „wollen" deutlich, dass er dieser Aussage nicht glaubt.

- ➜ mit Infinitivgruppen + zu
  Er behauptet, das nicht getan zu haben.

Zeitformen in der indirekten Rede

Der Konjunktiv kann in solchen Sätzen auch den Zweifel an der Aussage der anderen Person ausdrücken. Zumindest erzeugt der Konjunktiv immer eine gewisse Distanz zu dieser Aussage.

Wenn die indirekte Rede durch Nebensätze wiedergegeben wird, wählt man als Zeitform für den Nebensatz meistens den Konjunktiv I (Präsens Konjunktiv, Perfekt Konjunktiv und Futur I Konjunktiv):

Showmaster Tom Gottwald sagt: „Die eigentliche Aufgabe des Fernsehens ist es, Menschen zu unterhalten."

→ Showmaster Tom Gottwald sagt, dass es die eigentliche Aufgabe des Fernsehens ist/sei, die Menschen zu unterhalten.

→ Showmaster Tom Gottwald sagt, die eigentliche Aufgabe des Fernsehens sei es, die Menschen zu unterhalten.

Für die indirekte Rede können jedoch andere Konjunktivformen verwendet werden:

direkte Rede	→ indirekte Rede
Indikativ Präsens Der Maler sagt: „Ich habe Ideen."	1. Präsens Konjunktiv Der Maler sagt, er habe Ideen. 2. Konditional I Der Maler sagt, er würde Ideen haben. 3. Präteritum Konjunktiv Der Maler sagt, er hätte Ideen.
Indikativ Präteritum/ Perfekt/ Plusquamperfekt Der Maler sagte/hat gesagt/hatte gesagt: „Ich habe Ideen."	1. Perfekt Konjunktiv Der Maler sagte, er habe Ideen gehabt. 2. Plusquamperfekt Konjunktiv Der Maler sagte, er hätte Ideen gehabt.
Indikativ Futur I Der Maler sagt/ sagte/ hat gesagt/hatte gesagt: „Ich werde Ideen haben."	1. Futur I Konjunktiv Der Maler sagt/sagte/hat gesagt/hatte gesagt, er werde Ideen haben. 2. Konditional I Der Maler sagt/sagte/hat gesagt/hatte gesagt, er würde Ideen haben.
Indikativ Futur II Der Maler sagt/sagte/ hat gesagt/hatte gesagt: „Ich werde Ideen gehabt haben."	1. Futur II Konjunktiv Der Maler sagt/sagte/hat gesagt/hatte gesagt, er werde Ideen gehabt haben. 2. Konditional II Der Maler sagt/sagte/hat gesagt/hatte gesagt, er würde Ideen gehabt haben.

Fitness-Einheit

Kurs

6 Indirekte Rede: Konjunktiv, Modalverben, Infinitivgruppen, Zeichensetzung

Erkennen der indirekten Rede

1 Sätze mit indirekter Rede ohne Konjunktionen und Relativwörter. Finde Nebensätze mit indirekter Rede und unterstreiche sie.

Strategie: Die indirekte Rede ist durch redeeinleitende Verben deutlich zu erkennen. Solche Verben wie „sagen, antworten, fragen, erzählen" usw. sind redeeinleitend. Aber es können andere Verben sein wie „hoffen, wissen, glauben, sich vorstellen" usw., bei denen man ergänzen könnte „und sagte".

Achtung: In einigen Satzgefügen ist nicht nur ein Nebensatz mit indirekter Rede vorhanden.

1) Meinen Sie, man sollte dieses Thema noch einmal besprechen?
2) Die Journalisten stellen Fragen, und die Vertreter der Politik gaben Antworten.
3) Einige Zeitungen schreiben, man müsse über die Probleme der Tierhaltung neu nachdenken.
4) Viele Kollegen haben mir geschrieben und zum Geburtstag gratuliert.
5) Im Brief steht, unsere Nachbarn würden sich regelmäßig über uns beschweren.
6) Es ist bekannt, man kann und man soll es nicht jedem recht machen.
7) Der Redner rief, die Stadt könne nicht länger auf die Verbesserungen im Transportwesen waren und man dürfe keine Verzögerungen hinnehmen.
8) Wir sollten uns öfter fragen: „Tun wir denn wirklich das Richtige?"
9) Würden die Menschen nur aus Langeweile lesen, wäre das sehr traurig, denn niemand mehr würde in diesem Fall beim Lesen nachdenken wollen. Es wäre ein Fehler zu glauben, Literatur sei nur zur Unterhaltung da.

2 Sätze mit indirekter Rede mit einer Konjunktion oder einem Relativwort

a) Finde Nebensätze mit indirekter Rede und unterstreiche sie.

b) Markiere die Konjunktionen und Relativwörter, welche die Nebensätze einleiten.

c) Setze die passenden Kommas.

Strategie: Redeeinleitend können auch erweiterte Wortgruppen mit einem Verb sein. Beispiele: die Meinung äußern, der Hoffnung Ausdruck geben, die Position vertreten und ähnliche Wortfügungen.

Achtung: In einigen Satzgefügen ist nicht nur ein Nebensatz mit indirekter Rede vorhanden.

1) Der Gast erkundigte sich bei dem Gutsbesitzer ob der Weizenhandel denn genug einbringe.
2) Der Gastgeber erklärte ihm wie bescheiden es um die Landwirtschaft zurzeit bestellt sei und dass man von den Gewinnen kaum noch etwas übrig behalten könne.
3) Währenddessen konnte man aus der Einrichtung des Hauses schließen dass der Gastgeber möglicherweise nicht in allen Punkten aufrichtig war und nicht über seine Erfolge sprechen wollte.
4) Der Gast gab daraufhin der Hoffnung Ausdruck dass die Landwirtschaft bald wieder auf die Beine kommen würde denn zu essen brauche man immer.
5) Wie es damals üblich war stellte der Gast auch Fragen über die Familie des Gutsbesitzers wie viele Kinder er habe ob sie im Hause wohnten oder schon verheiratet seien und warum sie heute nicht anwesend seien.
6) Der Gastgeber sagte wann sich seine Söhne dem Gespräch anschließen würden und dass sie diese kleine Verzögerung sehr bedauerten.
7) So vergingen einige Stunden bis sie sich dem eigentlichen Thema ihrer Verhandlungen widmen konnten denn die alten Regeln der Gastfreundschaft geboten man solle den Gast zunächst bewirten und besser kennenlernen bevor man zum Geschäftlichen kommt.

3 Modalverben als Mittel der indirekten Rede
Markiere: Welche Modalverben verwendet man bei der wörtlichen Rede?

1) Das will ich nicht gehört haben! – Das sollst du aber gehört haben!
2) Jakob Weidmann will um die fragliche Zeit nicht am Tatort gewesen sein.
3) Der Arzt sagt, ich soll nicht so viel Kaffee trinken.
4) In seiner Amtszeit will der Bürgermeister vieles verbessern.
5) In seiner Amtszeit will der Bürgermeister vieles verbessert haben.

4 Infinitivgruppen als Mittel der indirekten Rede

a) Markiere: Welche Infinitivgruppen beinhalten die wörtliche Rede?

b) Setze Kommas.

c) Schreibe die wörtliche Rede auf.

Strategie: Infinitivgruppen mit dieser Bedeutung können auch durch wörtliche Rede ersetzt werden.

Beispiel zur Strategie:
Die Kinder baten, ihnen ein schönes Märchen zu erzählen.
→ Die Kinder baten: „Erzähl uns bitte ein schönes Märchen.“

1) Die Hälfte der Befragten gibt an sich noch keine Meinung gebildet zu haben.

Die Hälfte der Befragten gibt an: „Wir haben uns noch keine Meinung gebildet.“

2) Die Schatzsucher glauben auf dem richtigen Wege zu sein.

___

3) Die Alchemisten versuchten vergeblich den Stein der Weisen zu finden.

___

4) Mit ihrem Eid verpflichteten sich die Freunde sich immer gegenseitig zu helfen.

___

5) Nach der langen Fahrt hatten die Reisenden den Wunsch sich zu stärken.

___

6) Die Ärzte riefen die Bevölkerung auf Ruhe zu bewahren.

___

Zeichensetzung und Satzanalyse bei der indirekten Rede

5 Zeichensetzung bei der indirekten Rede mit Nebensätzen (mit und ohne Konjunktiv)

a) Setze die fehlenden Kommas.

b) Markiere die Nebensätze mit indirekter Rede.

Realismus in der deutschen Literatur

1) Am Ende des 19. und am Anfang des 20. Jahrhunderts waren viele deutsche Schriftsteller der Meinung es müsse sich dringend etwas im Leben der Gesellschaft und des Landes ändern.
2) Sie waren sicher dass sie verpflichtet wären ihren Beitrag dazu zu leisten.
3) Aus diesem Grund sehen wir bei den Inhalten von Romanen und Dramen der damaligen Zeit worauf sich ihre Kritik an den Zuständen in der Gesellschaft genau richtete.
4) Es sei an dieser Stelle erwähnt dass die Grundlage der Ursachen die für Unruhe im Land sorgten in der Arbeitswelt lag.
5) Die neue Kunstrichtung, der Realismus, sendete die Botschaft aus es müsse über neue Wege nachgedacht werden.

6 Zeichensetzung bei der indirekten Rede mit Infinitivgruppen

a) Setze die fehlenden Kommas.

b) Markiere die Infinitivgruppen mit indirekter Rede.

„Buddenbrooks“ (Roman von Thomas Mann)

1) Der Roman „Buddenbrooks“ von Thomas Mann fordert den Leser auf über die Werte des Lebens wie Familie Gefühle und Pflicht nachzudenken.
2) In diesem Werk gelingt es dem Schriftsteller die Geschichte einer Familie einflussreicher Kaufleute über mehrere Generationen zu zeichnen.
3) Thomas Mann ermahnt dazu die Redlichkeit nicht aus dem Geschäftsleben zu verbannen.
4) Durch eine Figur aus dem Roman legt er den damaligen wie heutigen Kaufleuten ans Herz am Tage nur solche Geschäfte zu machen bei denen man auch in der Nacht ruhig schlafen kann.

7 Zusammengesetzte Sätze mit indirekter Rede analysieren

a) Unterstreiche Nebensätze mit indirekter Rede.

b) Analysiere die Sätze wie in Einheit 5.

Eine Torte zum Schulfest

1) Im Rezept steht, man solle für die Tortencreme 3 Löffel Gries nehmen.

2) Ich habe versprochen, ich würde eine Torte für das Schulfest backen, und meine Schwester hilft mir dabei, weil ich mich mit dem Backen noch nicht so gut auskenne.

3) Sie sagt mir, was ich nehmen soll und wie man die Zutaten hinzufügen kann.

4) Wir sind so lange in der Küche beschäftigt, dass unsere Mutter uns fragt, ob wir Hilfe brauchen, und wir müssen zugeben, dass wir ohne Hilfe nicht weiterkämen.

Bildung von Sätzen und Strukturen mit indirekter Rede

8 Bilde Nebensätze mit indirekter Rede ohne Konjunktionen und Relativwörter wie im Beispiel.

Achtung: Verwende Konjunktivformen.

Beispiel: „Es ist sicherlich etwas besonders Wichtiges passiert“, dachte Frau Jachmann. → Frau Jachmann dachte, es sei etwas passiert.

1) „Wir haben alles unter Kontrolle“, hieß es im Bericht der Feuerwehr.

____

____

2) „Ein neues Theater wird bereits im nächsten Jahr gebaut werden“, versicherte der Bürgermeister.

____

____

3) „Ich habe den Text nicht mit Absicht zu Hause liegen lassen“, verteidigte sich der Schüler.

____

____

9 Bilde Nebensätze mit indirekter Rede mit einer Konjunktion oder einem Relativwort wie im Beispiel.

Achtung: Verwende Konjunktivformen.

Beispiel: „Was ist denn passiert?“, fragte Thomas.
→ Thomas fragte, was denn passiert sei.

1) „Können wir beginnen?“, erkundigte sich der Redner.

____

____

2) „Was interessiert Sie besonders?“, fragte der Reiseleiter die Gruppe.

____

____

3) „Welche Bücher hattest du ausgeliehen?“, fragte die Bibliothekarin.

____

____

10 **Bilde die indirekte Rede mit Modalverben und Infinitivgruppen wie im Beispiel.**

Beispiel: „Ich habe das Problem gelöst!“ → Er will das Problem gelöst haben. – Er behauptet, das Problem gelöst zu haben.

1) „Ich habe von nichts gewusst.“

____

____

____

2) „Ich habe alles gelernt.“

____

____

____

3) „Ich habe die Prüfung bestanden.“

____

____

____

4) „Ich kann Gitarre spielen.“

____

____

____

Training

6 Indirekte Rede: Konjunktiv, Modalverben, Infinitivgruppen, Zeichensetzung

1 Indirekte Rede erkennen
Unterstreiche die indirekte Rede:
Nebensätze mit Grün,
Modalverben als Mittel indirekter Rede mit Rot,
Infinitivgruppen mit Blau.

Tipp: Achte auf die Zeichensetzung.

Dacheinsturz im Schwimmbad

1) Nach dem Einsturz des Daches eines Schwimmbads befragte man die Personen, die für den Bau dieses modernen Gebäudes verantwortlich waren.
2) Diese gaben zunächst an, von keinerlei baulichen Mängeln Kenntnis besessen zu haben.
3) Sie wollen die Tauglichkeit des Baus vor der Abgabe genauestens überprüft haben.
4) Dennoch bleibt in erster Linie eine Frage im Raum stehen, und zwar, ob beim Errichten des Baus schwere Fehler gemacht worden seien.
5) Obwohl beim Dacheinsturz, der sich glücklicherweise in der Nacht ereignete, keine Personen zu Schaden gekommen sind, fragen sich viele, ob und wie dieser Unfall hätte vermieden werden können.
6) Laut ersten Untersuchungen soll das Dach unter der schweren Schneeschicht, die innerhalb von fünf Stunden entstanden war, nachgegeben haben.
7) Die Behörden versprechen, sie würden den Vorfall rückhaltlos aufklären.

2 Markiere die indirekte Rede und setze die fehlenden Kommas.

Diskussion

1) Der Großvater meint sein Enkel müsse sich am Tisch immer ruhig verhalten und dürfe beim Essen nichts sagen.
2) Er glaubt unruhiges Benehmen am Tisch deute nicht nur auf schlechte Manieren hin sondern schade auch der Verdauung.
3) Der Kleine unterhält sich am Tisch sehr gern mit den Eltern und mit den Großeltern und denkt Opa solle ihn verstehen und sich nicht mehr aufregen denn auch das schade der Gesundheit bestimmt nicht weniger.
4) Die Eltern des Kindes sagen dem Großvater dass man auch daran denken müsse dass der Sohn es lernen soll am Tisch Gespräche zu führen weil es in Gesellschaft wichtig sei.
5) Außerdem argumentieren sie die Familie sitze am Tag nur einmal zusammen am Tisch – beim Abendessen – und dass man darum diese wenigen Momente dazu nutzen solle um sich über den Tag auszutauschen.
6) Was denkt ihr: „Wer hat eigentlich Recht?“

3 Bilde die indirekte Rede wie in den Beispielen.

1) mit einem Nebensatz mit Konjunktion/Relativwort

Beispiel: „Hilfst du mir?“, fragte Michael. → Michael fragte, ob ich ihm helfen würde /helfe.

„Meldest du dich oft genug im Unterricht?“, fragte mich meine Mutter.

___

___

„Kannst du uns noch eine andere Lösung präsentieren?“, fragte der Mathelehrer?

___

___

„Welche Themen findet die Klasse interessant?“, wollte ich gern wissen.

___

___

2) mit einem Nebensatz ohne Konjunktion/ Relativwort

Beispiel: „Das Bild gefällt mir nicht“, sagte der junge Mann. → Der junge Mann sagte, das Bild gefalle ihm nicht.

„Es gibt noch einen anderen Weg“, stellten die Wissenschaftler fest.

___

___

„Im Roman geht es hauptsächlich um die Gerechtigkeit“, meint diese Leserin.

___

___

„Jedes Zeitalter erfordert seine Literatur“, glauben diese jungen Dichter.

___

___

3) mit einer Infinitivgruppe und mit dem Modalverb „wollen“

Beispiel: „Ich habe diesen Aufsatz selbst geschrieben“, behauptet Lina. → Lina behauptet, diesen Aufsatz allein geschrieben zu haben. → Lina will diesen Aufsatz allein geschrieben haben.

„Ich habe ein neues Gerät erfunden“, behauptet Patrik.

___

___

„Ich habe das Kabel letzte Woche ausgetauscht“, versichert der Techniker.

___

___

„Ich kann mit dem Hund allein zurechtkommen“, glaubt Svenja.

___

___

4) mit dem Modalverb „sollen“

Beispiel: „Man erzählt sich, der Direktor der Firma ist nach Afrika geflohen.“ → Der Direktor der Firma soll nach Afrika geflohen sein.

„Ich habe gehört, der Zoo wird für eine Woche geschlossen.“

___

___

„Jemand hat erzählt, es komme eine neue Grippewelle auf uns zu.“

___

___

„Die Kollegen sagen, Herr Graupner hat eine Million im Lotto gewonnen.“

___

___

Check

6 Indirekte Rede: Konjunktiv, Modalverben, Infinitivgruppen, Zeichensetzung

Wissensfragen

1. Wodurch unterscheidet sich die indirekte Rede von der wörtlichen (direkten) Rede?
   a) in der Bedeutung
   b) bei der Zeichensetzung
2. Wie kann die indirekte Rede im Satz zum Ausdruck kommen?
3. Muss der Konjunktiv unbedingt verwendet werden?
4. Was kann der Konjunktiv noch zeigen außer der Tatsache, dass es sich um die indirekte Rede handelt?

Praktische Anwendung

1 In welchen Sätzen wird Konjunktiv I (Präsens Konjunktiv, Perfekt Konjunktiv, Futur I Konjunktiv) verwendet? Schreibe die Zeitform abgekürzt in die Lücken.

1) Das Mädchen fragte, ob es die Katze streicheln dürfe. ______

2) Der Prüfungskandidat denkt, er habe viele Fehler gemacht. ______

3) Ich wüsste gern, was ich noch machen könnte. ______

4) Der neue Mieter fragt sich, ob er sich bei den Nachbarn vorstellen solle. ______

5) Die Schulleitung verspricht, sie werde ein schönes Fest am Ende des Schuljahres organisieren. ______

6) Sascha sagt, er könne den Fernseher reparieren. ______

2 In welchen Sätzen stehen die Infinitivgruppen in der Funktion der indirekten Rede? Kreuze an.

1) ◯ Wir hoffen, den Zug doch noch zu bekommen.

2) ◯ Der Bewerber glaubt, gute Chancen zu haben.

3) ◯ Der Vater fordert die Kinder auf, sich bei ihrer Mutter zu entschuldigen.

4) ◯ Man sollte versuchen, die Regeln der gesunden Ernährung einzuhalten.

5) ◯ Die junge Dame behauptet, eine Schauspielausbildung abgeschlossen zu haben.

3 **In welchen Sätzen stehen die Modalverben in der Funktion der indirekten Rede? Kreuze an.**

1) ◯ Viktoria und Steffen sollen ein großes Haus gekauft haben.
2) ◯ Der Pass soll angeblich gestohlen worden sein.
3) ◯ Er soll lieber handeln, statt immer nur zu reden.
4) ◯ Brigitte will von nichts gewusst haben.
5) ◯ Im nächsten Jahr will Martin umziehen.
6) ◯ Michael soll einen hervorragenden Vortrag gehalten haben.

4 a) **Markiere die Nebensätze mit indirekter Rede.**

b) **Setze die fehlenden Kommas.**

1) Maria schreibt ihren Freunden sie macht im Urlaub eine Weltreise.
2) Man erzählt sich sie habe für diese Reise ihren Bausparvertrag gekündigt und ihre ganzen Ersparnisse aufgebraucht.
3) Die meisten ihrer Freunde fragen sich warum sie das macht und was sie dazu bewogen haben muss.
4) Sie sind der Meinung dass sie diese Reise auf keinen Fall von ihren Ersparnissen hätte bezahlen dürfen weil eine Weltreise es nicht wert sei seine Vorräte aufzubrauchen die für die Zukunft angelegt wurden.
5) Maria selbst hat vor der Reise niemandem gesagt was sie vorhat weil sie wusste dass man versuchen würde sie von der Idee abzubringen.
6) Erst aus dem Urlaub hat sie die ersten E-Mails verschickt und erklärt sie habe eine Million im Lotto gewonnen und dass ihre Zukunft somit gesichert sei.
7) Des Weiteren hat sie versichert sie hätte dank des großen Gewinns keinerlei Ersparnisse aufbrauchen müssen.
8) Sie hat geschrieben sie würde etwa 3 Monate wegbleiben und nach ihrer Rückkehr eine eigene Firma gründen.
9) Die Freunde wussten zuerst nicht ob sie dieser Information glauben sollten.
10) Und würdet ihr es glauben wenn jemand euch schreiben würde er habe eine Million gewonnen oder würdet ihr zuerst daran zweifeln?
11) Aber man kann es jedem wünschen einmal eine Weltreise machen zu können.

Lösungen 1 Getrennt- und Zusammenschreibung I

Kurs — Seite 11–22

Aufgabe 1 Seite 11

a) und b) In dieser Einheit werden wir nicht nur die Getrennt- und Zusammenschreibung ein**üben** (Infinitiv), sondern wir werden Ihnen die berühmtesten deutschen Schriftsteller vor**stellen** (Infinitiv), die uns ihre wundervollen Werke als kulturelles und sprachliches Erbe hinter**lassen** (Partizip II) haben. Literatur lässt uns manchmal in das Leben der uns voran**gegangenen** (adjektiviertes Partizip II) Generationen und in deren Welt ein**tauchen** (Infinitiv), wir können historische Zusammenhänge besser und genauer über**blicken** (Infinitiv) und ver**stehen** (Infinitiv), wie die Menschen vor uns gelebt haben und wodurch sich ihr Leben von unserem unter**scheidet** (finites Verb). Wir können auf diese Weise eine geistige Verbindung mit unserer Geschichte auf**bauen** (Infinitiv) und dabei aufschlussreiche Vergleiche zu heute an**stellen** (Infinitiv).

c) **Präteritum:** übte ein, stellte vor, hinterließ, ging voran, tauchte ein, überblickte, verstand, unterschied, baute auf, stellte an

---

Aufgabe 2 Seite 11

Partizip II
Präposition

Im 11. und 12. Jahrhundert haben Mönche und Ritter mit Gedichten, Balladen und Liedern ihre literarischen Fähigkeiten entfaltet und dabei ihre Aufmerksamkeit nicht nur den religiösen, sondern auch den weltlichen Themen zugewandt. Literatur ist mit ihren Inhalten stets in der Geschichte und in den gesellschaftlichen Interessen verwurzelt. Im Mittelalter wurde das Rittertum, das sich zu der Zeit deutlicher herausgebildet hatte, zum Träger der ritterlichen Ideale. Die wichtigste Figur war der Ritter, dessen Leben und Kraft im Dienst der Gerechtigkeit eingesetzt wurde und dem Göttlichen untergeordnet ist.

Aufgabe 3 Seite 12

Der Ritterstand hat mit der Zeit eine weitaus höhere Stellung eingenommen als die, welche dem Berufsstand der Bauern zukommen konnte. Das Rittertum ist zu einer neuen, modernen Gesellschaftsschicht aufgestiegen. Als wesentlich wurden für ritterliches Leben hohe Bildung und feine Erziehung vorausgesetzt. Die Liebeslyrik hat sich als selbstständige Gattung ausgeprägt und hat die Dame als Herrin des ritterlichen Herzens hochgepriesen. Die ritterliche Dichtung lässt uns ebenfalls davon ausgehen, dass die Frau als Trägerin des gesellschaftlichen Lebens und Vermittlerin der Ideale an die nächste Generation angesehen wurde. Das Ideal des Frauendienstes, den jeder Ritter leistet, und hohe moralische Anforderungen an ritterliche Liebe sind daraus erwachsen. Das Rittertum kann man als ein gesamteuropäisches Phänomen einstufen, und so kann es nicht wunder nehmen, dass beim Vergleich zwischen verschiedenen europäischen Ländern viele Ähnlichkeiten zutage treten. In Frankreich haben die Grundideen des Rittertums ihre Gestalt angenommen: Der Ritter dient Gott, seinem König und seiner erhabenen Liebe – diese Prinzipien wurden festgelegt und durch die Literatur weitergetragen.

Aufgabe 4 Seite 12

1) Diesmal ist er mit einem blauen Auge **davongekommen**./Die Schmerzen sind **davon gekommen**, dass du zu lange ohne Pause gearbeitet hast.
2) Gieße die Blumen nicht zu stark, **daran gehen** sie kaputt./Das ist eine schwere Aufgabe und keiner weiß, wie er **darangehen** soll.
3) Man darf nicht einfach **dabeistehen**, man muss handeln./Der Chor wird singen und **dabei stehen**, auf keinen Fall sitzen.

Aufgabe 5 und 6 Seite 13

Individuelle Beispiele.
Je nach Auswahl im Lexikon. Nutze die Sammlung für deine Kartei.

Aufgabe 7 Seite 14

die Hoffnungen zunichtemachen • an einem Konzert teilnehmen • in einem Park lustwandeln • jeden Samstag stattfinden • die kostbarsten Waren feilbieten • in seiner Annahme fehlgehen • im Gedränge abhandenkommen • ein Vergehen wettmachen

---

Aufgabe 8 Seite 14

Individuelle Beispiele.
Je nach Auswahl im Lexikon. Nutze die Sammlung für deine Kartei.

Aufgabe 9
Seite 14

1) Für alle, die Harfe spielen wollen, findet eine einführende Veranstaltung statt.
2) Mit dieser Vermutung könnten die Wissenschaftler Recht haben.
3) Da der Redner noch einen Termin hatte, musste er früher Schluss machen.
4) Bei wem können die Waisen Rat suchen?
5) Wissen Sie, wie Sie Erste Hilfe leisten können?
6) Man darf im Leben vor nichts und niemandem Angst haben.
7) Wenn sich jemand streitet, muss man Frieden stiften, wenn es möglich ist.
8) Es ist ärgerlich, wenn die Kunden lange Schlange stehen müssen.
9) Würden Sie im Winter gern Schlittschuh laufen oder lieber Ski fahren?

Aufgabe 10
Seite 15

spazieren gehen • einkaufen fahren • schwimmen lernen • tragen helfen • singen lernen • singen gehen • laufen hören • laufen lernen • schreiben lernen

---

Aufgabe 11
Seite 15

Individuelle Beispiele.
Je nach Auswahl im Lexikon. Nutze die Sammlung für deine Kartei.

Aufgabe 12
Seite 15

Partizip I + Verb
Partizip II + Verb

1) Wenn jemand ein Referat hält, sollte er stehend vortragen.
2) Attribute kann man im Unterschied zu anderen Satzgliedern geschwungen unterstreichen.
3) Auf dem Fest wird die Musik etwas gedämpft klingen und im Hintergrund bleiben.
4) Der junge Schauspieler blickte suchend in den Saal.
5) Die Kollegen haben die Überraschung ganz geschickt versteckt.
6) Es war schön zu hören, dass alle die alten Lieder so gekonnt mitsangen.
7) Den ganzen Abend konnte das Geburtstagskind lachend scherzen und tanzen.
8) Es schien, als ob die Tänzer ihre Schritte leicht und spielend vollführten.
9) Morgen wird die Regierung weitere Details des Plans bekannt geben.
10) Deine Äußerungen müssen passend kommen, nicht aus der Situation gerissen.

Aufgabe 13
Seite 16

1) Im Theater muss der Zuschauer hörend sehen.
2) Die Worte dürfen auf der Bühne vom Schauspieler nicht gekünstelt gesprochen werden.
3) Die Vögel haben ihren herbstlichen Gesang klagend erhoben.
4) Der berühmte Talkmaster wurde im Studio von den Zuschauern jubelnd empfangen.
5) Die Verkäufer haben uns glaubhaft machen wollen, dass wir das Gerät nicht der Anleitung entsprechend betrieben haben.
6) Die Klasse hat die Arbeit wirklich gut geschrieben.
7) Wann wird der Betrag meinem Konto gutgeschrieben? – Wir können doch nicht hellsehen. Wir wissen nicht, wann das Geld überwiesen wurde.

Aufgabe 14
Seite 16

1) Vor der Abreise gab es viel zu (Part.) regeln.
2) Aus den Gesprächen mit den Großeltern versuchen die Enkel so viel wie möglich für ihr späteres Leben mitzunehmen. (Pr.)
3) Bitte lassen Sie uns die Informationen zeitnah zukommen. (Pr.)
4) Die Anzahl der Touristen nimmt weltweit zu. (Pr.)

Aufgabe 15
Seite 17

1) Es ist nicht möglich, allen Freunden immer zu gefallen.
2) Es war windig und die Tür ist zugefallen.
3) Es ist gesund, regelmäßig zu laufen.
4) Die Öffnung muss hier zulaufen.
5) Der Dieb wird nichts zugeben.
6) Zu geben ist schöner als zu nehmen.
7) Der Wohlstand wird weiter zunehmen.
8) Die Gastgeberin versteht es, die schönsten Gerichte zuzubereiten.
9) Der Vorsitzende erklärte seine Absicht, die Versammlung aufzulösen.
10) Auf einem Ball hoffen alle, zum Tanz aufgefordert zu werden.

Aufgabe 16
Seite 17–18

Ein herausragendes Werk der mittelalterlichen Literatur ist „Parzival", das Wolfram von Eschenbach (1170–1220) verfasst hat und dessen literarische Bedeutung Jahrhunderte überdauert hat. Es ist ein gedichtetes Werk über einen jungen Helden, der nach dem legendenumwobenen Gral sucht, der auf seinem ruhmreichen Wege vielen Versuchungen widersteht und am Ende Gralkönig wird. Was der Gral genau darstellt, erfahren wir aus dem Epos nicht. Diese Frage wurde wohl absichtlich offen gelassen, um anzudeuten, dass jeder auf Erden lebende Mensch nach seinem Gral suchen muss und ebenso wie Parzival Prüfungen durchzustehen hat. Der Leser kann die Entwicklung des Helden nachverfolgen, von einem einfältigen und unerfahrenen jungen Mann zu einem weisen und kampferprobten König, der seine lang andauernde Suche nach der Wahrheit glücklich vollendet hat.

Aufgabe 17
Seite 18

Literaturwerke schöpften ihren Hauptinhalt meistens aus den Volkssagen, die mündlich überliefert wurden, und im Zuge der Weitergabe veränderte sich nicht selten auch der Inhalt.
Aus der Sage, die dem Versepos „Parzival" als Grundlage diente, entwickelte sich eine weitere – die Sage über den Schwanenritter Lohengrin, den Sohn Parzivals und seiner königlichen Gattin Kondwiramur. In der Gralssage wurde festgelegt, dass ein Gralsritter nur solange in einem Gastland verweilen durfte, bis man ihn nach seinem Herkunftsland fragt. Geschieht dies, muss er sofort wieder auf Reisen gehen. Lohengrin rettet eine edle Dame, heiratet sie, und viele Jahre später stellt sie doch die verbotene Herkunftsfrage. Er sieht sich gezwungen zu antworten, und danach muss er seine Ehefrau und die Söhne verlassen. Diesen Schicksalsschlag kann die Fürstin nicht ertragen und stirbt.

Aufgabe 18
Seite 19

Volkssagen und Literaturwerke, die ihren Erzählstoff aus den Sagen schöpfen, haben viele gemeinsame Merkmale. Vor allem Sprachebenen bestimmen den Dichtungsstil. In jeder Heldensage finden sich vor allem Ritterideale, Minnedienst (erhabene Liebe), Märchenschlösser, Abenteuerlust und Edelmut.

Aufgabe 19
Seite 19

Informationen suchend • Hilfe suchend/hilfesuchend • Reue empfindend • Gewinn bringend/gewinnbringend • Ausschau haltend • ausschlaggebend • in den Himmel ragend • Bezug nehmend/bezugnehmend • Licht gebend

---

Aufgabe 20
Seite 19–20

herzzerreißendes Miauen, ohrenbetäubender Lärm, ein maschinengeneriertes Schreiben, eine praxisorientierte Übung, ein figurbetontes Kleid, ein figurumspielendes Kostüm, ein metallverarbeitender Betrieb

---

Aufgabe 21
Seite 20

imstande – im Stande • zustande – zu Stande • zugunsten – zu Gunsten • zunichte – *keine andere Schreibweise* • zunutze – zu Nutze • zurande – zu Rande • zurate – zu Rate

---

Aufgabe 22
Seite 20

hell/grau – hellgrau • rot/weiß – rot-weiß • eis/kalt – eiskalt • staub/trocken – staubtrocken • blau/grau – blau-grau • klitsch/nass – klitschnass • süß/sauer – süß-sauer

---

Aufgabe 23
Seite 20–21

1) Der Wein ist lieblich mild.
2) Bitterlich weinend stürzt die Heldin der Sage zu Boden, ihren Verlust beklagend.
3) Die Volkssagen des Mittelalters sind höchst aufschlussreich.
4) Wir erwarten hochrangige Gäste.
5) Obst ist vitaminreich.
6) Im Mai ist das Laub noch hellgrün.
7) Mir war ungewöhnlich leicht zumute.
8) Die Musik war unbeschreiblich schön.
9) Der Winter war bitterkalt.
10) Die Geschäfte waren proppenvoll.

Aufgabe 24
Seite 21–22

Wenn wir über mittelalterliche Literatur sprechen, können wir nicht am Nibelungenlied vorbeigehen. Dieses Werk umfasst etwa 2300 vierzeilige Strophen und es existieren über dreißig Handschriften, die inhaltlich voneinander abweichen. Das Nibelungenlied wurde in viele Sprachen übersetzt. Es ist nicht nur vom literarischen, sondern auch vom historischen Standpunkt aus interessant.

Man muss davon ausgehen, dass dieses Epos von einem Ritter oder Spielmann aus altüberlieferten Einzelliedern zusammengefügt wurde. Der Handlungsablauf ist in Kürze der folgende. Die Hauptfigur ist Kriemhild, eine Königstochter. Eines Tages wird sie von einem seltsamen Traum heimgesucht, der andeutungsweise den Tod ihres zukünftigen Mannes voraussagt und sich nach einigen Jahren als hellseherisch erweist. Kriemhild heiratet Siegfried, einen kampfgewandten und heldenhaft mutigen Krieger königlicher Herkunft. Der Traum, der so erschreckend düster war, geht bedauerlicherweise in Erfüllung. Kriemhild verliert ihren Mann durch einen heimtückischen Anschlag. Das macht sie rachsüchtig. Sie hält sich nicht an christliche Ideale und schmiedet herzlos berechnend ihre Rachepläne, die sie am Ende ohne mit der Wimper zu zucken umsetzt. Aus der Tragik dieser alten Sage vermögen wir zwei wichtige Schlüsse zu ziehen: Wie unmenschlich zerstörerisch die Rachsucht ist und dass die Eitelkeit, die die tragischen Kernereignisse hat ihren Lauf nehmen lassen, eine äußerst Gefahr bringende Leidenschaft ist.

Training

Seite 23–30

Aufgabe 2
Seite 24–26

1) Um unser Gespräch über das Mittelalter **abzuschließen** (Partikel zu zwischen dem Präfix und der Wurzel in einer Infinitivgruppe mit zu), kommen wir auf die Burgen **zu sprechen** (Partikel + Infintiv).
2) Wir wollen eine der **allerältesten** („aller" wird zur Steigerung an das Adjektiv angeschlossen) noch **gut erhaltenen** (Adverb + Verb) Burgen **kennenlernen** (zusammengesetztes Verb, beide Schreibweisen möglich) – Burg Eltz.
3) Eine **überaus interessante** (Adverb + Adjektiv) Tatsache: Die Burg befindet sich seit 800 Jahren immer noch im Besitz der **gleichnamigen** (zusammengesetztes Adjektiv) Familie.
4) Die Burg wirkt wie ein **wahr gewordenes** (Adverb + Partizip) Märchen, ein Schloss**,** **wundervoll romantisch gelegen** (2 Adverbien + Partizip).
5) Sie ist einladend und majestätisch **zugleich** (Adverb, „zu" ist hier ein Präfix).
6) Hier fühlt man sich ins Mittelalter **zurückversetzt** (Verb mit einem Präfix).
7) Die Burg entstand im 12. Jahrhundert in einer **strategisch günstigen** (Adverb + Adjektiv) Lage – an der Mosel, einer **viel befahrenen** (Adverb + adjektiviertes Partizip) Handelsstraße des Deutschen Reiches.
8) Sie ist im Unterschied zu vielen anderen Burgen **unzerstört geblieben** (Adverb + Partizip).
9) Während der Romantik im 19. Jahrhundert ist das Interesse zum Mittelalter **wiedererwacht** (Verb mit einem Präfix), weshalb man sich den Restaurierungsarbeiten **zuwandte** (Verb mit einem Präfix), die **enorm hohe** (Adverb + Adjektiv) Summen verschlangen.
10) Der heutige Besitzer der Burg hat die Aufgabe **übernommen** (Verb mit einem Präfix), sie auch künftig für die Öffentlichkeit **zugänglich zu halten** (Adverb + Partikel + Verb in einer Infinitivgruppe mit „zu") und den Besitz an weitere Generationen in einem gut erhaltenen Zustand **weiterzugeben** (Verb mit einem Präfix in einer Infinitivgruppe mit „zu").
11) Die Führung durch die Burg ist eine **erlebnisreiche** (zusammengesetztes Adjektiv) Unternehmung: 800 Jahre Kulturgeschichte, **lebendig geworden** (Adverb + Partizip) durch die im Original **zu besichtigenden** (Partikel „zu" + adjektiviertes Partizip) Räume, Möbel, Rüstungen und anderen **Alltagsgegenstände** (zusammengesetztes Nomen) und in den **dazugehörenden** (die Hauptbetonung liegt auf „dazu", Zusammensetzung aus Pronominaladverb + Verb) Geschichten aus dem Leben der früheren Bewohner.

Aufgabe 3
Seite 26–27

1) Der Minnesang – was wird darunter verstanden?
2) Man muss davon ausgehen, dass der Verfall der Ritterideale dazu geführt hat, dass der Verfall des Minnesangs einsetzte.
3) Wodurch lässt dich das immer wiederkehrende Interesse zum Mittelalter erklären?
4) Ist dies möglicherweise eine Flucht vor der langweilig gewordenen Realität?
5) Und heutzutage kann man dieses Interesse für die mittelalterliche Kultur erneut bemerken.
6) Beispielsweise wurden Opern im 19. Jahrhundert über sagenumwobene Schätze und herzzerreißende Liebestragödien komponiert. Sie sind weltberühmt geworden, denn sie waren künstlerisch wundervoll umgesetzt.
7) Heute werden darüber Romane geschrieben und Filme gedreht, die vom Publikum jubelnd aufgenommen werden. Heute sind die Filmemacher technisch imstande/im Stande, die Ereignisse auf der Leinwand tatsächlich lebendig zu machen.
8) Man kann natürlich darüber diskutieren, ob der Film der Fantasie nicht die Chance nimmt, selbst etwas zuwege/zu Wege zu bringen und ob die Sicht der Regisseure den wahren Kern der Werke und Ereignisse zutage/zu Tage fördert.
9) Aber eines bleibt Tatsache: Der Film ist eine moderne Art, sich mit der Geschichte auseinanderzusetzen und sie wahrzunehmen.

Aufgabe 4
Seite 27–28

1) blau färben (Adverb + Verb), stark schminken, rapide zunehmen, laut kritisieren
2) frisch gestrichen (Adverb + Partizip II), neu gewonnen, schnell erledigt, ehrlich gesagt
3) schnell fahrend (Adverb + Partizip I), laut singend, leise weinend, deutlich sprechend
4) abhandenkommen (Zusammensetzung aus einem nicht mehr eigenständigen Wort + Verb), vorliebnehmen, darstellen, umhinkommen
5) angsterfüllt (eine Wortfügung wurde zu einem Wort zusammengezogen – Schmelzregel), hitzebeständig, werbewirksam, pflegebedürftig
6) tanzen gehen (Verb + Verb), spazieren gehen, malen lernen, lesen üben
7) heimsuchen (verblasstes Substantiv + Verb), lustwandeln, bruchlanden, seiltanzen

---

Aufgabe 5 und 6
Seite 28–29

Individuelle Lösung.
Je nach Ergebnissen im Internet. Nutze sie für deine Kartei.

Aufgabe 7
Seite 30

1440 hat sich etwas bis dahin Unvorstellbares zugetragen. Johannes Gutenberg ist es gelungen, Schriften mit zusammengesetzten, aus Blei gegossenen Lettern zu vervielfältigen. Es ist noch ein weiteres Ereignis dazugekommen, das die Bedeutung des ersten vollendete. Aus China ist die höchst wertvolle Kenntnis der Papierherstellung über arabische Länder und über Spanien letztendlich nach Deutschland gelangt. Die beiden Erfindungen in ihrer Kombination waren bahnbrechend für die Entwicklung der Literatur. Literaturwerke werden nicht mehr vereinzelt abgeschrieben, sondern in hoher Auflage verbreitet. Damit kann eine immer größer werdende Zahl von wissensdurstigen Lesern erreicht werden. Ein solcher Informationsfluss ist bis zu dem Zeitpunkt noch nie da gewesen. Literatur ist in den Alltag aller Bevölkerungsgruppen übergegangen und das Lesen wurde nach und nach zu etwas Selbstverständlichem. Die Erfindung des Buchdrucks hat das kulturelle Leben grundlegend verändert. Hier kann man von einer Revolution sprechen, ohne zu übertreiben. Martin Luther kann dadurch seine Bibelübersetzung verbreiten und somit den Grundstein für die Entwicklung einer einheitlichen und allgemein verständlichen deutschen Sprache legen. Das hat wiederum dazu beigetragen, dass das Volk etwas mehr zusammengewachsen ist. Der Buchdruck hat den Weg für die spätere Aufklärung freigemacht, wurde zum Träger neuer Ideen. Heute ist er aus unserem Leben nicht mehr wegzudenken. Durch die Erfindung des Computers wurde der Buchdruck im Grunde neu erfunden. Statt Bleisatz wie vor 50 Jahren hat er elektronische Formen angenommen. Durch diese Erfindungen ist jedem von uns die Chance zuteilgeworden, seine eigenen Ideen auf Papier und in den Computer zu bringen und weiterzugeben.

Check

Seite 31 – 36

Die Antworten auf die Wissensfragen findest du im Teil „Wissen".

Aufgabe 1
Seite 31 – 32

bewusst werden/bewusstwerden	Adverb + Verb „werden " immer getrennt
bewusst sein	Adverb + Verb „sein" immer getrennt
bunt gestreift/buntgestreift	Adverb + Partizip II (in manchen Fällen 2 Mögl.)
hell leuchtend/hellleuchtend	Adverb + Partizip I (in manchen Fällen 2 Mögl.)
hergeben	Verb mit einem Präfix
ideenarm	Schmelzregel
jugendlich frisch	Adverb + Adjektiv oder + Adverb (je nach Kontext)
Tiefseefischerei	Kompositum (3 Teile)
Wohnkultur	Kompositum (2 Teile)
zurückstellen	Verb mit einem Präfix
zusammenwachsen	„zusammen" nicht in der Bedeutung von „gemeinsam", daher Zusammenschreibung
schwimmen gehen	Verb + Verb
Geige spielen	Substantiv + Verb
lustwandeln	verblasstes Substantiv + Verb
erstgeborener (Sohn)	Schmelzregel
handverlesen	Schmelzregel

Aufgabe 2
Seite 32 – 34

1) Wir haben den Betrag Ihrem Konto **gutgeschrieben**. (Betonung auf dem ersten Teil)
2) Wer kann für den kranken Kollegen **einspringen**? (Verb mit einem Präfix)
3) Die neuen Türen gelten als **einbruchssicher**. (Schmelzregel)
4) Die Herbstkollektion kann man als **facettenreich** bezeichnen. (Zusammensetzung aus Substantiv und Adjektiv)
5) Kennt jemand Personen, die beim Skat **falschspielen**? (Betonung auf dem ersten Teil)
6) Der Verantwortliche wurde falsch informiert oder **möglicherweise** fehlgeleitet. (zusammengesetzes Adverb)
7) Diese Chance sollte man nicht **leichtfertig** vergeben. (zusammengesetzes Adverb)
8) Was soll ich jetzt **bloß machen**? (Adverb + Verb, das Adverb verstärkt das Verb)
9) Bitte **einzeln eintreten**! (Adverb + Verb)
10) Die Piraten suchen einen **sagenumwobenen** Schatz. (Schmelzregel)
11) Gestern konnte ich leider nicht anrufen, es ist etwas **dazwischengekommen**. (Betonung auf dem ersten Teil)
12) Die Bücher bitte nicht in die Regale **zurückstellen**, sondern an der Theke dem Personal **übergeben**. (Verben mit Präfixen)
13) Was sind das für **bitterböse** Gedanken? („bitter" verstärkt „böse", Zusammensetzung)
14) Auch **hartgesottene** Fußballfans haben eine solche Niederlage selten erlebt. (übertragene Bedeutung, nicht steigerbar)
15) Wirst du das allein **geregelt bekommen**? (Partizip II + Verb)
16) Eine fantastische, so noch nie **da gewesene** Show mit zahlreichen Sensationen! (Adverb + eine Form des Verbs „sein" (adjektiviertes Partizip II)
17) Die Schauspielerin ist vor Übermüdung **zusammengebrochen**. („zusammen" NICHT in der Bedeutung von gemeinsam)
18) Könntet ihr den ganzen Tag lang nur **Computer spielen**? (Substantiv + Verb)
19) Bei uns können Sie heute an lustigen Spielen **teilnehmen**. (verblasstes Substantiv + Verb) oder **Ruhe suchend/ruhesuchend** (Substantiv + Partizip I) durch die Gärten lustwandeln.
20) Sie werden am Wochenende nicht **einkaufen gehen**? (Verb + Verb)
21) Er wäre in der neunten Klasse fast **sitzengeblieben**. (Zusammensetzung aus Verben, Betonung auf dem ersten Teil)

Lösungen

1 Getrennt- und Zusammenschreibung I

Aufgabe 3
Seite 34

1) ein zauberhaft schönes Kleid
2) eine luftig-leichte Creme
3) ungleich verteilte Last
4) schwarz-rote Streifen
5) das Deutsch-Französische Volksfest

Aufgabe 4
Seite 34–35

1) kleingedruckte
3) aufsehenerregende
5) infrage
8) zu Gunsten
9) alleinstehende
10) da stehen

Aufgabe 5
Seite 35–36

Dem Humanismus lag der Gedanke zugrunde, dass der Mensch sich nicht nur den religiösen, sondern auch weltlichen Dingen zuwenden sollte, was hauptsächlich die Bereiche der Bildung und der Kunst betraf. Das kulturelle Erbe der Antike wurde wiederentdeckt: Das Interesse für Künste und Wissenschaften sollte den mittelalterlichen Menschen aus der stockfinsteren Höhle der Unwissenheit befreien, in der der damalige Mensch buchstäblich unterzugehen drohte. Die Humanisten begannen, antike Literaturwerke zu sammeln und das verloren gegangene Gedankengut zusammenzutragen. Diese Bewegung hatte zunächst einen eher literarisch-philosophischen Charakter, griff aber dann auf Kunst und Wissenschaften über. Ausschlaggebend war die Idee, den Menschen in den Mittelpunkt des gesellschaftlichen Interesses zu stellen. Diese Idee, die sich ab dem 14. Jahrhundert in ganz Europa langsam verbreitet, hat das europäische Denken grundlegend verändert. Der Mensch, der sich zunehmend als Krone der Schöpfung begreift, hat sich im Vergleich zu früher selbstständig gemacht und wissbegierig auf den Weg der Selbsterkenntnis begeben.
Diese Suche hat in der Epoche der Renaissance Niederschlag gefunden. In der Malerei wollte man den Menschen und die Natur real sehen, weshalb die Kenntnis der menschlichen Anatomie in der Malerei für nötig befunden wurde. Bahnbrechend war hier das Schaffen von Leonardo da Vinci, der Künstler und Mathematiker zugleich war. Michelangelo hat die Individualität seiner wundervollen Skulpturen mit mächtig-majestätischen Gesten herausgestellt.

Aufgabe 6
Seite 36

Getrennt-schreibung	Zusammen-schreibung	Binde-strich	zusammen und getrennt möglich
da sein Trost spendend bunt gemischt	hellgrün Funkverbindung dahinterkommen schwerfällig unterliegen angsterfüllt	geistig-kulturell blau-weiß	zu Rate oder zurate ziehen klein schneiden oder kleinschneiden zusammengewürfelt oder zusammen gewürfelt (je nach Bedeutung von „zusammen") vielbefahren oder viel befahren

Lösungen

2 Getrennt- und Zusammenschreibung II

Kurs

Seite 42 – 52

Aufgabe 1
Seite 42

1) Die Vorstellung im Zirkus war zum **Auf-und-davon-Laufen** (substantivierte Wortfügungen werden mit Bindestrich geschrieben).
2) In **Mittel-** (der Bindestrich wird gesetzt, um die Wiederholung des zweiten Wortteiles zu vermeiden) und Südamerika leben Frösche, die sich durch ihre **bunt leuchtende** (Adverb + Verb) Hautfarbe von anderen Arten stark unterscheiden.
3) Verwandte Farben sind zum Beispiel **Marineblau** und **Mittelblau** (beides sind Schattierungen der Farbe und nicht jeweils zwei verschiedene Farben).
4) Das Kleid „Seeprinzessin" ist **blau-weiß** (zwei verschiedene Farben) gestreift und aus **100%er** (der Bindestrich DARF nicht in den Zusammensetzungen aus einer Ziffer und einem Suffix gesetzt werden) Baumwolle.
5) Viele Firmen teilen ihre Kunden in **A-, B- und C-Kunden** (der Bindestrich MUSS in Zusammensetzungen mit Einzelbuchstaben gesetzt werden) ein.
6) Der **Hoffmann-von-Fallersleben-Platz** (der Bindestrich MUSS in Zusammensetzungen aus zwei Eigennamen oder mit einem Eigennamen als Bestandteil gesetzt werden) in Berlin ist nach dem Dichter benannt, der die deutsche **Nationalhymne** (Kompositum) geschrieben hat.
7) Nach diesem Muster können Sie ein **Bett-Tuch** (Kompositum, in dem zur besseren Verständigung ein Bindestrich gesetzt werden kann) häkeln.
8) **Afroamerikanische** (der Bindestrich DARF nicht gesetzt werden, wenn der erste Bestandteil nicht als ein selbstständiges Wort vorkommt) Musik ist sehr populär.
9) **Nordrhein-Westfalen** (der Bindestrich MUSS in Zusammensetzungen aus zwei Eigennamen oder mit einem Eigennamen als Bestandteil gesetzt werden) ist das bevölkerungsreichste Bundesland der Bundesrepublik Deutschland.
10) In der **Mozart-Musikschule** (der Bindestrich MUSS in Zusammensetzungen aus zwei Eigennamen oder mit einem Eigennamen als Bestandteil gesetzt werden) findet ein **Barock-Konzert** (Kompositum, in dem zur besseren Verständigung ein Bindestrich gesetzt werden kann) statt.

Aufgabe 2
Seite 43

Kann-Regelung	Muss-Regelung	Darf-nicht-Regelung
die Langhaardackel-züchter-Adressenliste 80er-Jahre	römisch-katholisch ein Goethe-Zitat Konrad-Adenauer-Platz Leicht- und Schwermetalle das ewige Sich-nicht-einmischen-Wollen ein 12-Jähriger der s-Laut die Kfz-Versicherung Sachsen-Anhalt	Pariser Museen tollkühn

Aufgabe 3
Seite 43 – 44

Individuelle Lösung.

1) zum Auf-und-davon-Laufen, sein ewiges Morgen-Morgen-nur-nicht-heute
2) deutsch-englisch, locker-leger, historisch-literarisch
3) Theodor-Heuß-Gymnasium; Beethoven-Halle
4) 3-fach, 9-fach, 100-prozentig, 8-Tonner
5) w-förmig, das i-Tüpfelchen, der DFB-Pokal
6) Miets- und Eigentumswohnungen, Kauf- und Spenderlaune, Arbeits- und Schlafzimmer

Aufgabe 4
Seite 44

blau-graue Augen • die deutsch-polnische Zusammenarbeit • die jährlich stattfindende Computermesse • der leckere Lachskaviar • dass-Sätze üben • Röntgen-Strahlen erzeugen • der alte PVC-Bodenbelag • in den 50er Jahren • die aromatische Curry-Sahne-Soße • einen Erste-Hilfe-Kurs besuchen • ein chemisch-biologischer Prozess • die Straße Unter den Linden • Bertha-von-Suttner-Platz • die Oder-Neiße-Grenze • ein Vier-Augen-Gespräch • zweifach

---

Aufgabe 5
Seite 45–46

Nach der historisch bedeutenden Erfindung des Buchdrucks, der tiefgreifende und zukunftsweisende Veränderungen mit sich brachte, entwickelte sich vermehrt die Volksliteratur, und zwar auf der Grundlage des Quellstoffs, der davor mündlich-schriftlos weitergegeben wurde. Die Anzahl der Volksbücher stieg ständig, was von einem rasant wachsenden Lesebedürfnis zeugte. Der Charakter der Volksbücher war belehrend-unterhaltsam. Es waren größtenteils Narrengeschichten, die moralisch-unterweisend wirken sollten. Ein berühmtes Beispiel ist das „Lalebuch" (1597, Straßburg). In dieser Schwanksammlung wurden einerseits dummdreiste Streiche, andererseits einfache Torheiten festgehalten, die verschiedenen Orten zugeschrieben wurden. Es ist jedoch klar erkennbar, dass es sich um allgemein verbreitete Dummheiten handelt. Die Geschichten kann man als ländlich-städtisch bezeichnen, denn sie spielen sich zwar in einer eigentümlich-ländlichen Umgebung, aber in Fantasiestädten wie Laleburg und Schilda ab. Die Schildbürger Schwänke stellen eine Bearbeitung der Lalebuch-Schwänke dar. Narrengeschichten sind jedoch keine urdeutsche Erfindung: Ähnliches ist bereits aus der Antike bekannt.

Aufgabe 6
Seite 46–47

„Verblasst" meint, der Schreiber fasst diese Worte nicht mehr in seiner ursprünglichen Bedeutung als eigenes Wort auf.

närrisch-dumm (zwei gleichberechtigte Adjektive), **hochweiser** (Adverb + Adjektiv, Adverb ist nur eine Bedeutungsverstärkung zum Adjektiv), **infolgedessen** (Konjunktion, deren einzelne Bestandteile verblasst sind), **ebenso** (Adverb, dessen einzelne Bestandteile verblasst sind), **solcherart** (Adverb, dessen einzelne Bestandteile verblasst sind), **zukommen** (Betonung auf der ersten Silbe; Präfix, das zum Verb gehört), **Vaters-Lehrmeisters** (Zusammensetzung gleichrangiger Substantive, man kann „und" dazwischensetzen), **sobald** (Konjunktion), **Lehr- und Erziehungsgaben** (Bindestrich steht stellvertretend für den zweiten Teil des zweiten Kompositums), **hinausragten** (Adverb + Verb, mit Betonung auf Adverb), **anderenorts** (Adverb, einzelne Bestandteile verblasst), **infolge** (Konjunktion mit verblassten Bestandteilen), **irgendwann** (Zusammensetzungen mit „irgend-" werden zusammengeschrieben), **so weit** („so" ist Verstärkung von „weit"), **zurückbleiben** (Adverb + Verb, Betonung liegt auf Adverb), **zutiefst** (Adverb, einzelne Bestandteile verblasst), **gleichermaßen** (Adverb, einzelne Bestandteile verblasst), **so schnell** („so" als Verstärkung von „schnell"), **heimzufordern** (erster Bestandteil verblasst „Heim"), **zu Hause** (Präposition + Substantiv), **anstatt** (zusammengesetzte Präposition), **zu machen** (Partikel „zu" + Verb), **daheim** (Adverb, einzelne Bestandteile verblasst), **solchermaßen** (Adverb, einzelne Bestandteile verblasst), **heimkehrten** (erster Bestandteil ist verblasst: früher mal „Heim kehren"), **zunächst** (Adverb), **Freudenfeste** (Kompositum), **zusammengefunden** (Zusammensetzung aus Adverb + Partizip II), **solcherart** (Adverb, einzelne Bestandteile verblasst), **zu begegnen** (Partikel + Infinitiv) **irgendwann** (Adverb, einzelne Bestandteile verblasst), **halbleer** (Zusammensetzung Adverb + Adverb), **folgendermaßen** (Adverb, einzelne Bestandteile sind verblasst), **(sich) dazu durchgerungen** („dazu" Objekt; Kompositum aus Partikel und Partizip II), **zu beschirmen** (Infinitiv mit zu), **zweifelsohne** (Adverb; einzelne Bestandteile verblasst), **vielfach** (Adjektiv + Adverb, wobei „fach" nicht als selbstständiges Wort vorkommt), **zugunsten** (Varianten zugelassen, auch „zu Gunsten"), **daran festhalten** („daran" mit eigener Betonung, daher getrennt; „festhalten" Zusammensetzung Adjektiv + Verb)

Aufgabe 7
Seite 48

Komposita mit ausgeschriebenen Zahlen	Der erste oder der zweite Teil kommt nicht als selbstständiges Wort vor.	Ausgeschriebene Kardinalzahlen
Dreizimmerwohnung Achteck Vierfarbendruck	vertrauensselig linienförmig ehrfürchtig mehrfach einmalig	vierhundertsiebzehn dreiunddreißig

Aufgabe 8
Seite 48

Ordinalzahlen (Ordnungs-zahlwörter)	Adverbien und Konjunktionen, wenn die Bedeutung der einzelnen Bestandteile nicht mehr deutlich erkennbar ist	Präpositionen und Pronomen, wenn die Bedeutung der einzelnen Bestandteile nicht mehr deutlich erkennbar ist
am einund-dreißigsten Dezember der hundert-zwanzigste Läufer das allererste Mal	nichtsdestotrotz sogenannter inmitten bergauf kopfüber sobald tagsüber mancherorts sooft netterweise flussaufwärts inwiefern zumute indem beizeiten	infolgedessen irgendjemand anstatt anhand irgendeiner

Aufgabe 9
Seite 49

Individuelle Lösung.
Nutze die gefundenen Sätze für deine Kartei.

Aufgabe 10
Seite 49

Individuelle Lösung.

1) … zumal sie heute früh zumacht.
2) … sooft es nur geht.
3) … sobald wir starten können …
4) … soweit ich weiß.
5) … solange du nicht da bist.
6) … soviel ich kann.
7) … inwiefern ihr etwas mit diesem Zwischenfall zu tun habt.

Aufgabe 11
Seite 50

1) Wir befinden uns in dem mit einer Notbeleuchtung ausgestatteten Fluchttunnel des U-Bahnhofs Alexanderplatz.
2) Wer hat den Behälter weggeräumt, in dem ich das Düngemittel aufgelöst habe?
3) Du kannst deiner Familie helfen, indem du deinen Eltern einen Teil der Hausarbeit abnimmst.
4) Man kann keinen Konflikt lösen, indem man dem anderen aus dem Weg geht.
5) Das gesetzte Ziel kann man nur erreichen, indem man sein Bestes gibt.
6) Hier sehen Sie den Raum, in dem der König seine Gäste empfing.
7) In dem von Dr. Schlötz verfassten Buch handelt es sich um die Entwicklung unterschiedlicher Methoden zur Vorbeugung gegen Rückenschmerzen.
8) Hast du jemals ein Buch gelesen, in dem es um Wale geht?
9) Indem man direkt auf die Bedürfnisse seiner Kunden eingeht und nicht erst wartet, bis sie sich beschweren, kann man im Geschäftsleben viel erreichen.
10) Obwohl dieser junge Schauspieler kaum Talent mitbringt, kann man doch etwas aus ihm machen, indem man ihm all das beibringt, was dafür nötig ist.
11) In dem Haus, das du auf dem Bild siehst, haben wir jeden Sommer Urlaub gemacht.

Aufgabe 12
Seite 51

1) Das Telefon klingelte, sobald wir zu Hause waren.
2) Die Prüfungsergebnisse wird man nicht so bald bekanntgeben.
3) So lange kann man nicht warten.
4) Solange ich denken kann, gab es hier keine Bushaltestelle.
5) Alle haben diesen Film schon so oft gesehen.
6) Sooft ich diesen Film sehe, entdecke ich immer wieder neue Details.
7) Warum bist du bloß so weit weg!
8) Sein Auto ist noch nicht da, soweit ich das von hier erkennen kann.

Aufgabe 13
Seite 51–52

Die „Historia von Doktor Fausten" (Frankfurt, 1587) gehört ebenfalls zu den Volksbüchern, über die wir im Vorangegangenen mehrfach gesprochen haben. Die Frage nach dem Autor bleibt nicht hinreichend geklärt, möglicherweise stammt das Werk von einem Schneider aus Bamberg. Zunächst ein paar Worte über die Hauptfigur. Faust war eine real-historische Person Er lebte höchstwahrscheinlich um 1500 und war eine bemerkenswert gebildete Persönlichkeit, studierte Medizin und Theologie, praktizierte bekanntermaßen „Magie", durchwanderte das ganze Land und galt als Lebensgenießer. Irgendwann wurde dieser Wissenschaftler zu einer sagenumwobenen Figur, der zusätzlich die Episode zugeschrieben wurde, in der der Mann seine Seele dem Teufel preisgibt. Diese Vorstellung ist darauf zurückzuführen, dass jede Wissenschaft das Volk damals zutiefst erschreckte. Die Sage, die auch dem Buch zugrunde liegt, war für viele Dichter eine außerordentlich starke Quelle der Anregung für eigene Werke. Sehr bekannt ist Johann Wolfgang Goethes unvergessene und ebenso geniale Tragödie „Faust".

Training

Seite 53–58

Aufgabe 1
Seite 53

1) tagsüber zu Hause sein • seinen Worten zufolge • anhand einer Statistik
2) das deutsch-englische Wörterbuch • Fluss- und Seefische • 80er Jahre/80er-Jahre
3) 80er-Jahre-Musik • Bonner Bogen • das hunderttausendste Mitglied
4) eine jahrhundertealte Tradition • die erstbeste Gelegenheit • die allerletzte Mahnung
5) einigermaßen beruhigt sein • stromabwärts schwimmen • ein mehrdeutiges Wort
6) umso besser • genauso gut • irgendetwas unternehmen • hellblau streichen
7) gar nicht gern • zu Schaden kommen • zurzeit im Urlaub sein

---

Lösungen

2 Getrennt- und Zusammenschreibung II

Aufgabe 2
Seite 54

zumindest • zugunsten • ein Entweder-oder
das Make-up • die E-Mail • zweifach • kleinkariert
genaugenommen • zu Hilfe kommen • luftig-leicht
3-fach • gleichberechtigt • Baden-Württemberg
zu Fuß • der i-Punkt • keineswegs • derart
die Humboldt-Universität • o-beinig • infolgedessen
einmalig • schwarz-weiß • kuschelig weich

Aufgabe 3
Seite 54–55

1) **Solange** (Konjunktion, bei der die einzelnen Bestandteile nicht mehr klar erkennbar/voneinander trennbar sind) keine Nachricht eingetroffen ist, kann man **gar nichts** (Partikel, die das Adverb verstärkt) mit Gewissheit sagen.
2) Das ist bereits der dritte Brief **in Folge** (Präposition + Substantiv).
3) **Infolge** (Präposition, bei der die einzelnen Bestandteile nicht mehr klar erkennbar voneinander trennbar sind) einer Verletzung konnte der Sportler den Wettkampf nicht **weiterbestreiten** (die Betonung liegt nur auf dem ersten Teil).
4) Dieser Frischkäse ist **grobkörnig** (der erste Bestandteil hat keine eigene Bedeutung, er verstärkt nur den 2. Teil).
5) **Sobald** (Konjunktion, bei der die einzelnen Bestandteile nicht mehr klar erkennbar voneinander trennbar sind) der Schauspieler seinen Monolog beendete, ertönte tosender Beifall.
6) Das nächste Klassentreffen wird nicht so bald **stattfinden** (der erste Bestandteil ist ein verblasstes Substantiv).
7) Es wird **zweifelsohne** (Adverb, bei dem die einzelnen Bestandteile nicht mehr klar erkennbar voneinander trennbar sind) bald kälter werden, **zumal** (Konjunktion, bei der die einzelnen Bestandteile nicht mehr klar erkennbar voneinander trennbar sind) **immerzu** (Adverb, bei dem die einzelnen Bestandteile nicht mehr klar erkennbar voneinander trennbar sind) starker Wind weht.
8) **Soweit** (Konjunktion, bei der die einzelnen Bestandteile nicht mehr klar erkennbar voneinander trennbar sind) wir genug Anmeldungen haben, können wir unsere Versammlung **zusammenrufen** („zusammen" NICHT in der Bedeutung von „gemeinsam").
9) Mit jedem **neugegründeten** (vom Verb „neugründen", in dem „neu" die Hauptbetonung trägt und nur als Bedeutungsverstärkung zu „gründen" fungiert) Geschäft geht es mal **bergauf** (Adverb, bei dem die einzelnen Bestandteile nicht mehr klar erkennbar voneinander trennbar sind) und mal **bergab** (Adverb, bei dem die einzelnen Bestandteile nicht mehr klar erkennbar voneinander trennbar sind).
10) Gibt es **möglicherweise** (Adverb, bei dem die einzelnen Bestandteile nicht mehr klar erkennbar voneinander trennbar sind) tatsächlich eine Karl-Heinz-Schuld-am-Baum-Straße (mehrteiliger Straßenname)?
11) Auf unserer Website informieren wir **umfassend** (vom Verb „umfassen", bei dem „um" das Präfix ist und somit ein Bestandteil des Wortes) darüber, wie die Kurse Sie beruflich **weiterbringen** (die Betonung liegt nur auf dem ersten Teil) können. **Darüber hinaus** (2 Adverbien, jedes hat eine eigene Betonung) finden Sie noch zusätzliche Bildungsangebote, **sofern** (Konjunktion, bei der die einzelnen Bestandteile nicht mehr klar erkennbar voneinander trennbar sind) Sie noch mehr Aktivitäten besuchen möchten.
12) Die Soldaten haben ihren Mut **zu Wasser** (Präposition + Nomen) und **zu Lande** (Präposition + Nomen) bewiesen.
13) Durch Sport verbessert sich der gesundheitliche Zustand **zusehends** (Adverb, bei dem die einzelnen Bestandteile nicht mehr klar erkennbar voneinander trennbar sind).

Aufgabe 4
Seite 55–56

Zusammengeschriebene Konjunktionen	Getrennt geschriebene adverbiale Verbindungen
1) sobald	2) So bald
3) Soviel	4) so viel
6) Solange	5) So lange
7) sooft	8) So oft
9) indem	10) in dem

Aufgabe 5
Seite 56

1) Hier sieht es aus, als ob eine Bombe eingeschlagen hätte.
2) Die Gäste benehmen sich am Tisch, als wenn sie sich wie zu Hause fühlen.
3) Kannst du einen Vortrag halten, ohne dass du vom Zettel abliest?
4) Viele spielen abends nur Computer, anstatt dass wir ein Buch lesen.
5) Katarina macht täglich Sport, außer wenn sie mal in der Stadt shoppen geht.
6) Das ist eigentlich ein recht stiller und ruhiger Ort, außer dass die Flugzeuge hin und wieder im Tiefflug drüberfliegen.

Aufgabe 6
Seite 57–58

Du weißt bereits einiges über die Kunst des Barocks und das Lebensgefühl zur Zeit des Barocks. Das Vorbild der Antike hatte dem Menschen den Mut zur Lebensfreude wiedergegeben. Dies war eine Wende im Denken, die das Leben und das Wirken der Menschen zutiefst verändern sollte. Die Kunst wird bild- und farbenfroh, prächtige Bauten enthalten innen ebenso eindrucksvolle Wand-und Deckengemälde, natürliche Skulpturen – alles wirkt plötzlich beweglich-lebendig, die Farbgestaltung wird luftig-leicht. Das tiefdüstere Mittelalter hat seinen Einfluss längst verloren. Zweifelsohne hat der Barock auch in der Literatur eine unauslöschliche Spur hinterlassen. Hier gab die Antike ebenfalls die überaus fruchtbare Grundlage, auf der fantasievolle Werke entstehen konnten: die mystisch-dramatische Götterwelt voller Symbole und atemberaubender Intrigen, heldenhafte Abenteuer und sagenumwobene Helden, Geschichten, anhand derer man den ewig andauernden Kampf zwischen Gut und Böse anschaulich und hinreißend darstellen kann. Die Theaterkunst gewinnt zunehmend an Bedeutung und richtet sich logischerweise in Vielem nach antiken Vorbildern, indem sie die Regeln von damals strikt berücksichtigt. Auf diese Weise erfährt die antike Theaterkunst eine Wiedergeburt und etwas später wird sie durch zeitgenössische Inhalte noch einmal „neu erfunden" werden. Lessing (1729–1781) war der allererste Dramatiker in Deutschland, der den tollkühnen Versuch wagte, zeitgenössische Probleme und Figuren auf die Bühne zu holen, was durchaus nicht selbstverständlich war und dementsprechend nicht auf einmal Verständnis fand. In der Poesie herrschten höchst strenge Regeln und der Dichter konnte über die Form und Art seiner literarisch-poetischen Gestaltung nicht frei entscheiden. Die bekanntesten Namen aus der Barock-Lyrik sind: Martin Opitz (1597–1639) und Andreas Gryphius (1616–1664).

Check

Seite 59–63

Die Antworten auf die Wissensfragen findest du im Teil „Wissen".

Aufgabe 1
Seite 59

zumal	–	von Mal zu Mal
Konjunktion		Präposition + Substantiv
deutsch-finnisch	–	finnougrisch
gleichrangige Adjektive		Der erste Bestandteil ist kein selbstständiges Wort.
dunkelblau	–	blau-weiß
Bedeutungsschattierung		gleichrangige Adjektive
10-fach	–	zehnfach
Zahl + Suffix zur besseren Übersicht		Der zweite Teil ist kein selbstständiges Wort.
zurzeit	–	zur Zeit (Goethes)
Adverb, dessen einzelne Bestandteile nicht mehr erkennbar sind		Präposition mit Artikel + Substantiv
derzeit (abwesend sein)	–	(eine Frage) der Zeit
Adverb mit nicht klar erkennbaren einzelnen Bestandteilen		Artikel (Genitiv) vor dem Substantiv
infolge (der Krise)	–	(der zweite Versuch) in Folge
Präposition mit nicht klar erkennbaren einzelnen Bestandteilen		Präposition + Substantiv
genauso	–	so genau
Adverb mit nicht klar erkennbaren bzw. trennbaren einzelnen Bestandteilen, eine Hauptbetonung		zwei Wörter, zwei Betonungen
Mecklenburg-Vorpommern	–	Mecklenburger Seen
zusammengesetzter mehrteiliger geografischer Name		Adjektiv (gebildet von einem geogr. Namen) + Substantiv
Fleisch- und Milchprodukte	–	Fleisch und Milchprodukte
Der zweite Teil der beiden Wörter wird nicht wiederholt, stattdessen steht der Bindestrich: Fleischprodukte und Milchprodukte.		Das Wort „Produkte" gehört NUR zum zweiten Wort.
zu dem (Theaterstück)	–	zudem (gibt es noch mehr Fragen)
Präposition + Artikel		Adverb mit nicht klar erkennbaren bzw. trennbaren einzelnen Bestandteilen, eine Hauptbetonung

Aufgabe 2
Seite 60

Ost-West-Gespräche	scheinheilig	allenfalls
zu Ende	20er-Jahre	irgendjemand
zuoberst	Achtzigerjahre	kopfüber
unterdessen	DVD-Hülle	flussabwärts
genauso	allerhöchste	Fast-Food-Kette
hieb- und stichfest	fünfundneunzigster Geburtstag	dreihundertzwei

Aufgabe 3
Seite 60

infolge der Klimaveränderungen	seinerzeit gewarnt haben
dem Bericht zufolge	eine 95-prozentige Wahlbeteiligung
so schnell wie möglich	Schiller-ähnlich dichten
sobald es geht	ein Himalaya-taugliches Zelt
das allerletzte Mal	Kosmetik- und Nagelstudios
der erstbeste Imbiss	Make-up-Trends verfolgen

Lösungen

2 Getrennt- und Zusammenschreibung II

Aufgabe 4
Seite 60–61

1) Wer kann einen Computer auseinander- und wieder zusammennehmen, ohne dass dabei Teile übrig sind?
2) Die Musik wird eingeschaltet, sobald die ersten Gäste da sind.
3) Der Versuch, den Berggipfel zu erreichen, ist fehlgeschlagen, obgleich Reinhold M. nur knapp scheiterte.
4) Fährt man in den Urlaub, ist einem oft so zumute, als ob man etwas vergessen hätte.
5) Einige Träume fühlen sich so an, als wenn man gar nicht schliefe.
6) Viele können wenig darüber erzählen, wie sie beispielsweise in fünf Jahren im Leben stehen wollen, zumal sie keine klar formulierten Pläne für die Zukunft haben. Trotzdem ist es ausgesprochen wichtig, sein Schicksal selbst in die Hand zu nehmen.
7) Sooft ich auch am Fitness-Studio vorbeigehe, versäume ich, mich dort anzumelden.
8) So gern ich dir auch helfen möchte, aber das übersteigt meine Möglichkeiten.
9) Wohlstand kann nur entstehen und aufrechterhalten werden, indem die Industrie und der Handel gefördert werden.

Aufgabe 5
Seite 62

Die Bedeutung dieser Epoche wird nicht von allen gleich beurteilt. Zweifelsohne haben die Philosophen der Aufklärung vieles vorangebracht und ein Umdenken in der westeuropäischen Gesellschaft bewirkt. Sie wollten die Welt erklären, indem sie diese ausschließlich mit dem Verstand erfassen wollten. Die Aufklärung verfolgte das Ziel, die Vernunft und somit auch die Wissenschaft beziehungsweise das wissenschaftliche Denken zum Kern des gesellschaftlichen und des geistigen Lebens zu machen. Demzufolge forderte man den Menschen auf, die Welt immerzu mit forschendem Blick zu betrachten und die Dinge immer wieder zu hinterfragen. Obwohl nicht alle Ideen gleichermaßen fruchtbar in Bezug auf die weitere historische Entwicklung waren, hat die Aufklärung ein überaus wichtiges und geradezu revolutionäres Erbe hinterlassen. Es ist darüber nachgedacht worden, wie ein Staat handeln sollte, um den Erwartungen seiner Bürger gerecht zu werden. Die Wahrung der Menschenrechte und das Streben nach dem Wohl für jeden Einzelnen wurden als Grundlagen für das staatliche Handeln angesehen.

Aufgabe 6
Seite 63

1) in sich zusammenfallen
2) zudem haben einige neue Regeln
3) von Mal zu Mal
4) Schlangestehen nicht leiden können
5) 10 Kilo zunehmen
6) dem Konto einen Betrag zuschreiben (gutschreiben)
7) zur Zeit Schillers
8) jemanden wegen seiner Fehler bloßstellen
9) der dritte Versuch in Folge
10) soviel man jetzt schon sagen kann
11) so bald kommt er nicht wieder
12) sofern es möglich ist
13) Tiere sowie Pflanzen
14) so wie alle anderen auch
15) die Zeichen der Zeit
16) mein eigenes Zuhause
17) sein ewiges Immer-vorn-sein-Wollen

Aufgabe 7
Seite 63

1) der hundertfünfunddreißigste Kunde
2) im Jahre neunzehnhundertachtundsiebzig
3) zehnfach
4) alle Neuntklässler/Neunt-Klässler
5) zehntausendfünfhundert Demonstranten

Aufgabe 8
Seite 63

hinterlassen • einladen • unterziehen • bevorzugen • vergessen • begutachten • überbewerten • anbraten • aufbereiten • eingestehen • ausmessen • hervorheben

Lösungen

3 Gebrauch und Schreibung von Fremdwörtern

Kurs

Seite 70–78

Aufgabe 1
Seite 70

1) dynamisch
2) effektiv
3) Ressourcen, effizient, Energieeffizienz
4) Landesparlament, Duell, Kandidaten, Wahldebakel, Parteien, Engagement
5) Aggressionen
6) reelles
7) reale
8) Details, Level
9) kulturelles Niveau
10) Image, irrelevant, sozialer, Internet, Networking, Akquise, Homepage, Facebook, Twitter, Websites, Medien, evident
11) faszinierend

Aufgabe 2
Seite 70–71

Auswahl aus einem Fremdwörterlexikon:

1) Exkursion = Ausflug; Tour = Rundgang; Route = Wegstrecke
2) Fassade = Außenansicht; restaurieren = wiederherstellen, erneuern, ausbessern.
3) Happy Hour = Die Stunde mit preisgünstigen Getränken im Restaurant, Pub oder Eck-Kneipe; Chance = günstige Gelegenheit; Delikatesse = köstliche Speise; Cocktail = alkoholisches Mischgetränk; Bowle = Mischgetränk aus Früchten und Sekt
4) Journalist = für verschiedene Medien (Presse, Rundfunk, Fernsehen) schreibende bzw. Sprechtexte und Filme herstellende Person; Rubrik = Titel, Überschrift, Klasse; satirischer Kommentar = schriftliche Meinungsäußerung mit spöttischen Ton; sensibel = empfindsam, feinfühlig; Effekt = Wirkung, Eindruck; Debatte = Erörterung, Wortgefecht, Verhandlung; ethisch = moralisch, die Sitte betreffend; Presse = Zeitungen; Eklat = Krach, Skandal
5) Theater = vor Zuschauern vorgeführte Darstellung, Ort, an dem Bühnenstücke gezeigt werden; Ticket = Eintrittskarte; Parterre = Erdgeschoss
6) Pudding = warme gestürzte süße Speise; Gelatine = gereinigter Knochenleim zum Eindicken von Flüssigkeiten; Vanille = Orchidee mit charakteristischem Aroma, das für Süßspeisen verwendet wird
7) Werbekampagne = Werbemaßnahme; Strategie = Plan, Zielerreichung; Kommunikation = Informationsaustausch; potenziell = nach Möglichkeit; Effekt = Wirkung; Profit = Gewinn; Werbebranche = Werbezweig; Trick = Kunstgriff; Finesse = Feinheit; Manipulation = Beeinflussung; Shopping-Tour = Einkauf
8) Kabarett = Kleinkunstbühne; Satire = Spottschrift; Thema/en = Inhalt/e; zynisch = boshaft; Satiriker = Autor einer Spottschrift; rebellisch = protestierend; populär = volkstümlich; repräsentieren = vertreten; real = wirklich; korrigieren = berichtigen; naiv = kindlich, einfältig; legendär = sagenumwoben

---

Aufgabe 3
Seite 72

Medaille • Taille • Revanche • leger • loyal • symmetrisch • souverän • sympathisch • Homöopathie • Jury • Charakter • synchron • Terrasse • Ventilator • majestätisch • Barriere • Karriere • joggen • offiziell • Stewardess

---

Lösungen

3 Gebrauch und Schreibung von Fremdwörtern

Aufgabe 4
Seite 72

1) Die internationale Kooperation fördert die Völkerverständigung.
2) Unser Ingenieurbüro wurde mit der Koordination des ganzen Projekts beauftragt.
3) Oft beginnt ein Streit mit einer Lappalie und endet in einer ernsthaften Konfrontation.
4) Es mag paradox klingen, aber bei Regen lohnt es sich eher, die Straßen vom Staub zu befreien als bei trockenem Wetter.
5) Den Touristen wurden kleine Souvenirs überreicht, und sie wünschten ihren Gastgebern Prosperität und Erfolg.
6) Vakuum ist ein luftleerer Raum.
7) Redegewandte Menschen haben immer eine Antwort parat.
8) Manche haben die Begabung, Dinge vorherzusehen, und dieses Talent nennt man auch Intuition.
9) Mit welcher Intention hat der Dichter dieses Werk verfasst?
10) Das ist kein echter Schmuck, das ist nur eine Imitation.
11) Ignoranz nennt man noch anders: Unwissenheit.
12) Zu diesen Konditionen unterschreibe ich den Vertrag nicht.

Aufgabe 5
Seite 73

1) das Abonnement
2) das Chaos
3) das Milieu
4) der Chef
5) der Appell
6) die Balance
7) die Memoiren
8) der Kavalier
9) der Snob

Aufgabe 6
Seite 73–74

Individuelle Lösung je nach Fund in einem Fremdwörterbuch und im Internet. Nutze die Ergebnisse für deine Kartei.

Aufgabe 7
Seite 74–75

1) Mobilisieren Sie Ihre ganze Fantasie.
2) Wir machen eine kurze Kontrolle.
3) Die Zuschauer brauchen neue Receiver für dieses Fernsehformat.
4) Eine (große) Masse der Touristen bevorzugt einen Urlaub am Strand.
5) Adelige hatten früher sehr viele Privilegien.
6) Die Theateraufführung war der spannendste Part des Kulturprogramms.
7) Diese beiden Probleme werden parallel gelöst.
8) Bei gutem Wetter macht sich ein Picknick sehr gut.
9) Solchen Worten kann man nicht passiv zuhören.
10) In seiner Entwicklung darf man nicht stagnieren, man kann seine Kapazitäten/Chancen/sein Potenzial stets erweitern.

Aufgabe 8
Seite 75

schwierig	kompliziert	Unterschied	die Differenz
deutlich	konkret	offen	direkt
anpassen	akklimatisieren	innen	intern
gleich	homogen	nett	sympathisch
Krankenhaus	das Lazarett	Fahrgast	der Passagier
Preisnachlass	der Rabatt	befehlen	kommandieren
Riese	der Gigant	Gruppe	Clique, Team

Aufgabe 9
Seite 75–76

Die heutigen Schüler besitzen eine sehr hohe Kompetenz im Bereich Computer, Nutzung von Software und Internet. Fast jeder hat einen Internet-Account und ist in sozialen Netzwerken stark involviert, und diese erleben einen wahren Boom. Man chattet, bloggt, zeigt seine Fotos, tauscht Informationen, führt Diskussionen und vieles mehr – die Interaktionen sind sehr vielfältig. Die Präsenz im Internet gehört heute zum Alltag der Kinder und der Erwachsenen fast gleichermaßen. Aber im Umgang mit dem Phänomen der globalen Vernetzung ist äußerste Vorsicht geboten: Bei allem Interesse für neue Möglichkeiten sollte man wissen, dass die Aktivitäten im Netz sehr wichtig für unser „digitales Gesicht" sind. Es ist naiv zu glauben, dass man Fotos oder Beiträge im Netz löschen kann: Alle Fachleute sagen einstimmig Nein dazu. Aus diesem Grund existieren gewisse Tabus, die man nicht brechen sollte, wenn man später Erfolg im Berufsleben anstrebt. Wenn man zu viel über sich erzählt, zieht das Risiken nach sich. Dennoch bietet das Medium Internet, wenn es richtig, konstruktiv und qualifiziert genutzt wird, unendliche Chancen und Ressourcen. Das Internet hat bereits unser ganzes Leben verändert, es bietet eine Plattform für technische Innovationen, neue Werbestrategien. Auch die Politik hat diese Möglichkeiten erkannt, und das Internet ist ein wichtiges Instrument für den Meinungsaustausch in der Demokratie geworden. Jeder kann seine Meinung äußern, Vorschläge einbringen. Für die Bildung hat das Internet eine ebenfalls kaum zu überschätzende Bedeutung. Die Suche nach Informationen läuft maschinell und dauert nur Sekunden, wir können heutzutage alles recherchieren und gleichzeitig visualisieren.

Aufgabe 10
Seite 76–77

Viele Kinder und Jugendliche sagen, dass sie Politik langweilig finden. Viele wissen nicht, dass Deutschland einen Präsidenten hat, wie der Kanzler/die Kanzlerin heißt, welche Parteien an der Macht und welche in der Opposition sind, wer im Regierungskabinett sitzt. Welche Funktionen hat das Parlament und welche Fraktionen sind dort vertreten? Das alles klingt viel komplexer, als es ist. Man kann sich nach und nach in diese Fragen einarbeiten, und es lohnt sich zu wissen, nach welchen Prinzipien unser Land lebt. Für Kinder gibt es interessante Websites, die in verständlicher und unterhaltsamer Form informieren. Zum Beispiel: http://www.regierenkapieren.de/Webs/KW/DE/Homepage/home.html

Politik kann sehr spannend sein: Diskussionen und Rivalität, Diplomatie und Kompromisse, Strategie und Taktik, Programme und Prognosen.

Aufgabe 11
Seite 78

Operette • Symphonie • Rhythmus • Ballett • Lyrik • Dompteur • Zylinder • Milieu • Souveränität • Tragödie • abstrakt • Design • Defizit • Depot • kommerziell • Metier

---

Aufgabe 12
Seite 78

Individuelle Lösung, je nach Fund in einem Fremdwörterbuch und im Internet.
Nutze die Ergebnisse für deine Kartei.

Lösungen

3 Gebrauch und Schreibung von Fremdwörtern

Training

Seite 78–85

Aufgabe 1 Seite 78–79

der Blazer, sentimental – passen nicht

Lernen und Forschen	Baukunst	Musik
die Pädagogik	restaurieren	das Quartett
die Disziplin	symmetrisch	der Komponist
die Enzyklopädie	das Labyrinth	der Dirigent
die Definition	die Fassade	das Musikerensemble
das Vakuum	die Terrasse	das Quintett
das Know-how	das Gartenparterre	das Orchester
die Psychologie		die Symphonie

Geld	Theater	Internet
die Aktie	die Tragödie	die Homepage
finanziell	das Drama	die Website
kommerziell	die Szene	das Impressum
das Girokonto	die Komödie	der Explorer
die Insolvenz	das Abonnement	das Networking
investieren		
global		

Geräte und Hardware	Essen und Getränke
der Receiver	die Bowle
der Prozessor	der Joghurt
das Notebook	der Cocktail
der Ventilator	das Picknick
der Akku	die Gelatine
der Scanner	die Delikatesse

Aufgabe 2 und 3 Seite 79–81

Individuell, je nach Fund in einem Fremdwörterbuch und im Internet.
Nutze die Ergebnisse für deine Kartei.

Aufgabe 4 Seite 81–82

Wenn in den früheren Jahrzehnten und Jahrhunderten verstärkt auf die **Ästhetik** der Gebäude geachtet wurde und sie im Vordergrund stand, hat sich der Schwerpunkt heute auf **technische Themen** verschoben: Das Haus soll nicht nur **imposant** aussehen und eine wunderschöne **Fassade** haben, sondern es soll auch **effizient** sein. Hierbei handelt es sich in erster Linie um die **Energie**effizienz. Dies ist eine Wissenschaft für sich. Man erstellt **Analysen** und führt **Simulationen** unter Berücksichtigung der natürlichen klimatischen Bedingungen durch. Diese **Analysen** helfen bei der Errechnung von Einsparungs**potenzialen**. Diese Einsparungen sind **finanziell** und ökologisch wichtig. Die Vorbereitung solcher Planungen ist **interdisziplinär**. Hier braucht man Wissen in den Bereichen **Physik**, **Mathematik**, natürlich Architektur und vieles mehr. Damit alle diese **Segmente** in ein Projekt **integriert** werden können, braucht man Lösungen aus einer Hand. Anderenfalls könnte die Planung im **Chaos** untergehen. Alle **Details** müssen **präzise** durchdacht werden.

Lösungen

3 Gebrauch und Schreibung von Fremdwörtern

Aufgabe 5
Seite 82–83

1) Wenn zwei und mehr Kulturen miteinander in Kontakt treten, beginnt die interkulturelle Kommunikation.
2) Ein interessanter Vortrag sollte multimedial gestaltet werden, das heißt, man sollte mehrere Medien verwenden: Plakate, Computer-Präsentationen, Fotos, Videos, Folien. Die Informationen kann man interessanter vorstellen, indem man sie visualisiert.
3) Die Idee des lebenslangen Lernens bedeutet praktisch, dass man nie aufhört sich weiterzubilden: durch Bücher, interessante Seminare und Kurse, aber auch gutes Fernsehen und kulturelle Unternehmungen wie Museums- oder Theaterbesuche.
4) Die Wissenschaft über das Unterrichten und das Erziehen heißt Pädagogik, aber es ist weitaus mehr als eine Wissenschaft, die nur theoretisch arbeitet. Es ist vor allem die Bereitschaft, die Lernenden mit allem zu unterstützen, was sie benötigen, aber auch das Verständnis für die Psychologie der Lerner und des Lernens. Ob ein Lehrer an der Schule oder ein Professor an einer Universität – sie beschäftigen sich mit dem Prozess des Lernens und mit ihren Schülern/Studenten.
5) Nach Versammlungen können aus den Notizen, die während der Veranstaltung gemacht wurden, Protokolle über den Verlauf dieser Aktivität angefertigt werden.
6) Das moderne System der Wissenschaften nimmt seinen Ursprung in der Philosophie – sie gilt als Mutter aller Wissenschaften. Diese Disziplin war der Anfang des wissenschaftlichen Denkens. Während die Philosophie Erklärungen für das Leben auf unserem Planeten sucht, bemüht sich die Astronomie um die Erforschung von anderen Planeten und Sternen.
7) Fast jedes Kunstwerk kann man unterschiedlich verstehen, und diese unterschiedlichen Deutungen nennt man Interpretationen.

Aufgabe 6
Seite 83

Politischer Bund aus zwei oder mehr Parteien (in der Regierung) – Koalition;
der Zeitraum, für den das Parlament gewählt wird – die Legislaturperiode;
damit überzeugt man im Streit – das Argument;
das dürfen/bekommen nicht alle – das Privileg;
damit wirbt man neue Kunden – die Akquise;
dort ist keine Luft – das Vakuum;
Macht des Königs – die Monarchie

Aufgabe 7
Seite 83–84

Zusammenarbeit = die Kooperation
Ausmaß = die Dimension
Bedingungen = die Konditionen
Rache = die Revanche
stillstehen = stagnieren
Zweikampf = das Duell
Hindernis = die Barriere
gewalttätiger Herrscher = der Despot
Nachschlagewerk = die Enzyklopädie, das Lexikon
Aufstand = die Rebellion
Absicht = die Intention
Teil = der Part
Widerspruch in sich = das Paradoxon
gleichzeitig = parallel

Einkäufe = das Shopping
nachdenken = reflektieren
Lufthülle (des Planeten Erde) = die Atmosphäre
Nachahmung = die Imitation
Rente = die Pension
Plastik = die Skulptur
Armee = Militär
unabhängig = souverän
Verbot = Tabu

sich bei anderen für jdn. einsetzen = protegieren
(berufliche) Laufbahn = Karriere
Mangel (an etwas) = Defizit
Abstand/Strecke = Distanz

Aufgabe 8
Seite 84

optimistisch ≠ pessimistisch
ordentlich ≠ chaotisch
Theorie ≠ Praxis
netto ≠ brutto
abstrakt ≠ konkret

Frieden ≠ Konfrontation
legal ≠ illegal
Komödie ≠ Tragödie
dynamisch ≠ phlegmatisch

Aufgabe 9
Seite 85

1) Der Traum schien mir so real!
   Halten Sie diese Bedingungen für reell?
2) Das war eine reibungslose Werbekampagne.
   Unter einer Kompanie versteht man meistens eine militärische Einheit.
3) Materielle Güter bestimmen unseren Wohlstand, aber rein materialistische Gesinnung schadet unserer Seele.
4) In der Oper gibt es nur Gesang, in der Operette wird gesungen und gesprochen.
5) Durch aggressive Kosmetika wird die Haut oft sensibel.
   Sentimentale Menschen lassen ihren Emotionen gern freien Lauf.

Aufgabe 10
Seite 85

1 Musiker: der Solist
2 Musiker: das Duo
3 Musiker: das Trio
4 Musiker: das Quartett
5 Musiker: das Quintett

Check

Seite 86–90

Aufgabe 1
Seite 86

1) Berühmte Personen schreiben im hohen Alter gern Memoiren.
2) In vielen Bistros gibt es ab 18 Uhr die sogenannte Happy Hour.
3) An Bord war ein blinder Passagier.
4) Die zehnköpfige Jury hat einstimmig gewählt.
5) Chamäleons können ihre Farbe der Umgebung anpassen.
6) Die deutsche Tennisspielerin verhielt sich souverän und gewann das Spiel.
7) Conny kocht wundervollen Vanillepudding.
8) Sparsamer Umgang mit Ressourcen ist notwendig.
9) Die Stewardess brachte den Fluggästen Getränke.
10) Die Chausseestraße in Berlin ist sehr lang.

Aufgabe 2
Seite 86–88

ai?	y?	v?	th?	ou?
Tailile	Loyalität	Privileg	Thema	Route
Medaille	Plastik	Ventilator	Kategorie	Rubrik
Lappalie	Lyrik	extrovertiert	Methodik	restaurieren
naiv	Analyse	souverän	theoretisch	Souveränität
Websi/eite	Zylinder	akquirieren	Satire	Vakuum
Detail	Zyklus	Akquise	These	Evolution
Design	Zirkulation	Motiv	Mythos	Account
	Sympathie	raffiniert	Intuition	Akku
	Jury	Vanille	Ästhetik	Ressourcen
	Tyrann	Bowle	Theater	Situation
	Büffet	Level	Inventar	Novelle
	Labyrinth	evident	Homöopathie	Happy Hour
	Bulletin	reflektieren	Parterre	Manipulation
	zynisch	Pullover	Faktor	Kommunikation
	Rhythmus	Pulver	Tabu	Struktur
	Physik	Symphonie	Hypothese	autoritär
	System	Kavalier		Kooperation

Lösungen

3 Gebrauch und Schreibung von Fremdwörtern

ä?	ch?	ck?	qu?	ph?
Äquivalent	Charakter	Cocktail	Aquarium	Finesse
legendär	Chaos	Discounter	Qualität	Fantasie
majestätisch	Debakel	Exkursion	Koalition	phlegmatisch
repräsentieren	Check	Picknick	Quartett	Phrase
Arena	Chef	Scanner		Professor
Kapazität	Chor	Effekt		Philosophie
Enzyklopädie	Chance	konkret		Phänomen
Pädagogik	Kabarett	praktisch		Konferenz
Universität	Chamäleon	Lexikon		Defizit
populär	Karriere	Stick		
Militär	Chaussee	Block/Blog		
Quintett	Chronik	Lokomotive		
Präsident	kolossal	Demokratie		
investieren	Orchester	exakt		
europäisch	synchron	Risiko		
gestikulieren	charmant	Interaktion		
homogen	Revanche	Diskussion		
leger	Monarchie			

Aufgabe 3
Seite 88

Aggression • Parodie • Duell • Blazer • Barriere • Balance • Milieu • Passagier • real • reell • sentimental • offiziell • parallel • materiell • materialistisch • Differenz • Defensive • Definition • Ballett • Filiale • Batterie • Boom • visuell • kulturell • intern • Innovation • Imitation • Image • Abonnement • Lazarett • Smog • Shopping • Snob • Allee • Sabotage • Masse • Massage • Debatte • Delikatesse • joggen • Joghurt • Kompetenz • kommandieren • Assoziation • Astronomie • kommerziell • Kommentar • Monopol • Protokoll • Folie • pessimistisch • rebelllisch.

Aufgabe 4
Seite 88

das Engagement • der Rabatt • das Känguru • das Inventar • das Pulver • das Souvenir • die Tour • die Ignoranz • die Korrespondenz • die Lizenz • das Festival • der Part • das Privileg • der Profit • das Parameter • das Pendant • das Potenzial • das Know-how • die Praxis • das Medium • das Symbol • das Argument • das Schema • das Examen • das Segment • das Experiment • die Software • der/das Filter • das Update • das Impressum • das Milieu • das Element • das Prinzip • der Pudding • der Akkord • das Kollektiv • das Ensemble • der Rhythmus • das Girokonto • das Depot

Aufgabe 5
Seite 89–90

1) illegal
2) das Kilowatt
3) die Komödie
4) die Tragödie
5) die Diplomatie
6) der Optimismus
7) die Investition
8) der Dirigent
9) die Insolvenz
10) der Kompromiss
11) die Galerie
12) die Krise
13) die Hypothese
14) die Lappalie
15) die Happy Hour
16) das Picknick
17) symmetrisch
18) legendär
19) involviert sein
20) ein Delegierter
21) das Argument
22) die Korrektur
23) der Journalist
24) der Discounter
25) das Känguru
26) der Receiver
27) die Illumination
28) der Mythos
29) die Exkursion

Kurs

Seite 98–106

Aufgabe 1
Seite 98

1) Lessing ist ein bekannter deutscher Dramatiker.
2) Er lebte im 18. Jahrhundert und stammte aus der Oberlausitz.
3) Schon sehr früh interessierten ihn die Ideen der Aufklärung.
4) Man beschäftigte sich damals ausführlich mit französischen Theaterstücken.
5) Sehr beliebt waren Geschichten aus der Antike.
6) Gotthold Ephraim Lessing war vielseitig gebildet.
7) Er studierte Medizin und Theologie in Leipzig.
8) Sowohl sein Studium als auch seine spätere Tätigkeit als Journalist gaben ihm viele Anregungen für sein Werk.

Aufgabe 2
Seite 98–99

1) Der Schriftsteller selbst liest aus seinem Roman „Atomzeit" vor. → Aus seinem Roman „Atomzeit" liest der Schriftsteller selbst vor.
2) In der Buchhandlung hören die Zuschauer gespannt zu. → Die Zuschauer hörten im Saal gespannt zu.
3) Etwa eine Stunde lang dauert der Vortrag. → Der Vortrag dauert etwa eine Stunde.
4) Er wird zwischendurch von einem Klavier musikalisch begleitet. → Musikalisch wird er zwischendurch von einem Klavier begleitet.
5) Einen großen Eindruck macht auf die Zuschauer die Kombination aus Dichtung und Musik. → Die Kombination aus Dichtung und Musik macht auf die Zuschauer einen großen Eindruck./… einen großen Eindruck auf die Zuschauer.
6) In dem vorgetragenen Romanausschnitt geht es um Freundschaft und Liebe im Zeichen einer Atomkatastrophe. → Es geht in dem vorgetragenen Romanausschnitt um Freundschaft und Liebe im Zeichen einer Atomkatastrophe.
7) Von diesem Thema fühlten sich an diesem Abend alle wie gefesselt. → Alle fühlten sich an diesem Abend von diesem Thema wie gefesselt.

Aufgabe 3
Seite 99

1) Das Buch wurde ein Jahr später herausgebracht.
2) Die Leser haben bereits lange darauf gewartet.
3) Die Buchhandlungen waren am Tag der Herausgabe überfüllt.
4) Das Werk war im Voraus von den Kritikern gelobt worden.
5) Der Schriftsteller war bei den ersten Buchpräsentationen sehr aufgeregt.

Aufgabe 4
Seite 99

1) Heute liest man leider immer weniger./Man liest heute leider immer weniger.
2) Das ist aber sehr schade.
3) Lesen kann im Leben sehr helfen./Im Leben kann Lesen sehr helfen.
4) Jeder kann sich dadurch neue Wege eröffnen.

Aufgabe 5
Seite 100

1) „Minna von Barnhelm" ist eine Komödie.
2) Dieses Theaterstück hat das damalige Geschehen zum Thema gemacht.
3) Dies ist vorher nie der Fall gewesen.
4) Bisher wurden meistens Geschichten aus der Antike aufgeführt.
5) Das mag am Fehlen zeitgenössischer Stücke gelegen haben.
6) Ehre ist das wichtigste Thema im Stück „Minna von Barnhelm".
7) Major Tellheim ist in den Verdacht einer Bestechung gekommen.
8) Dieser Verdacht war nicht gerechtfertigt.
9) Trotzdem wollte der Major seine Verlobung mit Minna von Barnhelm auflösen.
10) Er konnte ihr nicht die Ehe mit einem verarmten Mann zumuten.
11) Durch eine List wendet Minna dieses Unglück ab und rettet ihre Liebe.
12) Am Ende wird auch Tellheims gesellschaftliche Ehre wiederhergestellt.

Aufgabe 6 Seite 100–101

a) Die Dichterlesung hat am Wochenende stattgefunden.
Sie ist sehr interessant gewesen.
Die Anwesenden haben viele Fragen gestellt.

b) Er wird sicherlich mit großem Interesse aufgenommen werden.
Die Themen des Vortrags werden von anderen Wissenschaftlern weiterentwickelt werden.
Sein Autor wird zu vielen Konferenzen eingeladen werden.

c) Er wird sich am Morgen wohl zu sehr beeilt haben.
Er wird vermutlich verschlafen haben.
Auf dem Weg wird ihm das Fehlen der Schlüssel sicher aufgefallen sein.

d) Dieses Gebäude wird vielleicht lange nicht saniert worden sein.
Der Grundriss wird im Krieg offensichtlich verloren gegangen sein.
Beim Bau werden einige Besonderheiten des Bodens anscheinend nicht berücksichtigt worden sein.

Aufgabe 7 Seite 101–102

Hilfsverb + Partizip II
1. wurde geworfen
2. wurde nicht getrunken

Verb + Prädikativ
1. waren arm
2. war hygienisch

Hilfsverb + Infinitiv
1. wird lesen
2. wird bleiben

Modalverb + Infinitiv
1. konnten heizen
2. konnte vermeiden

Verb
1. wuschen sich
2. kamen zusammen

Aufgabe 8 Seite 102

Lessing verfasst 1767–1769 ein umfangreiches Werk über die Theaterkunst.
Darin erörtert er die wichtigsten Grundlagen und Gesetze.
Die Figuren auf der Bühne müssen Mitgefühl wecken.
Die Handlung des Stücks soll die Menschen alles wie im wirklichen Leben nachempfinden lassen.
Die Einheit von Ort, Zeit und Handlung ist ein für alle Dramen zu beachtendes Bauprinzip.
Die Handlung muss demzufolge immer am gleichen Ort, ohne zeitliche Unterbrechungen und ohne Sprünge von Ort zu Ort verlaufen.

Aufgabe 9 Seite 102

adjektivisches Attribut
1. ein begabter Schauspieler
2. die überzeugende Aufführung

Adverb als Attribut
1. die Erwartungen vorher
2. die Zuschauer dort

Genitiv als Attribut
1. die Kunst des Schauspiels
2. der Zauber der Musik

Wortgruppen als Attribut
1. das Programm aus der letzten Saison
2. Bühnentechnik von großem Wert

Erweitertes Attribut
1. auf der aufwändig dekorierten Bühne
2. schwer zu lernende Rollen

Aufgabe 10
Seite 103

1) Das Gebäude der Staatsoper in Berlin ist eines der schönsten in der Stadt.
2) Den Auftrag zum Bau des „Zauberschlosses" gab Friedrich II. dem ihm nahe stehenden Architekten Georg Wenzeslaus von Knobelsdorff.
3) Mit diesem Opernhaus sollte die Errichtung des von dem König geplanten Gebäudekomplexes „Forum Fridericianum" beginnen.
4) Im Juli 1741 beginnt der Bau des noch heute in Berlin zu bewundernden Operntheaters.
5) Und bereits ein Jahr später wird das mit allen Kräften vorangetriebene Projekt abgeschlossen.
6) Die feierliche Eröffnung der Oper mit der ersten Aufführung war gleichzeitig der Beginn der über 250-jährigen bestehenden Zusammenarbeit von Staatsoper und Staatskapelle.

Aufgabe 11
Seite 104

1) Die Musik (Akk-Erg.) zu dieser wundervollen und weltberühmten Oper (Dat.-Erg.) komponierte Wolfgang Amadeus Mozart.
2) Man führte das Werk (Akk.-Erg.) zum ersten Mal in Wien im Jahre 1791 auf.
3) Den Inhalt (Akk.-Erg.) und die Handlung (Akk.-Erg.) kann man leicht verstehen.
4) Aus diesem Grund erfreut sie sich bei jüngeren Zuschauern großer Beliebtheit (Dat.-Erg.).
5) Mit ihren märchenhaften Zügen (Dat.-Erg.) beeindruckt sie jedoch alle Generationen (Akk.-Erg.).
6) Oft wechselnde Bühnenbilder bereiten dem Publikum (Dat.-Erg.) ein besonderes Vergnügen (Akk.-Erg.).

Aufgabe 12
Seite 104

Individuelle Lösungen, z. B.:

1) sich seines Erfolgs im Sport bewusst sein
seiner Vorfahren gedenken
sich des Obdachlosen erbarmen

2) der Freundin eine Geschichte erzählen
dem Großvater seine Fehler verzeihen
dem Klügeren nachgeben

3) den Horizont sehen
die Mathematik begreifen
den Fehler zugeben

4) sich auf den Busfahrer verlassen
an den Erfolg glauben
sich für Sport interessieren

Aufgabe 13
Seite 105

1) Auf der Bühne können die Schüler ihre Talente zeigen und entwickeln.
2) Außerdem können sie ganz anders miteinander kommunizieren.
3) Während der Proben entwickelt sich ein starker Zusammenhalt.
4) Durch die Beteiligung an einem interessanten Projekt können sich Schüler und Lehrer besser kennenlernen.
5) Die Lehrer führen selbst Regie und kümmern sich um organisatorische Fragen.
6) Die Schüler sind Schauspieler und stehen im Mittelpunkt.
7) Das Schultheater ermöglicht es den Kindern, sich künstlerisch und persönlich zu entfalten.
8) Die Lehrer können ihre Schüler dank des Theaters mit viel Freude an literarische Inhalte heranführen.

Lösungen

4 Satz I: Satzglieder, Wortgruppen, Zeichensetzung

Aufgabe 14
Seite 105–106

Z – Adverbialbestimmung der Zeit
G – Adverbialbestimmung des Grundes
O – Adverbialbestimmung des Ortes
A – Adverbialbestimmung der Art und Weise

1) Die Inhalte spielen **bei der Entwicklung des Konzepts** (Z) eine wichtige Rolle.
2) **Vor der Theatergründung** (Z) wird das Repertoire (der Spielplan) entworfen.
3) **Danach** (Z) rücken technische Fragen **in den Vordergrund** (O).
4) **Aufgrund künstlerischer Herausforderungen** (G) stellen sich Fragen nach der Sicherheit auf der Bühne.
5) **Wegen starker Beleuchtung** (G)entsteht ein erhöhtes Brandrisiko.
6) Dieses Risiko muss man **durch fachgerechten Aufbau der Beleuchtung** (A) minimieren.
7) Das Bühnenbild muss **standsicher** (A) aufgestellt werden.
8) Die sicherheitstechnischen Anlagen müssen **regelmäßig** (Z) und **den Vorgaben entsprechend** (A) gewartet und geprüft werden.
9) Die elektrischen Vorrichtungen sind **mindestens einmal jährlich** (Z) **elektrisch** (A) zu prüfen und zu kennzeichnen.

Aufgabe 15
Seite 106

1) Die Aufgabe der Beleuchtung (Substantiv) ist es, alles ins passende Licht zu rücken.
2) Hier haben die Techniker die Möglichkeit (Substantiv), viel Geschick zu beweisen.
3) Es ist entscheidend (adjektivisches Partizip), die sprechenden Schauspieler am stärksten zu beleuchten.
4) Vor allem gilt es (Verb), die Scheinwerfer an die richtige Position zu setzen.

Training

Seite 107–117

Aufgabe 1
Seite 107

Subjekt
Prädikat

1) Das Schultheater kann bei einigen Begeisterung für den Schauspielberuf wecken.
2) Ein professioneller Schauspieler muss ein Studium abschließen.
3) Dieses Studium wird von Theaterpädagogen geleitet.
4) In den meisten Fällen muss man eine Aufnahmeprüfung bestehen.
5) Diese Prüfung soll die künstlerische Eignung der Kandidaten feststellen.
6) An jeder Einrichtung gibt es festgelegte Anforderungen an die Bewerber.
7) Besonders wichtig sind Fantasie und Ausdrucksstärke.
8) In der Prüfung muss jeder einige Sprechrollen vortragen.
9) Der persönliche Eindruck ist dabei von großer Bedeutung.
10) Die Rolle soll nicht nur vorgetragen, sondern richtig gespielt werden.

Aufgabe 2
Seite 107–108

1) Schauspieler werden an vielen staatlichen (adjektivisches Attribut) Hochschulen ausgebildet.
2) Aus einer großen (adjektivisches Attribut) Flut von Bewerbern werden nur zwei bis drei Dutzend ausgewählt.
3) Die zu lernenden (erweitertes Attribut) Rollen werden von der Prüfungskommission vorgeschlagen.
4) Die Freiheit der Entscheidung (Genitiv als Attribut) liegt jedoch beim Kandidaten.
5) Unter den von ihm ausgewählten (erweitertes Attribut) Rollen muss sich mindestens ein Text aus einem klassischen (adjektivisches Attribut) Drama (die ganze Wortgruppe – Wortgruppe als Attribut) befinden.
6) Es muss eine zu der Person des Kandidaten passende (erweitertes Attribut) Rolle sein.
7) Eine gut durchdachte (erweitertes Attribut) Rollenauswahl ist eine wichtige (adjektivisches Attribut) Grundlage für den Erfolg.

8) Man kann auch einen selbst gestalteten künstlerischen (erweitertes Attribut) Beitrag vorstellen.
9) Das kann ein von dem Kandidaten geschriebenes (erweitertes Attribut) Lied oder Gedicht sein.
10) Beim Vortragen sind sogar die im Raum vorhandenen (erweitertes Attribut) Möbel als Hilfsmittel von Bedeutung (Wortgruppe als Attribut).

Aufgabe 3
Seite 108–109

1) Auf der Bühne (Adverbialbestimmung des Ortes) kann man natürlich immer mit Tischen und Stühlen (Präpositionalergänzung) rechnen.
2) Durch diese Möbelstücke (Präpositionalergänzung) kann sich das Schauspiel auf etwas Greifbares (Präpositionalergänzung) stützen.
3) Der Studienbewerber spielt die ausgewählten Rollen (Akkusativergänzung) vor den Hochschuldozenten (Präpositionalergänzung).
4) Unverzichtbare Gegenstände (Akkusativergänzung) muss man selbst mitbringen.
5) Die Kleidung für die Rolle (Präpositionalergänzung) muss etwas mit ihrem Charakter (Präpositionalergänzung) zu tun haben.
6) Die Kleidung darf die Bewegungen (Akkusativergänzung) aber nicht behindern.
7) Sie muss dem Kandidaten (Dativergänzung) genug Beweglichkeit (Akkusativergänzung) ermöglichen.
8) Einige Rollen setzen den Dialog (Akkusativergänzung) mit einem Partner (Präpositionalergänzung) voraus.
9) Diesen (Akkusativergänzung) darf man in die Prüfung (Präpositionalergänzung) natürlich nicht einbeziehen.
10) Seine Reaktionen (Akkusativergänzung) muss man sich vorstellen.
11) Hier bediene man sich seiner Vorstellungskraft (Genitivergänzung)!

Aufgabe 4
Seite 109–110

1) Die Einladungen werden nach der Durchsicht und Auswertung der Bewerbungsunterlagen (AB der Zeit) verschickt.
2) Am Tag der Prüfung (AB der Zeit) kommen die Studienbewerber lange vorher (AB der Zeit) in die Hochschule (AB des Ortes).
3) Mit den Kandidaten wird in einigen Hochschulen (AB des Ortes) vor der Prüfung (AB der Zeit) ein Aufwärmtraining durchgeführt.
4) Sie können sich danach (AB der Zeit) in einem dafür zur Verfügung gestellten Raum (AB des Ortes) auf die Prüfung vorbereiten.
5) Die Kandidaten werden nach der vorher festgelegten Reihenfolge (AB der Art und Weise) aufgerufen.
6) Aufgrund der großen Anzahl der Kandidaten (AB des Grundes) kann nach einem Prüfungstag (AB der Zeit) keine Entscheidung getroffen werden.
7) Manchmal (AB der Zeit) werden die Prüfungen in mehreren Runden (AB der Art und Weise) durchgeführt.
7) Diese finden an verschiedenen Tagen (AB der Zeit) statt.
8) Wegen breiter Vielfalt (AB des Grundes) der Leistungen und persönlicher Eigenschaften der Kandidaten müssen sich die Prüfer nach der Prüfung (AB der Zeit) lange (AB der Zeit) beraten.
9) Die Ergebnisse werden offiziell (AB der Art und Weise) per Post (AB der Art und Weise) mitgeteilt.
10) Im Herbst (AB der Zeit) beginnt für die angenommenen Kandidaten das Studium.

Aufgabe 5
Seite 110

1) Die Handlung spielte auf der Bühne, im Saal und sogar im Orchestergraben. (AB)
2) An die Decke wurden große und breite Bildschirme montiert. (A)
3) Die Schauspieler sprachen, sangen und tanzten. (P)
4)) Auf diese Premiere haben die Zuschauer, die Schauspieler und natürlich das Fernsehen gewartet. (S)
5) Nach der Premiere lobte man den Regisseur, den Autor und die Schauspieler. (O)
6) Die Themen des Stücks bleiben heute, morgen und übermorgen von großer Bedeutung. (AB)
7) Zum Beispiel die Frage nach dem Ziel und dem Weg im Leben. (E)

Aufgabe 6
Seite 110–111

1) Ist unser Alltag wie ein Theater oder das Theater wie unser Alltag?
2) Kann man unser Leben im Theater besser verstehen als in der Realität?
3) Diese Fragen gibt es ebenso lange wie das Theater selbst.
4) Manche sehen im Theater nichts anderes mehr als etwas Künstliches und Unnatürliches.
5) Im Leben verschiedener Völker hat es jedoch immer so etwas wie Theater in unterschiedlichsten Formen gegeben.
6) Demzufolge kann man nur wenige Erscheinungen unseres Lebens so beständig nennen wie diese Kunstform.
7) Wie würde unsere Kultur wohl ohne Theater sein?
8) Dennoch wandelt sich das Theater genauso wie das Leben um uns herum.
9) Neue Themen, neue Helden, neue Kostüme – alles ist im modernen Theater anders als beispielsweise zu Lessings Zeiten.
10) Aber die Aufgabe ist im Kern dieselbe geblieben wie zuvor: den Menschen selbst auf der Bühne zu zeigen und ihn lernen zu lassen.

Aufgabe 7
Seite 112

1) Es ist allgemein üblich, den Anfang der europäischen Theatergeschichte auf die antike Zeit zurückzuführen.
2) Es wäre noch wichtig zu erwähnen, dass außerhalb Europas genauso bedeutende Theatertraditionen geschaffen wurden – in Afrika und Asien zum Beispiel.
3) Der entscheidende Verdienst des antiken Theaters ist es, entscheidende Impulse für die Zukunft des europäischen Theaters gegeben zu haben.
4) Zunächst wurden Chorgesänge und Tänze aufgeführt, um die Götter zu ehren.
5) Einige Zeit später begann man, im griechischen und römischen Theater auch Schauspieler einzusetzen.
6) Deren Rolle beschränkte sich zunächst darauf, als Solo-Sänger in Erscheinung zu treten.
7) Zu Beginn sah das Konzept vor, nur eine solche Figur einzusetzen.
8) Etwas später kam man auf die Idee, diese Anzahl zu vergrößern.
9) Damals wie heute konnte das Theater nicht leben, ohne die Schauspieler und die Autoren zu feiern.
10) Das Theater erfüllte und erfüllt sehr vielfältige Funktionen, statt den Zuschauer nur zu belustigen und zu unterhalten.
11) Um den Zuschauer geistig weiterzubringen, wurde die Gattung der Tragödie (des Trauerspiels) entwickelt.
12) Hier sollte das Publikum sich seelisch „reinigen“, statt nur zuzusehen.

Lösungen 4 Satz I: Satzglieder, Wortgruppen, Zeichensetzung

Aufgabe 8
Seite 112–113

1) Nach dem Untergang des antiken Theaters im 3. Jahrhundert n. Chr. sind keine Belege für Theaterspiel in Europa zu finden. (5)
2) Im 10. Jahrhundert beginnt die Situation sich zu ändern. (1)
3) Das geistliche, christliche Theater wird geschaffen, um biblische Inhalte durch Theaterdarstellung lebendig zu machen. (4)
4) An erster Stelle gilt es, die alte Tradition der Osterspiele zu nennen. (1)
5) Aber man darf nicht vergessen, auch Passionsspiele und viele andere biblische Spiele zu erwähnen. (1)
6) Es war nicht vorstellbar, ein Theater mit einem festen Aufbau zu haben. (3)
7) Erst in der Zeit der Renaissance wird es das Theater wagen, sich mit weltlichen Themen auseinanderzusetzen. (1)
8) Das Theater gewinnt durch die Entwicklung der Hofkultur die Möglichkeit, sich vollkommen neue Wege zu eröffnen. (2)
9) Es war an der Zeit, die ersten Ansätze für die Kunst des Dramas zu setzen. (2)
10) Das Theater hatte das Ziel, sein Publikum zu unterhalten und zu bilden. (2)

Aufgabe 9
Seite 113–114

1) Das Theater eignete sich hervorragend, die Vorliebe des Barocks für Prunk und Reichtum zu unterstreichen.
2) Aus diesem Grund war es für alle europäischen königlichen Höfe unerlässlich, die Entwicklung des eigenen Theaters mit allen Mitteln zu unterstützen und voranzutreiben.
3) Ähnlich wie in der Architektur setzt man darauf, möglichst teuer und aufwändig zu inszenieren.
4) Das ging mit dem Bestreben der Könige einher, sich mächtig und wirkungsvoll zu zeigen.
5) Man fängt zu der Zeit an, Vergleiche zwischen dem Leben auf der Bühne und dem wirklichen Leben anzustellen.
6) Viele Dichter neigten dazu, keine Trennlinie zwischen diesen beiden Welten zu ziehen.
7) Steigende Nachfrage nach Theaterstücken bot begabten Künstlern die Chance, ihr Talent zu entfalten und berühmt zu werden.
8) Die Popularität des Theaters an königlichen Höfen verhilft dem Theater dazu, in breitere Bevölkerungsschichten vorzudringen.
9) Königliches Theater wäre sicherlich nicht imstande gewesen, einfache Menschen zu begeistern.
10) Der Wunsch des Volkes nach volksnahem Theater offenbarte die Notwendigkeit, Volkstheater ins Leben zu rufen.
11) Im 17. Jahrhundert beginnt das Theater, sich in volksnahes und höfisches Theater zu teilen.
12) Das Volkstheater wird die Wanderbühne als Form wählen, statt nach fester Verankerung zu streben.

Aufgabe 10
Seite 114

1) Unbekannt, populär, als Star verehrt und wieder vergessen – sicherlich machen viele Schauspieler diesen Wandel in ihrer Karriere mit.
2) Manche möglicherweise sogar mehrfach.
3) Das Schauspielerbild hat sich in den Köpfen der Menschen bestimmt ebenfalls immer wieder stark verändert.
4) Es ist zweifelsohne richtig zu sagen, dass dieser Beruf und seine Vertreter sehr vielfältig sind und schon immer waren.
5) Eins steht sicher fest: Die armen Wanderschauspieler aus früheren Zeiten und die heutigen Filmstars vereint ein Gemeinsamkeit – die Liebe zur Schauspielkunst.

Lösungen 4 Satz I: Satzglieder, Wortgruppen, Zeichensetzung

Aufgabe 11
Seite 114–115

1) Das sich im Barock prächtig entwickelnde Theater stand im 18. und 19. Jahrhundert im Zeichen der Aufklärung.
2) War das Theater immer noch im Wesentlichen eine dem königlichen Hof unterstehende und nur zur Unterhaltung bestimmte Kunstform?
3) Es ist eine entschieden zu widerlegende These.
4) Das Theater nimmt bereits bemerkbare Veränderungen der zu der Zeit bestehenden gesellschaftlichen Struktur auf.
5) Das Theater wird zum Sprachrohr der bis zu dem Zeitpunkt fehlenden sozialen Kritik.

Aufgabe 12
Seite 115

1) Die oben erwähnten Stücke von Gotthold Ephraim Lessing enthielten kritische Fragestellungen.
2) Hier wäre auch sein in gewissem Maße wegweisendes Drama „Nathan der Weise" an erster Stelle zu nennen.
3) Es behandelt ein bis heute vielen Konflikten zugrunde liegendes Thema: Die Frage nach der Wahrheit und dem Wert unterschiedlicher Religionen.
4) Lessing gibt auf diese Fragen eine mit ihrer weisen Einfachheit in Erstaunen versetzende Antwort.
5) Die von verschiedenen Völkern ausgeübten Religionen sind vollkommen gleichwertig.

Aufgabe 13
Seite 115–116

der bestimmte Artikel + Partizip-I-Gruppe: das im Barock aufblühende Theater
der unbestimmte Artikel + Partizip-I-Gruppe: eine nicht zur Rolle gehörende Bemerkung
der Nullartikel + Partizip-I-Gruppe: für verschiedene Theater schreibende Autoren, sich immer wieder aufs Neue stellende Fragen
der bestimmte Artikel + Partizip-II-Gruppe: die für die Beleuchtung der Bühne eingesetzten Geräte
der unbestimmte Artikel + Partizip-II-Gruppe: ein schnell aufgeführtes Drama
der Nullartikel + Partizip-II-Gruppe: im Stück angesprochene Fragen

---

Aufgabe 14
Seite 116

1) Sowohl „Minna von Barnhelm" als auch „Nathan der Weise" wurden zu den beliebtesten Theaterstücken von Lessing.
2) Die Popularität seiner Werke im 19., 20. sowie 21. Jahrhundert ist ungebrochen.
3) Dennoch nicht nur Lessing, sondern auch andere deutsche Dramatiker haben Hervorragendes für die Entwicklung des deutschsprachigen Theaters geleistet.
4) Goethe und Schiller repräsentieren die nächste große Generation von Dramatikern.
5) Und weder Goethe noch Schiller scheuen es, Problemthemen in ihren Werken offen anzugehen.
6) Aber diese Dramatiker bringen noch weitaus mehr Tragik und Gegensätze in das Drama hinein.
7) Diese Dramen haben sowohl den Horizont des Theaters als auch der Literatur insgesamt erweitert.
8) Die Zeit zwischen 1767 und 1785 nennt man in der Literaturgeschichte „Sturm und Drang".
9) Die Gesellschaft stand nach der Meinung der Dichter vor der Wahl: entweder eine Lösung der bestehenden Probleme oder ein Zusammenbruch in der Zukunft.

Aufgabe 15
Seite 117

1) Goethe und Schiller – zunächst beide leidenschaftliche Verfechter der Epoche des Sturm und Drang – werden etwas später zu Mitbegründern der deutschen Klassik.
2) Beide Dramatiker waren befreundet und arbeiteten (wie damals üblich), in literarischen Fragen zusammen.
3) Schiller, Dichter und Philosoph, ist einer der größten deutschen Dramatiker.

Aufgabe 16
Seite 117

1) Aus klassischen Werken (AB des Ortes) können (Prädikat) wir (Subjekt) auch heute (AB des Ortes) noch viel (Objekt) lernen (Prädikat).
2) Die Schriftsteller (Subjekt) geben (Prädikat) dort (AB des Ortes) Antworten (Objekt) auf wichtige Fragen (Objekt).
3) Die Probleme aus unserem Leben (Subjekt) gleichen (Prädikat) oft (AB der Zeit) den Problemen von damals (Objekt).
4) Das Lesen dieser Werke (Subjekt) kann (Prädikat) die sprachliche Entwicklung (Objekt) sehr gut (AB der Art und Weise) beeinflussen (Prädikat)!

Check

Seite 118–122

Die Antworten auf die Wissensfragen findest du im Teil „Wissen".

Aufgabe 1
Seite 119–121

1) Die Sturm-und-Drang-Literatur (Subjekt) richtete (Prädikat) ihren Protest (Objekt) gegen drei Erscheinungen (Objekt) des damaligen gesellschaftlichen Lebens (Objekt).
2) Die Schriftsteller (Subjekt) wollten (Prädikat) die uneingeschränkte Macht der Obrigkeiten (Objekt) schwächen (Prädikat – Prädikativ).
3) Hierher (AB des Ortes) gehörte (Prädikat) auch die überaus privilegierte Stellung des Adels (Subjekt).
4) Der Adel (Subjekt)verfügte (Prädikat) über viele nur ihm eingeräumte Rechte (Objekt).
5) Der andere Kritikpunkt (Subjekt) war (Prädikat) die Freudlosigkeit (Prädikat – Prädikativ) des alltäglichen bürgerlichen Lebens (Objekt).
6) Aber auch gegen die erstarrten literarischen Formen (Objekt) wollte (Prädikat) der Sturm und Drang (Subjekt) vorgehen (Prädikat – Prädikativ).
7) Der Held (Subjekt) in den Sturm-und-Drang-Werken (AB des Ortes) ist (Prädikat) das Genie (Prädikat – Prädikativ).
8) Das Genie (Subjekt) ist (Prädikat) eine außergewöhnliche Persönlichkeit (Prädikat – Prädikativ).
9) Es (Subjekt) schafft (Prädikat) für sich (Objekt) seine eigenen Gesetze (Objekt).
10) Im Genie (Präpositionalergänzung) spricht (Prädikat) die schöpferische Kraft (Subjekt) der Natur.
11) Ein wahrer Mensch (Subjekt) sollte (Prädikat) seiner eigenen Seele (Objekt) Herr werden können (Prädikat – Prädikativ) und seinen Grundsätzen (Objekt) immer (AB der Zeit) treu (AB der Art und Weise) bleiben (Prädikat – Prädikativ).
12) Die Literatur(Subjekt) schenkte (Prädikat) zum ersten Mal (AB Zeit) den Gefühlen des Menschen (Objekt) eine Beachtung (Objekt).
13) Diese (Subjekt) sollten (Prädikat) in der Kunst (AB des Ortes) zum Ausdruck kommen (Prädikat – Prädikativ).
14) Das Drama (Subjekt) war (Prädikat) am besten (AB der Art und Weise) für die Umsetzung (Objekt) der oben beschriebenen Ideen (Objekt) geeignet (Prädikat – Prädikativ).
15) Die Grundlage (Objekt) bildete (Prädikat) der unbändige Wille (Subjekt) des Genies, in seinem Kampf (AB des Ortes) für seine Ideale (Objekt) gegen das Alte und Überkommene (Objekt) anzutreten. – Die gesamte Infinitivgruppe ist eine Beschreibung, ein Attribut zum Wort „Wille". Den Kern des Attributs bildet das Verb „anzutreten".

Lösungen

4 Satz I: Satzglieder, Wortgruppen, Zeichensetzung

Aufgabe 2
Seite 121

1) Als Erstes machten sich die Dichter an die Arbeit, **um die alten poetischen Regeln abzulösen**. (I)
2) Ein Beispiel dafür ist die **von Lessing aufgestellte** Einheit von Ort, Raum und Zeit. (EA)
3) Das Drama des Sturm und Drang – **aufgrund seiner Protestrichtung und zahlreicher Verwicklungen** – führt den Wechsel von Ort, Zeit und Raum ein. (E)
4) Des Weiteren wird die klare Trennung zwischen Komödie und Tragödie aufgehoben, **statt an ihr festzuhalten (wie einst Lessing)**. (I, V)
5) Der Roman wird in der Literatur bedeutend **wie nie zuvor**. (V)
6) **Für gesellschaftliche Veränderungen kämpfende** Dichter dieser Strömung kamen größtenteils aus intellektuellen bürgerlichen Kreisen. (EA)

Aufgabe 3
Seite 122

1) Die Klassik ging von dem in der Aufklärung formulierten Grundgedanken über die Erziehbarkeit des Menschen zum Guten aus.
2) Das Gute, Schöne und Wahre – danach soll der Mensch streben.
3) Die Aufgabe der Kunst besteht darin, den Menschen auf diesem Weg zu begleiten.
4) Die Kunst und die Wissenschaften sollen sowohl das Gefühl des Menschen als auch seinen Verstand herausbilden.
5) Das Künstlerische und das Wissenschaftliche sollen nicht im Gegensatz stehen, sondern einer harmonische Einheit bilden.
6) Das beste Vorbild der Verkörperung dieser Ideale ist Goethe selbst.
7) Er war Dichter, Literaturtheoretiker und Naturwissenschaftler – alles vereinte er in sich.
8) In seinen naturwissenschaftlichen Forschungen versuchte Goethe(,) alle Tier- und Pflanzenformen auf „Urformen" zurückzuführen.
9) Die Klassiker empfanden die zeitgenössische Wirklichkeit als unzureichend.
10) Sie sahen den Menschen als nicht harmonisch, sondern als gespalten zwischen Emotionen und Verstand, Pflicht und Interessen, Denken und Handeln.
11) Die Klassiker haben weder zu Revolutionen noch zu Umwälzungen anderer Art aufgerufen.
12) Das Erreichen des Ideals konnte ihrer Meinung nach ausschließlich „vom Inneren" des Menschen erfolgen.
13) Dazu muss jeder Mensch den Wunsch haben, sich mit Wissenschaft und Kunst auseinanderzusetzen.
14) Diese Ansichten haben einen großen positiven Einfluss auf das Schulsystem gehabt.
15) Den Menschen allgemein in allen Richtungen zu bilden, wurde zu einer entscheidenden Maßgabe beim Aufbau des europäischen Bildungssystems.

Lösungen

5 Satz II: Satzreihe, Satzgefüge, Nebensätze, Zeichensetzung

Kurs

Seite 133–143

Aufgabe 1
Seite 133

1) Er versinkt in Gedanken, er schreibt einen Brief.

er versinkt	,	er schreibt

2) Auf den Krümperweg folgt die Hebbelstraße, die beiden gehen langsam durch den Sommernachmittag, in dieser Straße stehen schöne Ulmen.

folgt die Hebbelstraße	,	stehen Ulmen	,	die beiden gehen

3) Sie hatte dunkelblaue Augen mit einer Schattierung ins Grünliche; jetzt strahlten beide über das ganze Gesicht.

Sie hatte Augen	,	strahlten beide

4) Einen Augenblick ist Stille, beide sitzen sich im Café gegenüber, die Hände liegen auf dem Tischchen.

ist Stille	,	beide sitzen	,	die Hände liegen

Aufgabe 2
Seite 135

1) Von einem schmalen Weg zum anderen kletterte er durch eine Wildnis von Farnen, die besonders dufteten oder im Schatten ihn abkühlten, wenn er sich hineinlegte.

kletterte er	HS
die dufteten (oder) abkühlten	NS
er sich hineinlegte	NS

2) Mit seinen Freunden zusammen buk er zwischen heißen Steinen sein Brot und aß es, nachdem er es mit Knoblauch eingerieben hatte.

buk er (und) aß	HS
	, nachdem
er eingerieben hatte	NS

3) Seine Mutter hatte Henri einer Verwandten und einem Erzieher anvertraut, damit er aufwuchs wie das Volk, obwohl er auch hier oben in einem Schloss wohnte.

Seine Mutter hatte anvertraut	HS
	, damit
er aufwuchs	NS
	, obwohl
er wohnte	NS

4) Als sie ihren kleinen Sohn wieder bei sich hatte, unterrichtete sie ihn vor allem in der Geschichte ihres Hauses.

unterrichtete sie	HS
	, als
sie hatte	NS

5) Henri, der lieber wie ein Böckchen umhergesprungen wäre, wurde von den mütterlichen Armen der Königin Jeanne umschlungen.

Henri wurde umschlungen	HS
der herumgesprungen wäre	NS

6) Henri bemerkte sogleich, dass die Knaben mit Gefolge, die ihm auf der Wiese entgegenkamen, sich nicht benahmen wie Jungen, die spielen wollten.

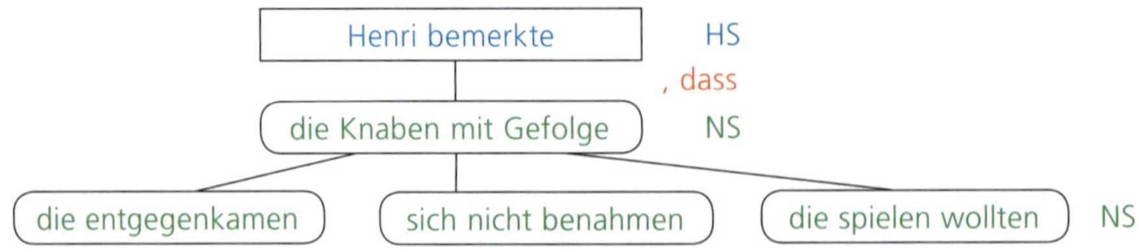

Aufgabe 3
Seite 136

1) Die Klassik pries die Vernunft und die Herrschaft des Bewusstseins, die Romantik dagegen stützte sich auf Gefühle und auf das Mystische, Unbewusste. (SR)
2) Sie wandte sich von der wissenschaftlichen und strengen Betrachtung der Welt ab und widmete sich märchenhaften und geheimnisvollen Motiven. (SR)
3) Die Romantik hat bis heute mehr Anhänger als die Klassik, weil sie offenbar mehr auf die Seele des Menschen eingeht als die Klassik. (SG)
4) Den Erfolg der Romantik kann man auch darauf zurückführen, dass sie dem Menschen die Flucht vor seinem wenig abwechslungsreichen Alltag bietet. (SG)
5) Die Romantik schöpft ihren literarischen Stoff nicht aus dem Erbe der Antike, das für die Klassiker so wichtig ist, sondern aus dem Mittelalter. (SG)

Aufgabe 4
Seite 136–137

1) Das Mittelalter fanden die Romantiker so aufschlussreich für ihre Kunst, denn sie sahen dort vieles, was sie in ihrer zeitgenössischen Realität nicht mehr wiederfanden.
2) Sie stellen sich das mittelalterliche Leben, wie wir bereits in einigen Texten gelesen haben, als etwas Bunteres und Einfacheres vor als das Leben, welches sie lebten.
3) Eine wichtige Besonderheit dieser Epoche bestand für sie darin, dass die christliche Kirche und der Glaube eine Einheit bildeten, die aus ihrer Sicht später verloren ging.
4) Das Ideal war ein einfaches und naturverbundenes Leben, keine Kluft zwischen Arm und Reich, die die Menschen immer weiter trennt.
5) Hier haben die Ideen der Französischen Revolution von der Gleichheit aller Menschen eine große Rolle gespielt, von denen die Romantiker begeistert waren.
6) Das Interesse für das Mittelalterliche war der Grund, warum die Romantiker einen großen Wert darauf legten, sich stark mit der Geschichte und insbesondere mit der Sprachgeschichte zu beschäftigen.
7) Ihnen gebührt deshalb der Verdienst, Volksbücher und -märchen neu entdeckt zu haben, die ohne ihre unermüdliche Forschungsarbeit in Vergessenheit geraten wären.
8) Die bekannten Brüder Grimm leisteten einen großen Beitrag zur Entwicklung der Literatur und der Wissenschaft, indem sie deutsche Sagen und Märchen sammelten, und sie vollbrachten Großes auf dem Gebiet der Sprachforschung, sodass sie zu Mitbegründern der deutschen Sprachwissenschaft wurden.

Aufgabe 5
Seite 137

Subjekt
Verb
Kommas

1) Uns interessiert die Frage, warum sich die Romantiker gern mit dem Mittelalter beschäftigten.
2) Wenn man sich mit alten Märchen und Sagen auseinandersetzt, kommt man unweigerlich zur Sprachgeschichte, denn alte Texte sind nicht in der modernen Sprache geschrieben.
3) Jede Sprache lebt und entwickelt sich, was man mit der Geschichte ihres Volkes vergleichen kann.
4) Die Romantik hat die wissenschaftliche Forschung der Sprachgeschichte vorangetrieben, aber ebenso wichtig wurde die moderne Sprache mit ihren Besonderheiten.
5) Die Brüder Grimm haben zum Beispiel die Einteilung in schwache und starke Verben eingeführt, die sehr wichtig in der deutschen Grammatik geworden ist.
6) „Schwach" sind die Verben, die sich auf das „t" wie auf einen Stock stützen.

Aufgabe 6
Seite 138

1) Die Literaten der Romantik gingen davon aus, dass (K) die Literatur geheimnisvoll sein darf und (K) nicht in allem logisch sein muss, weil (K) die Welt, die (R) diese Literatur beschreibt, auch nicht in allem erklärbar und vorhersehbar ist.
2) Man wollte sich Gefühlen, Ahnungen und Träumen in der Literatur widmen, damit (K) eine andere Art von Literatur entsteht, voller Fantasie.
3) Von diesen Bestrebungen profitierte mit Sicherheit sehr stark die Poesie, aber (K) sicherlich auch Literatur und Kunst insgesamt.
4) Die Schriftsteller Friedrich Schlegel und Novalis, die (R) zu den bekanntesten Vertretern der Romantik gehören, haben den Begriff Romantik zum ersten Mal für Literatur verwendet.
5) Die blaue Blume ist das wichtigste Symbol der Romantik, welches (R) für Sehnsucht nach Liebe und Unendlichkeit steht.
6) Novalis, von dessen (R) Zugehörigkeit zu Romantik-Begründern wir oben sprachen, verwendete dieses Symbol als Erster in seinen Werken.

Aufgabe 7
Seite 138–140

1) Ich ging also in das Haus hinein und holte meine Geige, die ich recht artig spielte, von der Wand.

2) Mein Vater gab mir noch einige Groschen Geld mit auf den Weg(,) und so schlenderte ich durch das lange Dorf hinaus.

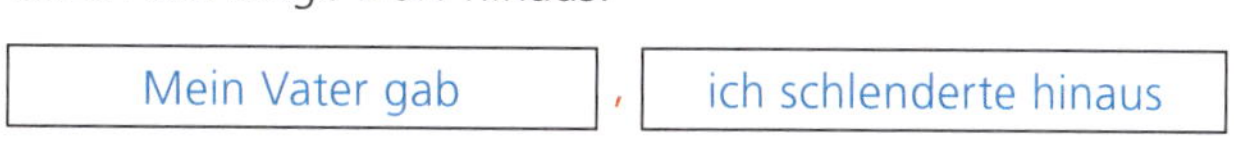

3) Ich hatte recht meine heimliche Freude, als ich da alle meine alten Bekannten und Kameraden rechts und links graben und pflügen sah, während ich so in die freie Welt hinausstrich.

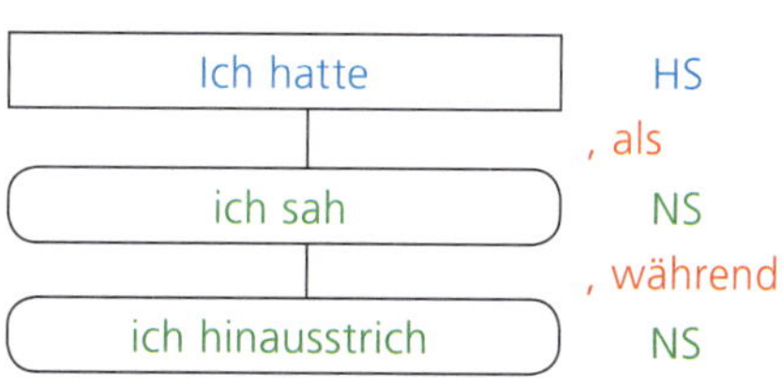

4) Wie ich mich so umsehe, kömmt ein köstlicher Reisewagen ganz nahe an mich heran.

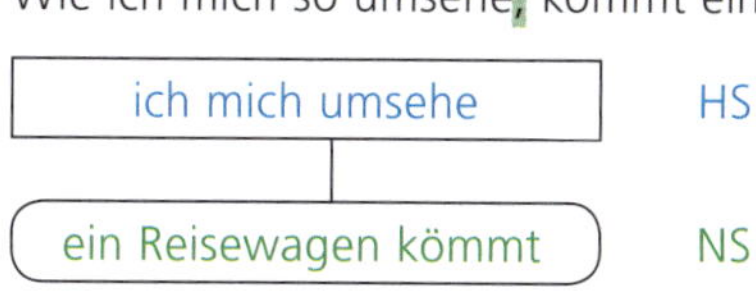

5) Der mochte wohl schon einige Zeit hinter mir drein gefahren sein, ohne dass ich es merkte, weil mein Herz so voller Klang war, denn es ging ganz langsam, und zwei vornehme Damen steckten die Köpfe aus dem Wagen und hörten mir zu.

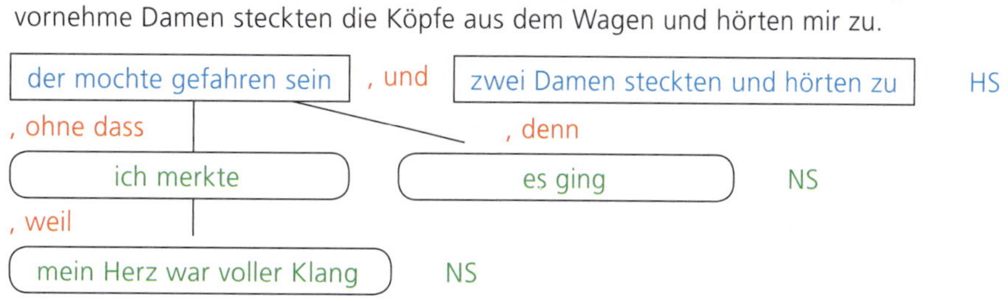

Lösungen

5 Satz II: Satzreihe, Satzgefüge, Nebensätze, Zeichensetzung

Aufgabe 8
Seite 140–141

1) Erzähl uns alles, damit wir dir helfen können!
2) Sobald wir das Zimmer betraten, klingelte das Telefon./Sobald das Telefon klingelte, betraten wir das Zimmer.
3) Während du Mittagspause gemacht hast, haben viele Kunden angerufen.
4) Er hat jetzt keine Zeit, weil er sich auf seine Prüfungen vorbereitet.
5) Der Patient wird aus dem Krankenhaus entlassen, da sein Zustand es erlaubt.
6) Nachdem er Briefe von Kunden beantwortet hatte, telefonierte er.
7) Obwohl es geregnet hat, sind sie doch spazieren gegangen.
8) Bringen Sie mir Ihre Arbeit bitte morgen, damit ich sie bis zum Ende des Monats lesen kann.
9) Er nimmt immer alle Aufträge an, außer wenn er krank ist.
10) Da Sie unser Schreiben bis jetzt nicht beantwortet haben, haben wir rechtliche Schritte eingeleitet.
11) Wenn die Kinder früher oft zu Hause Fußball gespielt haben, hat sich der Großvater immer sehr aufgeregt.

Aufgabe 9
Seite 141–142

1) Das Haus, in dem wir wohnen, ist modern.
2) Wir lesen ein Buch, das/welches interessant ist.
3) Der Schauspieler, dem wir gestern begegnet sind, spielt die Hauptrolle in diesem Film.
4) Das ist ein Maler, über dessen Bilder viel diskutiert wurde.
5) Das sind Produkte, deren Preis nicht immer der Qualität entspricht.
6) Das ist ein Problem, mit dem wir uns dringend auseinandersetzen sollen.
7) Das ist ein Schriftsteller, dessen Werke bereits in viele Sprachen übersetzt worden sind.
8) Das ist eine Sprache, deren Grammatik sehr schwer ist.
9) Das war ein Gebäude, das einen düsteren Eindruck gemacht hat.
10) Das ist ein Märchen, das er uns auftischen will.

Aufgabe 10
Seite 143

1) Wenn jemand Hilfe bekommt (KS – konditional), sollte er diese auch schätzen.
2) Meine Mutter gab mir Romane zum Lesen, damit ich meinen Horizont erweitern konnte (FS – final).
3) Man kann sehr effektiv motivieren, indem man gerecht lobt und kritisiert (MS – modal).
4) Sie können es sich hier bequem machen, wo Sie möchten (LS – lokal).
5) Viele wissen manchmal nicht, wie sie ihre Gedanken zum Ausdruck bringen sollen (OS – Objekt).
6) Es ist schon bekannt, dass es in der Stadt ein neues Theater geben wird (Subjektsatz).
7) Alle wissen, dass es in der Stadt ein neues Theater geben wird (OS).
8) Dieses Jahr ernteten wir mehr Weizen, als wir im Vorjahr ernten konnten (VS – Vergleich).
9) Die Lehrerin sprach laut, sodass jeder sie gut hören konnte (MS).

Aufgabe 11
Seite 143

1) Den Gästen fiel auf, dass die Gastgeberin sehr aufgeregt war, und einige fragten sogar direkt danach.
2) Die Fragen waren zu schwer(,) und wir haben sie nicht beantworten können.
3) Wir alle wussten, dass unsere Maßnahmen ausreichen würden, und trotzdem wollten wir noch zusätzliche Möglichkeiten ergründen.
4) Wir danken dir für den Brief, den du uns geschickt hast, und für deine netten Worte.
5) Auf dem Bild sehen wir zwei Personen, die in einem kleinen Café am Tisch sitzen, und ihr Gespräch ist offenbar sehr spannend.

Fitness-Einheit

Lösungen

5 Satz II: Satzreihe, Satzgefüge, Nebensätze, Zeichensetzung

Training

Seite 144–153

Aufgabe 1
Seite 144

Hauptsätze
Nebensätze

1) Die Schriftsteller fragten sich schon immer, wie sie ihren Lesern Antworten auf die wichtigsten Fragen der Zeit geben könnten.
2) Es bildeten sich literarische Zirkel, in denen nicht nur künstlerische, sondern auch gesellschaftliche Probleme diskutiert wurden.
3) Verschiedene Gruppen traten im 18., 19. und 20. Jahrhundert recht regelmäßig zusammen, brachten Zeitschriften mit den neusten Gedichten und Prosawerken heraus, die sehr gern gelesen wurden.
4) Obwohl kritische Literatur in früheren Jahrhunderten oftmals verfolgt und verboten wurde, wagten die Schriftsteller zu allen Zeiten den Kampf gegen die Missstände ihrer Zeit.
5) Die Frage, ob wir heute solche Literatur brauchen, muss jeder für sich beantworten.
6) Es steht fest, dass man zu allen Zeiten über die Hintergründe der wichtigen Ereignisse, die um uns herum geschehen, nachdenken sollte.

Aufgabe 2
Seite 144–145

1) Die Kartoffeln und anderes Gemüse, das ich in meinem kleinen Gärtchen fand, warf ich hinaus und bebaute es ganz mit den auserlesensten Blumen, worüber mich der Portier vom Schlosse mit der großen kurfürstlichen Nase, der, seitdem ich hier wohnte, oft zu mir kam und mein Freund geworden war, bedenklich von der Seite ansah und mich für einen hielt, den sein plötzliches Glück verrückt gemacht hätte. (5)
2) Da band ich denn alle Tage einen Strauß von den schönsten Blumen, die ich hatte, stieg jeden Abend, wenn es dunkel wurde, über die Mauer und legte ihn auf einen steinernen Tisch hin, der dort inmitten einer Laube stand. (3)
3) Entspringen konnte ich nicht mehr, denn schon kam meine schöne, gnädige Frau selber, in einem grünen Jagdhabit und mit nickenden Federn auf dem Hute, langsam und, wie es schien, in tiefen Gedanken die Allee herabgeritten. (2)
4) Sie hatte mich gleich anfangs so ernsthaft und fast böse angeblickt, dass es mir durch Mark und Bein ging, dann aber hielt sie, solange ich redete, die Augen tief niedergeschlagen. (2)
5) Es war mir beständig zumute wie sonst immer, wenn der Frühling anfangen sollte, so unruhig und fröhlich, ohne dass ich es wusste warum, als stünde mir ein großes Glück oder sonst etwas Außerordentliches bevor. (3)

Aufgabe 3
Seite 145–146

1) Ein weiterer berühmter Schriftsteller, der im Zusammenhang mit der deutschen Romantik genannt werden muss, ist Heinrich von Kleist.

Heinrich Kleist ist ein Schriftsteller
der genannt werden muss

2) Von ihm stammen Novellen, Erzählungen und Dramen, in denen solche Themen wie Schicksal, Pflicht und Gerechtigkeit eine große Rolle spielten.

stammen Novellen, Erzählungen und Dramen
, in denen
Schicksal, Pflicht, … Gerechtigkeit spielten

3) Seine Komödie „Der zerbrochene Krug“, die zu den wenigen deutschen Komödien gehört, spiegelt zwischenmenschliche Konflikte unterschiedlicher Art wider.

Seine Komödie „Der zerbrochene Krug“ spiegelt wider
,
die gehört

4) Ein wichtiges Thema ist die Gerechtigkeit, die in der Handlung ausgerechnet durch den Dorfrichter gefährdet ist.

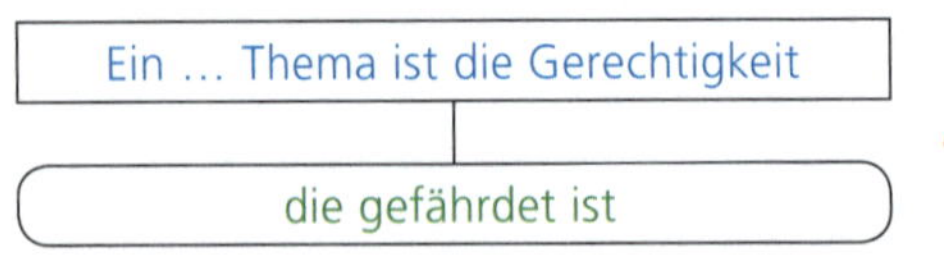

5) Der zerbrochene Krug, der hier offensichtlich als Symbol dient, kann die Zerbrechlichkeit unserer Welt bedeuten oder auch des Schicksals eines Menschen, der damals den Machthabenden auf Gedeih und Verderb ausgeliefert war.

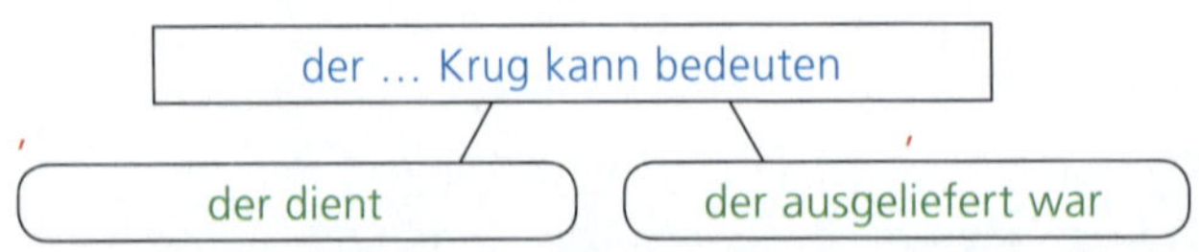

6) Viele Forscher vertreten die Meinung, dass Kleist weder der Romantik noch der Klassik eindeutig zugeordnet werden kann, weil seine Werke Züge von beiden Richtungen tragen.

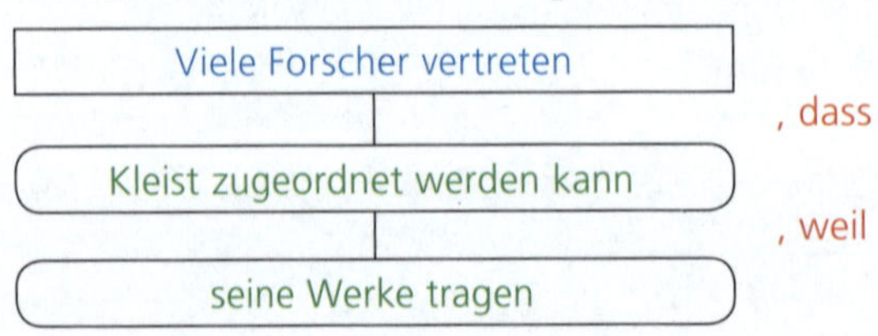

7) Psychologische Tiefe, die seinen Werken zugrunde liegt, lässt uns einige Ähnlichkeiten zu literarischen Werken der modernen Zeit entdecken.

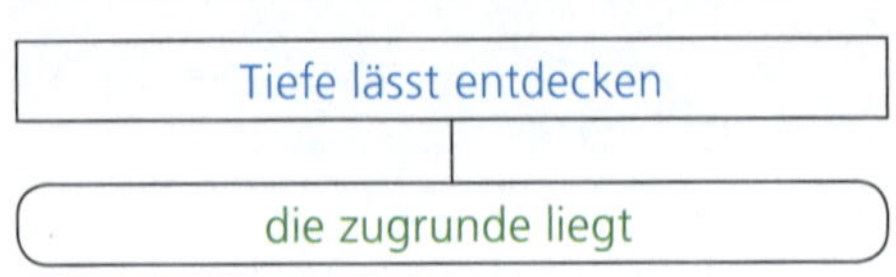

Aufgabe 4
Seite 146–147

1) Die im Jahr 1808 geschriebene Komödie „Der zerbrochene Krug" hatte am Anfang nicht viel Erfolg.
2) Die Ereignisse, die den Verlauf des Stücks bestimmen, sind bereits vor dem Beginn des Stücks geschehen.
3) Aber nicht alle an der Handlung teilnehmenden Personen kennen diese Ereignisse genau.
4) Der Richter, der die Wahrheit herausfinden soll, ist selbst unehrenhaft.
5) Kleist gibt seinen Figuren ihrem Charakter entsprechende Namen.
6) Der Schreiber, der beispielsweise immer wieder Licht in das Dunkel der Machenschaften des Richters bringt, heißt mit Namen auch Licht.

Erweitertes Attribut	Attributsatz
1) im Jahr 1808 geschriebene Komödie	2) die den Verlauf des Stücks bestimmen
3) an der Handlung teilnehmenden	4) der die Wahrheit herausfinden soll
5) ihrem Charakter entsprechende	6) der beispielsweise immer wieder Licht in das Dunkel der Machenschaften des Richters bringt

Aufgabe 5
Seite 147

1) Sie benimmt sich wie ein großer Filmstar.
2) Er benimmt sich so, wie nur große Filmstars es tun.
3) Er spricht wie ein Ritter aus dem Mittealter.
4) Er spricht so, als ob er ein Ritter aus dem Mittelalter wäre.
5) Die kleine Prinzessin sitzt da wie eine Puppe.
6) Die Freunde haben so ehrlich miteinander gesprochen, wie sie es schon lange nicht mehr getan haben.
7) An diesem Abend haben die Gerichte anders geschmeckt, als es sonst der Fall ist.

Einfacher Vergleich	Vergleichssatz
1) wie ein großer Filmstar 3) wie ein Ritter aus dem Mittelalter 5) wie eine Puppe	2) wie nur große Filmstars es tun 4) als ob er ein Ritter aus dem Mittelalter wäre 6) wie sie es schon lange nicht mehr getan haben 7) als es sonst der Fall ist

---

Aufgabe 6
Seite 148

1) Als Herr Morris aus Versehen den Regenschirm seines Nachbarn nehmen wollte, griff der Nachbar blitzschnell selbst nach dem Schirm.
2) In dieser Minute wurde Herrn Morris die Situation klar(,) und er entschuldigte sich.
3) Immer wenn Herr Morris in Gedanken versunken war, vergaß er alles um sich herum.
4) Nachdem alles geklärt war, kamen die beiden ins Gespräch.
5) Nach diesem Gespräch fand der Nachbar Herrn Morris sehr sympathisch.
6) Sie erzählten sich lustige Geschichten und lachten, bis Herr Morris aussteigen musste.

Temporalsatz	Adverbialbestimmung der Zeit
1) Als Herr Morris aus Versehen den Regenschirm seines Nachbarn nehmen wollte 4) Nachdem alles geklärt war 6) bis Herr Morris aussteigen musste	2) In dieser Minute 3) immer 5) Nach diesem Gespräch

---

Aufgabe 7
Seite 148–149

Satzreihe	Konjunktionslose Verbindung im Satzgefüge
1) Die Romantik dauert bis etwa 1835, sie wird in drei Perioden unterteilt: Frühromantik, Hochromantik und Spätromantik. 4) Diese Zeit nennt man Biedermeier, diesen Namen haben die Begründer dieser Richtung erfunden. 5) Diesen Namen haben die Begründer einem von ihnen erdachten Dichter gegeben, er ist mit allem zufrieden und begehrt nicht auf. 7) Sie traten in kleinem Kreis zusammen, der Mittelpunkt dieser Treffen war die Wohnung oder ein Kaffeehaus.	2) Nach dem Jahr 1815 und später sind viele der Menschen der Meinung, die Romantik würde nicht mehr dem Bedarf der Gesellschaft an neuen Themen entsprechen. 3) Nach vielen historischen Enttäuschungen im ersten Drittel des 19. Jahrhunderts hatten die Künstler das Gefühl, sie müssen sich in ihr Schicksal fügen. 6) Die Künstler dachten nicht, sie könnten viel bewegen.

Lösungen

5 Satz II: Satzreihe, Satzgefüge, Nebensätze, Zeichensetzung

Aufgabe 8
Seite 149

Temporalsatz	Vergleichssatz
1) Als das Problem bekannt wurde, konnte man die Diskussionen nicht mehr vermeiden. 3) Alle waren überrascht, als die Wahrheit ans Licht kam.	2) Wir werden morgen viel mehr erfahren, als wir heute wissen. 4) Das Thema hatte ein viel größeres Ausmaß, als ursprünglich vermutet wurde.

Aufgabe 9
Seite 149–150

Temporalsatz	Konditionalsatz
1) Wenn wir eine Exkursion hatten, gingen wir meistens in Museen. 3) Wenn man bereits vor einem Gemälde oder Denkmal steht, ist es gut, bereits im Vorfeld etwas über dieses Kunstwerk zu wissen.	2) Es machte viel Spaß, wenn man sich auf diese Aktivitäten gut vorbereitete. 4) Wenn wir Fragen haben, können wir uns immer an die Lehrer wenden. 5) Wenn sie uns die Frage nicht beantworten können, recherchieren wir im Internet.

Aufgabe 10
Seite 150

1) Das Fernsehen ist heute insofern nützlich, als dass man darüber viele Informationen zu unterschiedlichen Themen bekommen kann. (M – auf welche Weise ist es nützlich?)
2) Wenn man die Wissensshows des Fernsehens nutzt, kann man stark davon profitieren. (K)
3) Die Dokumentationen zu verschiedenen Themen können oftmals mehr Wissen auf einmal vermitteln, als man sich selbst lange und mühsam durch Lesen wissenschaftlicher Artikel erarbeiten könnte. (V)
4) Außerdem kann das Fernsehen das Wissen in eine sehr einprägsame Form kleiden, indem es die Informationen mit Bild und Musik verbindet. (M)
5) Das gesprochene Wort, das man durch Lesen natürlich nicht erleben kann, lässt uns so fühlen, als ob man jeden von uns persönlich ansprechen würde. (M – wie lässt uns das fühlen?)
6) Man würde sich jedoch irren, wenn man annehmen würde (K), dass das Fernsehen das Lesen ersetzen könnte. (K)
7) Falls man sich ausschließlich auf das Informations- und Wissensangebot aus den Medien im Allgemeinen beschränkt, verlässt man sich auf die Meinung und auf das Weltbild anderer. (K)
8) Man sollte sich nicht einschränken, indem man darauf verzichtet, sich selbstständig mit eigener Vorstellungskraft neue Wissensgebiete zu erschließen. (M)

Aufgabe 11
Seite 150–151

1) Wie hat man bloß früher gelernt und gearbeitet, als es noch keine Computer und kein Internet gab?
2) Wenn man Informationen brauchte, um zum Beispiel einen Vortrag zu machen, musste man in die Bibliothek gehen.
3) Wenn man in die Bibliothek kam, musste man zuerst lange in Karteikatalogen suchen, ob es dort die benötigten Bücher gibt.
4) Und als es noch keine Kopiergeräte gab, konnte man aus dem Buch auch nicht die entsprechenden Seiten kopieren.
5) Wenn das Buch gefunden wurde, musste man jedes Mal die Informationen abschreiben.
6) Als die Kopierer, Computer und das Internet allen zugänglich wurden, hat das den Lernprozess überall stark beschleunigt und vieles ermöglicht.

Lösungen

5 Satz II: Satzreihe, Satzgefüge, Nebensätze, Zeichensetzung

Aufgabe 12
Seite 151–152

1) Das Gewitter, das das Haus zerstörte, war so stark, dass sich kaum jemand an etwas Ähnliches erinnern konnte.
2) Dass das Problem, mit dem wir heute zu tun haben, sich seit Langem anbahnte, das haben die meisten gewusst.
3) Ich kann in dieses Haus nicht hineingehen, ohne dass ich an früher denke.
4) Ist der Computer heute ein Lernmittel, ohne das wir nicht mehr auskommen?
5) Wie das Dach, so das Haus.
6) Das Dach war dermaßen undicht, dass es im Winter unerträglich kalt war, wenn man nicht ständig den Ofen heizte.
7) Nichts kann mehr Stoff für neue Romane und Theaterstücke geben als das Leben selbst. Und nichts kann langweiliger sein, als dass man mühsam ausgedachte Geschichten und Witze aufschreibt.
8) Das Arzneimittel, das vor Kurzem in den Handel kam, wurde wieder vom Markt genommen mit der Begründung, dass es nicht ausreichend getestet war.

Aufgabe 13
Seite 152

Infinitivgruppe mit „zu"	Nebensatz
1) Es ist eine große Freude für ältere Menschen, ihren Familien ihre Zeit und Hilfe geben zu können. 3) Manchmal klagen die Jüngeren, die Arbeit nicht so schnell erledigen zu können. 4) Aber vielleicht liegt es auch an ihnen, sich auf die ältere Generation einzustellen.	2) Sie freuen sich immer, wenn die Familien diese Hilfe annehmen.

Aufgabe 14
Seite 152–153

1) Gregor lernt sehr viel und fleißig, um seine Prüfungen zu bestehen.
2) Seine Eltern sehen nur ganz leise fern, damit Gregor nicht gestört wird./um Gregor nicht zu stören.
3) Die Lehrer haben der Klasse einige Bücher empfohlen, damit die Schüler mehr als im Unterricht erfahren können.
4) Gregor hat einige von diesen Büchern schon gelesen, um sich zusätzlich zu den ihn interessierenden Themen zu informieren.

Aufgabe 15
Seite 153

Nebensatz
eingesch. Nebensatz

1) Der Kommandant, der inzwischen in das Haus getreten war, geriet auf die Nachricht von dem Unfall, der die Marquise betroffen hatte, in die äußerste Bestürzung.
2) Die Marquise, die sich schon völlig aus ihrer Ohnmacht wieder erholt hatte, versicherte ihm, dass sie keinen anderen Wunsch hatte, als bald wieder aufstehen zu dürfen.
3) Die Mutter, welche so sonderbare Zufälle für die Gesundheit ihrer Tochter äußerst besorgt machten, verlangte, dass sie einen Arzt zu Rate ziehe.
4) Die Marquise fragte, da er noch einen Handschuh, den er hatte fallen lassen, von der Erde aufnahm.
5) Man könnte ihm ja, fuhr die Mutter fort, indem sie ihre Hand ergriff, etwa eine Erklärung, dass du in keine andere Verbindung eintreten wollest, zukommen lassen.

Aufgabe 16
Seite 153

1) Von der Aussichtsplattform, die sich in einer Lichtung im Wald über einem kleinen See befand, bot sich eine herrliche Aussicht auf die Stadt.
2) Kam der Betrachter kurz vor dem Sonnenuntergang, konnte er sehen, wie die rotgoldenen Strahlen der untergehenden Sonne sich mild über die Dächer der Häuser ergossen.
3) Kam man am Morgen, lag meist noch Nebel über den Wipfeln der Bäume am See, welcher den See wie in einen Schleier hüllte, sodass der Eindruck entstand, der Wald würde sich vor dem hektischen Treiben der Stadt noch ein wenig verstecken wollen.

Lösungen

5 Satz II: Satzreihe, Satzgefüge, Nebensätze, Zeichensetzung

Check

Seite 154–157

Testkarten
Seite 154
(219)

A3) Ist der folgende Satz eine Satzreihe? Ja.

B3) Woran können wir erkennen, dass der folgende Satz ein Satzgefüge ist und keine Satzreihe? An der Fragestellung (was dachte ich?) sehen wir, dass der zweite Satz dem ersten untergeordnet ist.

C3) Unterstreiche den Hauptsatz: Was ich meiner Mutter schenke, die in einer Woche Geburtstag hat, weiß ich noch nicht genau.

E3) Welche der folgenden Konjunktionen können keinen Nebensatz einleiten? aber, und, dann, deswegen

F3) Unterstreiche den Attributsatz: Das Haus, das wir bauen, entspricht ganz unseren Zielen.

G3) Bilde ein Satzgefüge mit einem Finalsatz: Wir essen gesund, damit wir fit bleiben.

H3) Wo ist ein Kausalsatz? a) Da das Wetter schlecht ist …

I3) Wo ist ein Konditionalsatz? a) Fragt man ihn, so sagt er …

J3) Wo ist ein Konsekutivsatz? a) Es war so dunkel, dass man nichts sehen konnte.

K3) Wo ist ein Konzessivsatz? b) Trotzdem wir wenig Chancen haben?

L3) Wo ist ein Lokalsatz? b) Bleib, wo du bist.

M3) Wo ist der Objekt- und wo der Subjektsatz?
a) Es ist wichtig, was ihr denkt. (S)
b) Sagt, was ihr denkt. (O)

N3) Wo ist der Modal- und wo der Vergleichssatz?
a) Es ist, wie es sein soll. (V)
b) Sie spielt, wie sie will. (M)

O3) Wo ist der Temporalsatz? b) Ich rufe an, wenn ich da bin.

Aufgabe 1
Seite 155

1) Es war einmal ein altes Schloss, umfasst von hohen Bergen, das selber auf einem hohen Berg lag, etwas niederer als die ihn umgebenden.
2) Wie ein Ring umschloss das Tal den Berg, und in einem Ring umschlossen die dunklen felseckigen Berge das Tal.
3) Oben im Gezweig guckten junge Vogelköpfchen dem harmlosen Dahinrollen unten zu, und war der Bach artig, so erzählte er ihnen leise Märchen, und sie taten zuweilen einen Piep des Wohlgefallens dazwischen.
4) Es war ein Ausweg aus dem Tal, der ganz überbaut war von Felsen. Dies war das Schloss von einem alten Grafen Rattenzuhausbeiuns, der mit einem Töchterchen dort wohnte.
5) Ein schmaler Steg, wie man ihn sonst über die Bächlein legt, führte von einem vorragenden Fels aus grade über den Talabgrund vor die kleine Holztür des Schlosses, der ein Holunderbaum mit seinen Blüten zur Seite nickte.
6) Der Wurm hatte viele Löcher hineingebohrt und die Spinnen viele Decken darüber gewebt.
7) Oben im Schloss saß die kleine Hochgräfin Gritta, der emsig das Rädchen den feinen Faden aus den Fingern zog, während sie träumerisch zuschaute.
8) Der Graf, der der Vater des Mädchens war, hatte das Maschinenwerkwesen, als er jung war, nicht aus Lust erlernt, aber es war eine alte Sitte in der Familie.
9) Er hatte nämlich einen Ururururgroßvater, der, weil er viermal Ur war, das Uhr- und Maschinenwerk von Grund auf verstand.
10) Der Graf machte jetzt aus der Not eine Tugend und arbeitete fleißig an einer Haferschneidemaschine für einen reichen Bauern, der ihm den Bedarf an Erhaltungshirse darauf vorstreckte.

Aufgabe 2
Seite 156–157

1) Clemens Brentano verfasste zahlreiche Werke, die durch märchenhafte und volkstümliche Motive geprägt waren, da er sich mit dem Geist der Romantik verbunden fühlte.

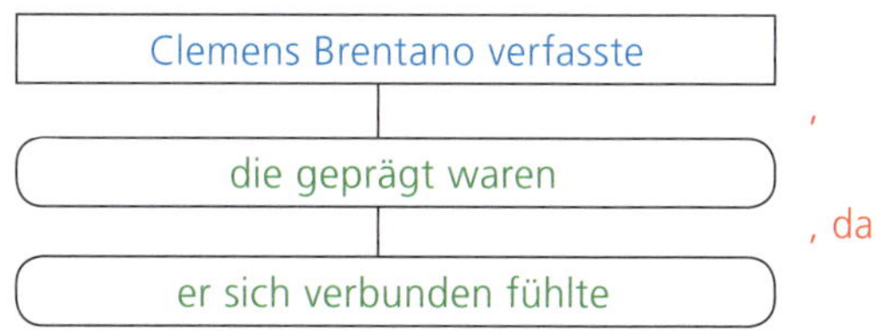

2) Indem er in seinen Gedichten oft die Suche nach der höheren Ordnung des Seins spüren lässt, folgt er den Bestrebungen der Romantiker, welche dem Religiösen große Bedeutung beimaßen.

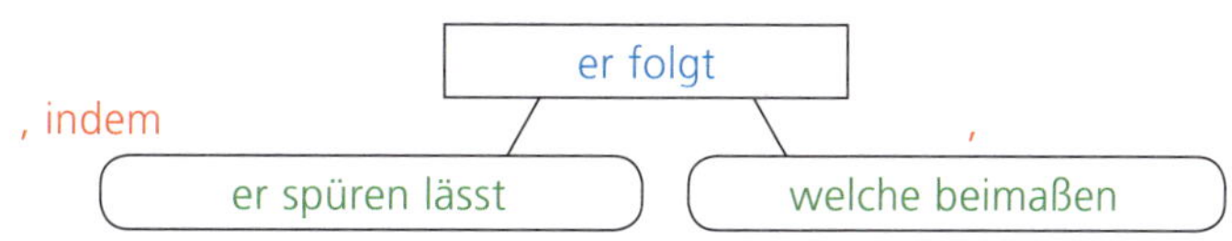

3) Literaturforscher sind der Meinung, dass Brentanos Beherrschung der sprachlichen Mittel so einzigartig ist, wie es weder vor ihm noch nach ihm vorgekommen ist.

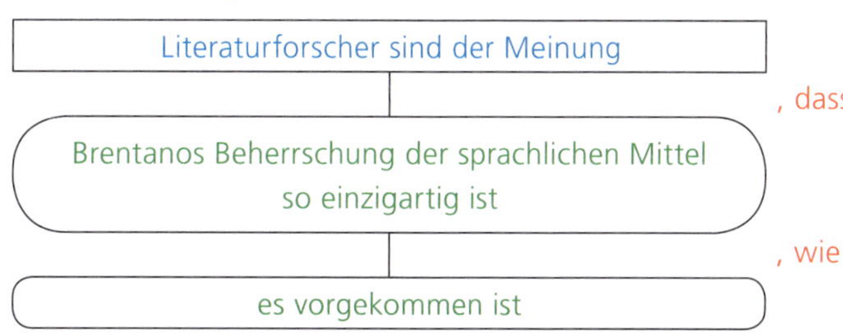

4) Der berühmte Romantiker befasste sich auch mit Satire, was auf den ersten Blick recht sonderbar erscheinen mag, denn man könnte vielleicht meinen, Romantik und Satire würden sich gegenseitig ausschließen.

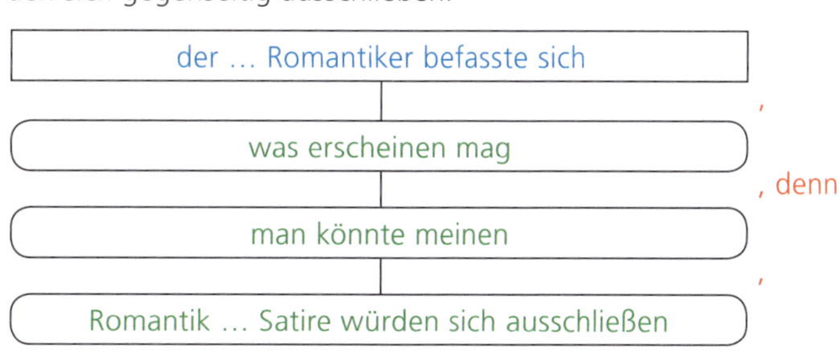

Lösungen

6 Indirekte Rede: Konjunktiv, Modalverben, Infinitivgruppen, Zeichensetzung

Kurs — Seite 160–165

Aufgabe 1
Seite 160

1) Meinen Sie, man sollte dieses Thema noch einmal besprechen?
2) Die Journalisten stellten Fragen, und die Vertreter der Politik gaben Antworten.
3) Einige Zeitungen schreiben, man müsse über die Probleme der Tierhaltung neu nachdenken.
4) Viele Kollegen haben mir geschrieben und zum Geburtstag gratuliert.
5) Im Brief steht, unsere Nachbarn würden sich regelmäßig über uns beschweren.
6) Es ist bekannt, man kann und man soll es nicht jedem recht machen.
7) Der Redner rief, die Stadt könne nicht länger auf die Verbesserungen im Transportwesen warten und man dürfe keine Verzögerungen hinnehmen.
8) Wir sollten uns öfter fragen: „Tun wir denn wirklich das Richtige?"
9) Würden die Menschen nur aus Langeweile lesen, wäre das sehr traurig, denn niemand mehr würde in diesem Fall beim Lesen nachdenken wollen. Es wäre ein Fehler zu glauben, Literatur sei nur zur Unterhaltung da.

Aufgabe 2
Seite 160

1) Der Gast erkundigte sich bei dem Gutsbesitzer, ob der Weizenhandel denn genug einbringe.
2) Der Gastgeber erklärte ihm, wie bescheiden es um die Landwirtschaft zurzeit bestellt sei und dass man von den Gewinnen kaum noch etwas übrig behalten könne.
3) Währenddessen konnte man aus der Einrichtung des Hauses schließen, dass der Gastgeber möglicherweise nicht in allen Punkten aufrichtig war und nicht über seine Erfolge sprechen wollte.
4) Der Gast gab daraufhin der Hoffnung Ausdruck, dass die Landwirtschaft bald wieder auf die Beine kommen würde, denn zu essen brauche man immer.
5) Wie es damals üblich war, stellte der Gast auch Fragen über die Familie des Gutsbesitzers, wie viele Kinder er habe, ob sie im Hause wohnten oder schon verheiratet seien und warum sie heute nicht anwesend seien.
6) Der Gastgeber sagte, wann sich seine Söhne dem Gespräch anschließen würden und dass sie diese kleine Verzögerung sehr bedauerten.
7) So vergingen einige Stunden, bis sie sich dem eigentlichen Thema ihrer Verhandlungen widmen konnten, denn die alten Regeln der Gastfreundschaft geboten, man solle den Gast zunächst bewirten und besser kennenlernen, bevor man zum Geschäftlichen kommt.

Aufgabe 3
Seite 161

1) Das will ich nicht gehört haben! – Das sollst du aber gehört haben!
2) Jakob Weidmann will um die fragliche Zeit nicht am Tatort gewesen sein.
3) Der Arzt sagt, ich soll nicht so viel Kaffee trinken.
4) In seiner Amtszeit will der Bürgermeister vieles verbessern.
5) In seiner Amtszeit will der Bürgermeister vieles verbessert haben.

Aufgabe 4
Seite 161

1) Die Hälfte der Befragten gibt an, sich noch keine Meinung gebildet zu haben. „Wir haben uns noch keine Meinung gebildet."
2) Die Schatzsucher glauben, auf dem richtigen Wege zu sein. „Wir sind auf dem richtigen Weg."
3) Die Alchemisten versuchten vergeblich, den Stein der Weisen zu finden. „Wir finden den Stein der Weisen."
4) Mit ihrem Eid verpflichteten sich die Freunde, sich immer gegenseitig zu helfen. „Wir helfen uns immer gegenseitig."
5) Nach der langen Fahrt hatten die Reisenden den Wunsch, sich zu stärken. „Wir wollen uns jetzt stärken."
6) Die Ärzte riefen die Bevölkerung auf, Ruhe zu bewahren. „Bitte bewahren Sie Ruhe!"

Aufgabe 5
Seite 162

1) Am Ende des 19. und am Anfang des 20. Jahrhunderts waren viele deutsche Schriftsteller der Meinung, es müsse sich dringend etwas im Leben der Gesellschaft und des Landes ändern.
2) Sie waren sicher, dass sie verpflichtet wären, ihren Beitrag dazu zu leisten.
3) Aus diesem Grund sehen wir in den Inhalten von Romanen und Dramen der damaligen Zeit, worauf sich ihre Kritik an den Zuständen in der Gesellschaft genau richtete.
4) Es sei an dieser Stelle erwähnt, dass die Grundlage der Ursachen, die für Unruhe im Land sorgten, in der Arbeitswelt lag.
5) Die neue Kunstrichtung, der Realismus, sendete die Botschaft aus, es müsse über neue Wege nachgedacht werden.

Aufgabe 6
Seite 162

1) Der Roman „Buddenbrooks“ von Thomas Mann fordert den Leser auf, über die Werte des Lebens wie Familie, Gefühle und Pflicht nachzudenken.
2) In diesem Werk gelingt es dem Schriftsteller, die Geschichte einer Familie einflussreicher Kaufleute über mehrere Generationen zu zeichnen.
3) Thomas Mann ermahnt dazu, die Redlichkeit nicht aus dem Geschäftsleben zu verbannen.
4) Durch eine Figur aus dem Roman legt er den damaligen wie heutigen Kaufleuten ans Herz, am Tage nur solche Geschäfte zu machen, bei denen man auch in der Nacht ruhig schlafen kann.

Aufgabe 7
Seite 163

1) Im Rezept steht, man solle für die Tortencreme 3 Löffel Gries nehmen.
2) Ich habe versprochen, ich würde eine Torte für das Schulfest backen, und meine Schwester hilft mir dabei, weil ich mich mit dem Backen noch nicht so gut auskenne.
3) Sie sagt mir, was ich nehmen soll und wie man die Zutaten hinzufügen kann.
4) Wir sind so lange in der Küche beschäftigt, dass unsere Mutter uns fragt, ob wir Hilfe brauchen, und wir müssen zugeben, dass wir ohne Hilfe nicht weiterkämen.

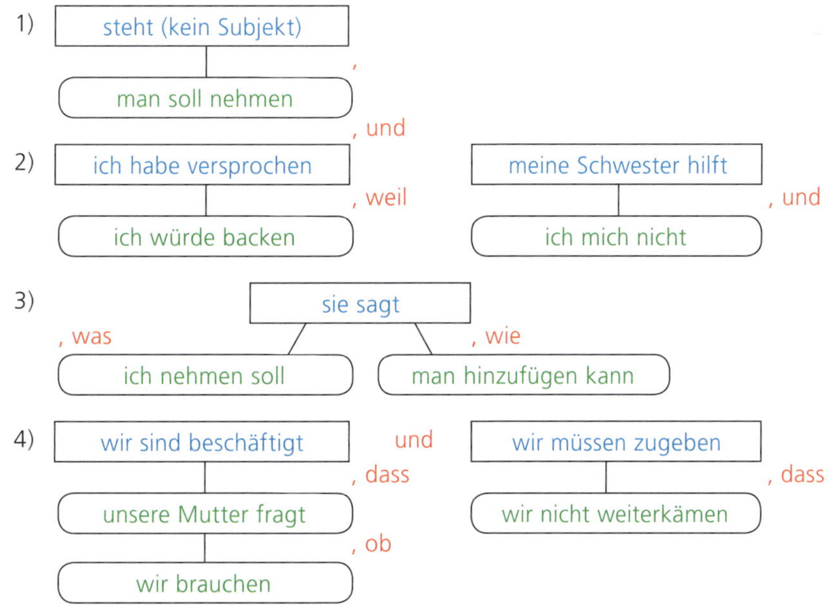

Aufgabe 8
Seite 164

1) Im Bericht der Feuerwehr hieß es, man habe/sie habe alles unter Kontrolle.
2) Der Bürgermeister versicherte, ein neues Theater werde im nächsten Jahr gebaut werden.
3) Der Schüler verteidigte sich, er habe den Text nicht mit Absicht zu Hause liegen lassen.

Aufgabe 9
Seite 164

1) Der Redner erkundigte sich, ob man beginnen könnte/wir ... könnten.
2) Der Reiseleiter fragte die Gruppe, was sie besonders interessiere/interessieren würde.
3) Die Bibliothekarin fragte, welche Bücher ich ausgeliehen hätte/habe.

Aufgabe 10
Seite 165

1) Er will von nichts gewusst haben./Er behauptet, von nichts gewusst zu haben. Er behauptet, er habe von nichts gewusst.
2) Er will alles gelernt haben./Er behauptet, alles gelernt zu haben. Er behauptet, er habe alles gelernt.
3) Er will die Prüfung bestanden haben./Er behauptet, die Prüfung bestanden zu haben. Er behauptet, er habe die Prüfung bestanden.
4) Er will Gitarre spielen können./Er behauptet, Gitarre spielen zu können. Er behauptet, er könne Gitarre spielen.

Training

Seite 166–168

Aufgabe 1
Seite 166

1) Nach dem Einsturz des Daches eines Schwimmbads befragte man die Personen, die für den Bau dieses modernen Gebäudes verantwortlich waren.
2) Diese gaben zunächst an, von keinerlei baulichen Mängeln Kenntnis besessen zu haben.
3) Sie wollen die Tauglichkeit des Baus vor der Abgabe genauestens überprüft haben.
4) Dennoch bleibt in erster Linie eine Frage im Raum stehen, und zwar, ob beim Errichten des Baus schwere Fehler gemacht worden seien.
5) Obwohl beim Dacheinsturz, der sich glücklicherweise in der Nacht ereignete, keine Personen zu Schaden gekommen sind, fragen sich viele, ob und wie dieser Unfall hätte vermieden werden können.
6) Laut ersten Untersuchungen soll das Dach unter der schweren Schneeschicht, die innerhalb von fünf Stunden entstanden war, nachgegeben haben.
7) Die Behörden versprechen, sie würden den Vorfall rückhaltlos aufklären.

Aufgabe 2
Seite 166

1) Der Großvater meint, sein Enkel müsse sich am Tisch immer ruhig verhalten und dürfe beim Essen nichts sagen.
2) Er glaubt, unruhiges Benehmen am Tisch deute nicht nur auf schlechte Manieren hin, sondern schade auch der Verdauung.
3) Der Kleine unterhält sich am Tisch sehr gern mit den Eltern und mit den Großeltern und denkt, Opa solle ihn verstehen und sich nicht mehr aufregen, denn auch das schade der Gesundheit bestimmt nicht weniger.
4) Die Eltern des Kindes sagen dem Großvater, dass man auch daran denken müsse, dass der Sohn es lernen soll, am Tisch Gespräche zu führen, weil es in Gesellschaft wichtig sei.
5) Außerdem argumentieren sie, die Familie sitze am Tag nur einmal zusammen am Tisch – beim Abendessen – und dass man darum diese wenigen Momente dazu nutzen solle, um sich über den Tag auszutauschen.
6) Was denkt ihr: „Wer hat eigentlich Recht?“

Aufgabe 3
Seite 167–168

1) Meine Mutter fragte mich, ob ich mich im Unterricht oft genug melden würde/melde.
Der Mathelehrer fragte, ob ich noch eine andere Lösung präsentieren könnte.
Ich wollte gern wissen, welche Themen die Klasse interessant fände/finden würde/findet.

2) Die Wissenschaftler stellten fest, es würde noch einen anderen Weg geben/es gebe ...
Diese Leserin meint, im Roman gehe es hauptsächlich um die Gerechtigkeit/würde es um ... gehen.
Diese jungen Dichter glauben, jedes Zeitalter erfordere seine Literatur/würde seine ... erfordern.

3) Patrik behauptet, ein neues Gerät erfunden zu haben.
Patrik will ein neues Gerät erfunden haben.
Der Techniker versichert, das Kabel letzte Woche ausgetauscht zu haben.
Der Techniker will das Kabel letzte Woche ausgetauscht haben.
Svenja glaubt, mit dem Hund allein zurechtzukommen.
Svenja will mit dem Hund allein zurechtkommen können.

4) Der Zoo soll für eine Woche geschlossen werden.
Es soll eine neue Grippewelle auf uns zukommen.
Herr Graupner soll eine Million im Lotto gewonnen haben.

Check

Seite 169–170

Die Antworten auf die Wissensfragen findest du im Teil „Wissen".

Aufgabe 1
Seite 169

1) Das Mädchen fragte, ob es die Katze streicheln dürfe. (Präsens Konjunktiv)
2) Der Prüfungskandidat denkt, er habe viele Fehler gemacht. (Perfekt Konjunktiv)
3) Der neue Mieter fragt sich, ob er sich bei den Nachbarn vorstellen solle. (Präsens Konjunktiv)
4) Die Schulleitung verspricht, sie werde ein schönes Fest am Ende des Schuljahres organisieren. (Futur I Konjunktiv)
5) Sascha sagt, er könne den Fernseher reparieren. (Präsens Konjunktiv)

Aufgabe 2
Seite 169

1) Wir hoffen, den Zug doch noch zu bekommen.
2) Der Bewerber glaubt, gute Chancen zu haben.
3) Der Vater fordert die Kinder auf, sich bei ihrer Mutter zu entschuldigen.
5) Die junge Dame behauptet, eine Schauspielausbildung abgeschlossen zu haben.

Aufgabe 3
Seite 170

1) Viktoria und Steffen sollen ein großes Haus gekauft haben.
2) Der Pass soll angeblich gestohlen worden sein.
4) Brigitte will von nichts gewusst haben.
6) Michael soll einen hervorragenden Vortrag gehalten haben.

Aufgabe 4
Seite 170

1) Maria schreibt ihren Freunden, sie macht im Urlaub eine Weltreise.
2) Man erzählt sich, sie habe für diese Reise ihren Bausparvertrag gekündigt und ihre ganzen Ersparnisse aufgebraucht.
3) Die meisten ihrer Freunde fragen sich, warum sie das macht und was sie dazu bewogen haben muss.
4) Sie sind der Meinung, dass sie diese Reise auf keinen Fall von ihren Ersparnissen hätte bezahlen dürfen, weil eine Weltreise es nicht wert sei, seine Vorräte aufzubrauchen, die für die Zukunft angelegt wurden.
5) Maria selbst hat vor der Reise niemandem gesagt, was sie vorhat, weil sie wusste, dass man versuchen würde, sie von der Idee abzubringen.
6) Erst aus dem Urlaub hat sie die ersten E-Mails verschickt und erklärt, sie habe eine Million im Lotto gewonnen, und dass ihre Zukunft somit gesichert sei.
7) Des Weiteren hat sie versichert, sie hätte dank des großen Gewinns keinerlei Ersparnisse aufbrauchen müssen.
8) Sie hat geschrieben, sie würde etwa 3 Monate wegbleiben und nach ihrer Rückkehr eine eigene Firma gründen.
9) Die Freunde wussten zuerst nicht, ob sie dieser Information glauben sollten.
10) Und würdet ihr es glauben, wenn jemand euch schreiben würde, er habe eine Million gewonnen, oder würdet ihr zuerst daran zweifeln?
11) Aber man kann es jedem wünschen, einmal eine Weltreise machen zu können.

Testkarten zur Einheit 5

1. Was ist eine Satzreihe?
2. Darf in einer Satzreihe ein Komma vor „und/oder" stehen?
3. Ist der folgende Satz eine Satzreihe?
   Die Erzählung ist sehr schön geschrieben, aber die Handlung könnte interessanter sein.

A

1. Was ist ein Satzgefüge?
2. Können in einem Satzgefüge auch mehrere Hauptsätze vorkommen?
3. Woran können wir erkennen, dass der folgende Satz ein Satzgefüge ist und keine Satzreihe?
   Ich dachte, du würdest anrufen.

B

1. Nenne die Merkmale von Hauptsätzen.
2. Kann es ein Satzgefüge ohne einen Hauptsatz geben?
3. Unterstreiche den Hauptsatz:
   Was ich meiner Mutter schenke, die in einer Woche Geburtstag hat, weiß ich noch nicht genau.

C

1. Nenne die Merkmale von Nebensätzen.
2. Kann ein Nebensatz einem anderen Nebensatz untergeordnet sein?
3. Wo kann das Verb in einem Nebensatz stehen?
4. Wann **muss** ein Komma vor „und/oder" stehen?

D

1. Wie ist der Unterschied zwischen Konjunktionen und Relativpronomen?
2. Welche der folgenden Konjunktionen können **keinen** Nebensatz einleiten?
   als, bevor, zumal, aber, infolgedessen, ehe, obwohl, und, dass, deswegen, denn

E

1. Beschreibe die Besonderheiten von Attributsätzen.
2. Wie dekliniert man das Relativpronomen der/die/das?
3. Unterstreiche den Attributsatz:
   Das Haus, das wir bauen, entspricht ganz unseren Zielen.

F

1. Beschreibe die Besonderheiten von Finalsätzen.
2. Wie unterscheidet man einen Finalsatz von einer Infinitivgruppe mit zu?
3. Bilde ein Satzgefüge mit einem Finalsatz:
   Wir essen gesund. Wir wollen fit bleiben.

G

1. Beschreibe die Besonderheiten von Kausalsätzen.
2. Bei welcher Konjunktion steht das Verb nicht am Ende: weil, da, zumal, denn?
3. Wo ist ein Kausalsatz:
   a) *Da das Wetter schlecht ist …*
   b) *Da ist das Wetter schlecht?*

H

1. Beschreibe die Besonderheiten von Konditionalsätzen.
2. Was ändert sich an der Wortfolge, wenn die Konjunktion „wenn" wegfällt?
3. Wo ist ein Konditionalsatz:
   a) *Fragt man ihn, so sagt er …*
   b) *Fragt ihn mal, dann …*

I

1. Beschreibe die Besonderheiten von Konsekutivsätzen.
2. Stehen sie vor dem HS?
3. Wo ist ein Konsekutivsatz?
   a) *Es war so dunkel, dass man nichts sehen konnte.*
   b) *Ich sagte dir schon, dass man nichts sehen konnte.*

J

1. Beschreibe die Besonderheiten von Konzessivsätzen.
2. Welche drei Konjunktionen beginnen mit „ob-"?
3. Wo ist ein Konzessivsatz?
   a) *Trotzdem suchen wir weiter.*
   b) *Trotzdem wir wenig Chancen haben?*

K

1. Beschreibe die Besonderheiten von Lokalsätzen.
2. Wie kann man sie von anderen Satztypen unterscheiden?
3. Wo ist ein Lokalsatz?
   a) *Sag mir, wo du bist.*
   b) *Bleib, wo du bist.*

L

1. Beschreibe den Unterschied zwischen Subjekt- und Objektsätzen.
2. Warum sind diese Sätze so vielfältig?
3. Wo ist der Objekt- und wo der Subjektsatz?
   a) *Es ist wichtig, was ihr denkt.*
   b) *Sagt, was ihr denkt.*

M

1. Vergleiche Modal- und Vergleichssätze.
2. Wie unterscheidet man Vergleichssätze von einfachen Vergleichen?
3. Wo ist der Modal- und wo der Vergleichssatz?
   a) *Es ist, wie es sein soll.*
   b) *Sie spielt, wie sie will.*

N

1. Beschreibe die Besonderheiten von Temporalsätzen.
2. Was ist der Unterschied zwischen: sooft – so oft, sobald – so bald?
3. Wo ist der Temporalsatz?
   a) *Sag mir, wann du da bist.*
   b) *Ich rufe an, wenn ich da bin.*

O